DE

LA MORTALITÉ

DANS L'ARMÉE

ET DES

MOYENS D'ÉCONOMISER LA VIE HUMAINE

EXTRAITS

des statistiques médico-chirurgicales
des campagnes de Crimée en 1854-1856
et d'Italie en 1859

PAR

Le Dʳ J. C. CHENU

Médecin principal d'armée en retraite

PARIS

LIBRAIRIE HACHETTE ET Cⁱᵉ
BOULEVARD Sᵀ-GERMAIN, 79

1870

Droits de propriété et de traduction réservés

DE LA MORTALITÉ
DANS L'ARMÉE
ET DES
MOYENS D'ÉCONOMISER LA VIE HUMAINE

AVIS.

Pour faciliter l'acquisition du *Rapport au Conseil de santé sur la Campagne de Crimée* et de la *Statistique médico-chirurgicale sur la campagne d'Italie*, l'auteur, d'accord avec les éditeurs, fixe comme il suit le prix de ces deux ouvrages :

Rapport au Conseil de santé sur le service médico-chirurgical aux ambulances et aux hôpitaux d'Orient, 1 vol. in-4° de 732 pages. Prix.................................... 20 fr.

Statistique médico-chirurgicale de la campagne d'Italie en 1859 et 1860, service des ambulances et des hôpitaux militaires et civils. 2 volumes in-4° de CXLIX-1746 pages et un atlas de 118 planches. Prix................................ 40 fr.

11168 — Imprimerie générale de Ch. Lahure, rue de Fleurus, 9, à Paris.

DE LA MORTALITÉ

DANS L'ARMÉE

ET DES

MOYENS D'ÉCONOMISER LA VIE HUMAINE

EXTRAITS

des statistiques médico-chirurgicales
des campagnes de Crimée en 1854-1856
et d'Italie en 1859

PAR

LE Dr J. C. CHENU

médecin principal d'armée en retaite

PARIS

LIBRAIRIE HACHETTE ET Cie

BOULEVARD S^T-GERMAIN, 79

1870

Droits de propriété et de traduction réservés

PRÉFACE

Nous avons publié trois gros volumes in-4 de statistique médico-chirurgicale sur les campagnes de Crimée et d'Italie, mais ces livres trop spéciaux et d'un prix élevé ne peuvent être lus que par un très-petit nombre d'intéressés.. Les journaux en ont rendu compte et éveillé des sympathies dont nous sommes très-reconnaissant. Malgré cette grande publicité, nous croyons devoir aujourd'hui offrir au public un volume mis à la portée de tous. Il contient nos considérations générales servant d'introduction à la statistique de la guerre d'Italie en 1859, la reproduction de quelques pages les plus importantes de nos travaux et les appréciations de quelques journaux seulement, car il faudrait un énorme volume pour les livrer toutes à nos lecteurs.

En publiant ce petit livre, nous satisfaisons au besoin de faire partager nos convictions qui intéressent le pays tout entier et à la nécessité d'éveiller l'attention générale sur l'urgence d'opposer de nouveaux moyens de conservation aux moyens de destruction qui se perfectionnent chaque jour, et aux maladies qui déciment les plus magnifiques bataillons. Il n'est guère de famille qui ne compte au moins un de ses membres dans l'armée; aussi désirons-nous être lu et compris par le plus grand nombre possible de ceux qui s'intéressent aux hommes placés par la loi sous les drapeaux; désirons-nous être lu par les mères, les femmes, les sœurs, les filles de tous les militaires; l'habitude a tant de puissance dans notre pays, qu'il faut, pour la vaincre, associer à toutes les forces de la raison celles de l'humanité, de l'affection et de l'amour. Notre but, on le voit, est de vulgariser nos idées sur les moyens d'économiser beaucoup d'argent en économisant beaucoup d'hommes.

Nous remplissons d'ailleurs un devoir tracé par la lettre ci-jointe que nous adressait le baron Larrey, président du conseil de santé des armées :

« Mon cher Chenu,

« L'impression de votre grand ouvrage de statistique sur la campagne d'Italie avance sans doute à travers toutes les difficultés d'un travail aussi considérable.

« Je me félicite, en attendant sa publication, de vous avoir confié tous les documents que j'avais recueillis, comme médecin en chef de l'armée : correspondance officielle, rapports périodiques, mouvements des ambulances et des hôpitaux, observations cliniques des blessures, etc.

« Mon intention, vous le savez, mon cher ami, était d'écrire moi-même l'histoire médico-chirurgicale de la guerre de 1859, et de mettre en relief deux faits généraux qui dominent pour nous cette histoire :

« C'est, d'une part, l'application de l'hygiène militaire à l'état sanitaire des troupes et à la prophylaxie de l'encombrement ou des épidémies par la dissémination des malades et des blessés;

« C'est, d'autre part, le principe de la chirurgie conservatrice substituée au sacrifice des membres, dans un grand nombre de mutilations, malgré l'insuffisance des ressources matérielles et de l'effectif du personnel de santé.

« De *graves questions* se rattachent à ces deux points fondamentaux, et j'espère, mon cher Chenu, que présentées par vous avec la démonstration de la statistique, ces questions doivent réserver à votre ouvrage sur la campagne d'Italie, comme à votre rapport sur la campagne de Crimée, non-seulement de belles pages pour le corps de santé, mais encore d'*utiles enseignements pour son organisation et pour son avenir.* Je suis heureux de vous fournir ainsi l'occasion de témoigner publiquement votre dévouement à l'Empereur et à l'armée.

« Recevez d'avance, mon cher médecin principal, toutes mes félicitations, avec l'assurance de mes sentiments les plus affectueux.

« *L'inspecteur du service de santé,*

« Baron LARREY. ».

PRÉFACE.

S'il est permis d'espérer que la sagesse des gouvernements de l'Europe, autant que les aspirations des peuples éloigneront de nous les calamités de la guerre et ces luttes suprêmes d'intérêt ou de principe qui décident souvent du sort des nations, la prudence conseille, jusqu'à nouvel ordre, d'agir comme si ces calamités étaient inévitables. C'est à ce point de vue que nous nous plaçons pour appeler l'attention de nos lecteurs sur une question qui touche aux grands intérêts de la patrie et aux chers intérêts du foyer, celle de la mortalité dans l'armée.

Quand il s'agit d'amélioration du régime du soldat, des conditions qui peuvent le maintenir à l'état de santé, la seule objection est que cela coûterait trop cher et que l'argent manque; mais l'argent manque-t-il pour l'armement, pour mettre l'armée en mouvement, pour faire la guerre? Certes ce n'est pas nous qui blâmerons cet emploi des deniers publics; mais nous ne pouvons nous dispenser de faire remarquer que l'homme vaut de l'argent, beaucoup d'argent, surtout quand il en a coûté beaucoup pour être transporté au loin.

Quand il s'agit d'épidémie menaçante, les prédictions du mal que le médecin désigne, à l'avance, par son nom, *scorbut*, *typhus*; — quand il s'agit d'hygiène, et que le chirurgien va se trouver en présence de la pourriture d'hôpital dont il montre du doigt la cause, l'*encombrement*, la compétence se trouve paralysée par un optimisme aveugle et surtout par raison d'économie. A ce sujet, disons de suite pourquoi les intendants et les médecins ne pourront jamais s'entendre sur la portée de ce mot, l'*encombrement!* C'est que le médecin reconnaît l'encombrement à l'aspect du malade ou de la plaie, tandis que l'intendant ne le mesure qu'au mètre. Qui juge le mieux ?

On parle sans cesse et de tous côtés de l'économie des deniers, nous parlerons sans cesse de l'économie des hommes qui représentent énormément de sacrifices et de larmes, et nous n'aurons pas de peine à prouver aux économistes militaires que les moyens préventifs, une nourriture suffisante, plus variée et l'observation des règles hygiéniques, toujours conseillés par le médecin d'armée, seraient bien plus économiques et bien plus sages, à tous les points de vue, que les moyens ruineux employés quand le mal s'est produit, qu'il n'est plus temps et qu'il ne reste que la triste ressource d'établir de nombreux hôpitaux dont la dépense représentera quatre fois et plus la somme qu'on aurait employée à prévenir le mal.

A l'heure qu'il est, cette vérité va se montrer dans toute sa nudité. Plus la guerre exige l'emploi des grandes masses, plus il est certain que la victoire appartient aux gros bataillons. Or, qui ne sait combien il est plus facile de rassembler, d'instruire, de discipliner une armée considérable, que de la conduire entière et vigoureuse sur un champ de bataille éloigné? C'est ainsi qu'aujourd'hui la question sanitaire des armées prend une importance exceptionnelle dans la science et dans l'art. Elle n'est pas moins considérable au point de vue économique; car le développement de l'industrie augmente progressivement le prix de l'homme. — Conserver le producteur, le fortifier moralement et physiquement, c'est accroître de toutes façons le capital social, la puissance et la richesse publiques. Dans un autre ordre d'idées, conserver et soulager devient le besoin le plus pressant de toutes les consciences. Aujourd'hui l'esprit de charité s'élève et se répand dans les institutions et les mœurs : il nous suffira de rappeler les conférences de Genève, de Paris, de Berlin, et ce traité solennel, signé par toutes les puissances de l'Europe, pour consacrer la neutralité des ambulances et des hôpitaux, des personnes et du matériel devant concourir au soulagement des victimes de la guerre. Voilà ce qu'a pu faire le sentiment général, ou pour mieux dire le sens moral nouveau.

On peut être étonné de son apparition si tardive dans les actes publics au milieu d'une civilisation avancée; on peut être étonné que chez un peuple aussi exposé que le nôtre à la lutte armée, une des dernières révélations de la science ait été celle des consommations de la guerre et de ses besoins les plus pressants. Autrefois, chaque famille pleurait ses morts, et la pitié publique inquiète n'avait guère que le soupçon des douleurs et des sacrifices de la patrie; alors le prix de la victoire ou de la défaite se soldait en secret; ignorance réelle, mysticisme guerrier, optimisme d'une nation habituée à se confier sans réserve à la vigilance des pouvoirs; tout conspirait pour favoriser cette éclipse de la vérité. Il fallut, pour y mettre fin, le progrès très-sensible des mœurs dans la voie de la charité, le progrès des idées comme des goûts dans la voie de l'économie sociale; il fallut enfin le concours de circonstances considérables, et l'avénement de ce remarquable perfectionnement de la méthode d'investigation qu'on nomme LA STATISTIQUE. On comprend le parti que les gouvernements et les peuples peuvent tirer de cette méthode incomparable appliquée avec conscience et intelligence, lorsqu'ils veulent asseoir la plupart de leurs prévisions sur quelque base solide, et l'on conçoit combien il y a d'éléments sociaux qui, se ramenant à ces deux termes fondamentaux, *production* et *consommation*, relèvent de la statistique.

Mais il n'est pas de science qui soit appelée à s'enrichir plus du travail de la numération que l'hygiène publique. — L'hygiène privée, la pratique de l'art au lit du malade et le conseil donné à l'individu pour la conservation ou l'affermissement de sa santé, peuvent sans doute prendre leur point d'appui sur les préceptes généraux que fournissent les grands nombres, cependant comme dans le problème clinique à résoudre, il y a à compter avec une foule de nuances, motivant autant d'indications particulières, le précepte ne peut être qu'un simple renseignement, qu'une lumière et qu'un secours. — Tandis qu'au contraire s'il s'agit d'hygiène publique, d'action conservatrice ou préservatrice à exercer sur un groupe d'hommes vivant dans les mêmes conditions, les nuances s'effacent et le précepte abstrait reprend toute sa valeur.

Nos recherches statistiques ont eu cette bonne fortune d'émouvoir non-seulement les savants, mais tous les esprits attentifs; elles intéressent, en effet, à la fois la raison, l'humanité et la curiosité scientifique. — Arrivent-elles comme une révélation tout à fait inattendue? S'agit-il de quelque chose d'inconnu, rempli d'avertissements nouveaux pour les hommes du métier? Non, il s'agit simplement d'une synthèse qui n'avait pas encore été faite et qui livrait à tout le monde, avec une inflexible précision, certains secrets scientifiques qu'il était très-utile que tout le monde connût. Ces secrets sont simples, car un petit nombre de chiffres les expriment; et s'ils mettent au jour une plaie ruineuse; nous avons l'espoir qu'on ne tardera pas à lui appliquer un remède radical. Dieu veuille qu'un ministre convaincu prenne l'initiative de réformes urgentes et brise des résistances ne reposant que sur des principes faux, *la direction laissée à l'incompétence et le contrôle dans les mêmes mains que la direction!*

Jamais, un corps puissant ne consentira spontanément à restreindre les limites de son autorité. Il faut que la raison et l'évidence lui fassent violence.

Avant notre premier rapport au conseil de santé sur la campagne d'Orient et notre statistique sur la campagne d'Italie, on supputait assez mal en France les pertes de l'armée pendant ces deux guerres. Pour la campagne d'Orient, les uns parlaient de 50 ou de 60 mille hommes tués ou morts des suites de blessures ou de maladies. D'autres ne croyaient pas pouvoir évaluer le chiffre des pertes à moins de 150 000 hommes. Les uns et les autres se trompaient. — La vérité était que la prise de Sébastopol et la paix conquise nous avaient coûté 95 615 hommes. — Mais c'est dans la décomposition de ce total que l'on rencontre les révélations bien faites pour étonner, émouvoir les hommes spéciaux eux-mêmes et leur donner à penser. Comment! trois batailles, l'Alma, Inkermann, Tracktir, un grand nombre de petits engagements, deux assauts sur une ligne immense, un combat gigantesque d'artillerie pendant onze mois, une lutte de tous les jours, de toutes les nuits dans la tranchée jusqu'au pied des ouvrages de la place, toute cette campagne donnait une perte de 10 240 hommes tués et 10 000 morts de leurs blessures! Donc plus de 75 000 soldats avaient succombé aux atteintes de la maladie et particulièrement sous le coup des épidémies infectieuses.

Pour la campagne d'Italie, que n'a-t-on pas dit de la mortalité par le feu de l'ennemi, après Montebello, Palestro, Turbigo-Robecchetto, Magenta et Solférino où 400 000 hommes se trouvaient en présence? La vérité est que l'armée française a perdu 3664 tués ou disparus, sur 8674 décès pendant une campagne de deux mois. Et il en est de même dans toutes les guerres; les balles et les boulets, malgré les perfectionnements, feront toujours infiniment moins de victimes que les maladies dont on ne se préoccupe jamais assez, qu'on ne cherche pas à prévenir et qui ne se développent et ne s'aggravent que parce que l'hygiène générale et la prophylaxie ne sont pas dans les attributions du médecin. Il ne faut pas chercher ailleurs la cause de si grandes différences entre les effets incroyablement si faibles des engins de guerre et les effets désastreux de la fièvre et de l'appauvrissement du sang.

Ouvrons l'Annuaire militaire; nous verrons de suite l'importance qu'on attache à la conservation des chevaux et des mulets de l'armée et les vues économiques qui confirment cette importance. On compte dans l'armée 90 000 chevaux et 340 vétérinaires; mais il y a 15 000 chevaux de la gendarmerie à déduire parce que ces chevaux, disséminés par 4 ou 5 dans les brigades, ne sont pas soignés par les vétérinaires militaires; il reste donc 75 000 chevaux, ce qui donne 4 vétérinaires 1/2 pour mille chevaux. — Tandis qu'on n'a que 2 médecins pour 1000 hommes!

Cette disproportion si extraordinaire en temps de paix devient incroyable en temps de guerre. En effet, après une bataille, les chevaux atteints de fracture d'un membre ou de blessures graves sont aussitôt abattus, sacrifiés ; les vétérinaires n'ont donc plus alors à s'occuper que de blessures légères ; tandis que parmi des milliers d'hommes blessés plus ou moins sérieusement, ce sont ceux le plus gravement atteints, et dont l'existence paraît le plus menacée qui occupent surtout le médecin et exigent ses soins empressés et continus.

Si nous examinons les règlements sur l'alimentation des hommes et des chevaux, nous voyons que la ration des chevaux est *proportionnée* à leur taille et au service qu'ils doivent faire ; nous voyons que cette ration est augmentée pendant la saison des manœuvres et pendant les routes, tandis que la ration de vivres des hommes, généralement reconnue insuffisante pour l'infanterie, n'est cependant pas plus forte pour les carabiniers, les cuirassiers, l'artillerie, le génie, etc., qui n'ont que des hommes de grande taille.

On dira peut-être que ces hommes ont une solde plus forte qui leur permet d'améliorer l'ordinaire ; mais s'ils touchent une somme plus forte, ce n'est pas parce qu'ils ont une grande taille, c'est parce qu'ils ont un service spécial où qu'ils font partie de la garde. Les voltigeurs, les chasseurs à pied qui sont dans ce cas, sont-ils de plus forte taille que les cuirassiers, que les dragons ?

A part le médecin d'armée qui a souvent averti, quel gouvernement, quel général, quel administrateur, quel peuple de ceux que leur nature et leur situation géographique destinent aux larges sacrifices militaires et qui les marchandent le moins, ne seraient frappés et singulièrement préoccupés d'un pareil état de choses ?

Personne, parmi ceux qui réfléchissent, ne peut se défendre de songer qu'on aurait pu chercher et trouver le moyen d'éviter de semblables écarts et surtout de si grosses pertes; le plus grand nombre a dû supposer l'indifférence, l'impéritie, des vues fausses ou des obstacles au-dessus de la science humaine. Toutes ces suppositions peuvent être plus ou moins vraies; mais il faut accuser le système administratif; ce sont les hommes qui établissent les systèmes et les règlements; ce sont les hommes qui font les bonnes et les mauvaises théories, et ce sont les mauvaises théories qui font les mauvais résultats pratiques;

elles font pis encore, elles engendrent la persistance incurable dans l'erreur, en dépit des leçons de l'expérience.

Une théorie administrative mauvaise, mais liée dans ses parties et ayant toute l'apparence d'une conception irréprochable : tel a été le point de départ d'une série de contre-sens administratifs et sanitaires. Ainsi la compétence médicale est méconnue et subalternisée à l'incompétence administrative. La partie la plus réellement efficace de la médecine est dans les attributions des intendants sous prétexte d'unité de direction ou d'économie; tandis que l'homme spécial, le médecin, est confiné dans le cercle ridiculement trop étroit de l'opération et de la prescription du médicament au lit du malade; car l'opération et le médicament ne peuvent avoir d'action favorable que secondés par des conditions hygiéniques indispensables.

Que dirait-on d'un agriculteur qui sèmerait follement du grain dans une terre appauvrie, mal préparée, mal entretenue, sans air, sans soleil, avec la prétention de faire une bonne récolte?

DE LA
MORTALITÉ DANS L'ARMÉE

ET DES
MOYENS D'ÉCONOMISER LA VIE HUMAINE

CONSIDÉRATIONS GÉNÉRALES

> Si les pertes des armées, par les maladies, sont toujours excessives, c'est qu'avec le même système et les mêmes moyens on ne peut jamais arriver qu'à des résultats toujours les mêmes.

La France est, de l'aveu de tous, une grande nation militaire. Le Français naît soldat, il a l'instinct de la guerre. Actif, patient, discipliné, infatigable à la marche, ingénieux au bivac, il est admirable toujours, à l'attaque comme à la défense, à la tranchée comme à l'assaut, mais sur le champ de bataille son intelligence et son irrésistible audace le rendent incomparable.

Enorgueillis de ce rare assemblage de qualités, passionnés pour la gloire et tenant pour noble le mépris de la vie, insouciants d'ailleurs au fond, comme chacun sait, nous oublions vite nos pertes après la victoire; tout éblouis du triomphe nous ne nous demandons pas ce qu'il nous a coûté; et nous trouvons pénible, un peu mesquin peut-être, de compter avec la gloire.

Cet héroïsme chevaleresque, cette philosophie presque fataliste et surtout la fâcheuse ignorance des sciences sociales ont empêché longtemps les nations de regarder au fond de ces choses. L'art de la guerre consistant à mettre hors de combat le plus grand nombre possible d'ennemis, on ne se préoccupa jamais assez du soin de conserver ses propres soldats, dignes d'envie, à tout prendre, puisqu'ils meurent pour la patrie. — Mais enfin, le sens économique s'éveillant peu à peu, on porta un regard plus intelligent et plus profond sur les conséquences de ces glorieux sacrifices; on comprit, on démontra que l'homme est un capital, qu'il représente à l'âge adulte une valeur accumulée et que sa mort prématurée est une perte matérielle aussi bien qu'une perte morale pour la société comme pour la famille. Alors l'importance de la vie humaine agrandie, relevée par l'économiste saisit plus fortement le bon sens public. On réfléchit aux conditions qui prolongent la vie et la conservent; on voulut savoir les lois qui président à l'accroissement et à la mortalité des populations, d'abord en masse, puis avec plus de fruit, considérées suivant des classes ou des groupes spéciaux : populations rurales ou urbaines, industrielles ou agricoles, riches ou pauvres, civiles ou militaires; et, dans chacune de ces divisions, la statistique établit encore des catégories qu'elle put comparer entre elles, éclairant, dégageant, déterminant de plus en plus, les influences favorables ou nuisibles à la vie humaine.

Ainsi, — chose remarquable, et qui montre une fois de plus la solidarité de toutes les sciences et leur convergence mutuelle vers le bien physique et moral, — l'étude des conditions matérielles de la production et de la richesse conduit l'économie politique à considérer l'homme au point de vue utilitaire; la valeur de l'individu comme producteur se révèle et sa dignité s'en accroît; alors la société s'en occupe et compte avec lui; l'hygiène publique se fonde et l'hygiène privée s'affermit; les gouvernements se sentent désormais responsables envers les peuples des conditions générales de salubrité, et leur prévoyance devenue un impérieux devoir concourt avec la charité pour atténuer les misères humaines. On a bien compris dès lors qu'il fallait s'appliquer à prévenir ces misères au moins autant qu'à les soulager.

Si l'État doit cette sollicitude à la nation tout entière, combien ses obligations ne deviennent-elles pas plus sérieuses à l'égard de cette partie de la population que la société lui confie pour la commune défense, des institutions au dedans et de l'indépendance au dehors! Que deviennent en effet ces contingents versés chaque année dans l'armée? Que revient-il au pays de cette meilleure part de ses forces vives qu'il a prêtées, de ce lourd impôt qu'il prélève avec résignation sur sa population virile? Certes on a bien le droit de le demander et le devoir de le dire, et cependant naguère encore, on oubliait trop facilement la demande et la réponse : étrange insouciance qu'on a peine à s'expliquer, même après les considérations qui précèdent.

Le pays fait sans hésitation le sacrifice des pertes par le feu de l'ennemi; il sait aussi que dans toute agglomération d'hommes il y a des accidents inévitables, des maladies qui dépendent des grands rassemblements, des fatigues, des privations ou des situations obligées d'une armée en campagne; il sait en un mot que la mortalité sera plus grande, mais il ne sait pas la proportion énorme qu'atteint la mortalité, due aux maladies, comparée à celle due au feu de l'ennemi et aux causes prévues; il ne sait pas que le nombre des pertes sur le champ de bataille pendant une guerre de quelque durée, n'est à celui des pertes par maladies étrangères aux coups de l'ennemi que comme 1 est à 7 ou 8.

On ne tient évidemment pas assez compte des causes de ces maladies, on ne se préoccupe pas assez des moyens de les prévenir; le sol n'est cependant pas plus fertile en hommes qu'en moissons.

Le reproche d'insouciance à l'endroit des pertes subies par les armées pouvait, il y a quelques années, s'adresser encore à toutes les nations. La première qui a cessé de le mériter est une nation éclairée, positive et économe de ses ressources; c'est à l'Angleterre que revient l'honneur de l'initiative : elle avait trouvé et promulgué les principes, il lui appartenait de les appliquer. Un bureau de statistique officielle fut chargé de recueillir et de publier les documents relatifs à l'état civil. Il ne se contenta pas de mettre le chiffre brut des décès en regard de celui des naissances, mais il dressa des tables de mortalité par comté, en distribuant les décès selon les âges, les professions et les maladies. Par là, des faits ignorés furent mis au jour, on put en chercher les causes, les découvrir souvent et parfois y apporter le remède. Ces recherches poursuivies d'abord sur les populations civiles devaient être évidemment plus faciles, plus exactes et plus efficaces, si on les appliquait à l'armée. Aussi en 1836, le secrétaire de la guerre d'un côté, les lords de l'Amirauté de l'autre, ordonnèrent-ils le dépouillement des rapports sanitaires qui s'accumulaient sans profit depuis 1816 dans leurs bureaux respectifs. A l'aide de ces immenses matériaux, une enquête fut faite sur les causes des maladies qui enlevaient tant d'hommes à l'armée et à la marine. On connut pour chaque année l'état sanitaire de chacune des garnisons, des stations maritimes, et de chacun des vaisseaux de la marine royale que la nation anglaise entretient sur de si nombreux points du globe. Un résumé très-précis sous forme de tableau indiqua la force de chaque corps pour chacune des années comprises dans les rapports, puis le chiffre des malades avec le nom, la durée et le mode de terminaison de leurs maladies et même le nombre et le nom des soldats réformés avec la cause de la réforme. Une fois la lumière faite, d'importantes améliorations furent introduites dans le service médical et dans l'hygiène de l'armée et de la flotte, et l'on ne tarda pas à obtenir des résultats considérables.

Malheureusement, la force de l'habitude est parfois tellement puissante, qu'il fallut en Crimée la cruelle leçon de l'expérience pour faire regretter amèrement à l'Angleterre d'avoir négligé les théories qu'elle connaissait si bien. Le sens pratique et économique, un instant en défaut, se réveilla avec toute sa vigueur; le Gouvernement, éclairé par les rapports du médecin directeur du service de santé, reconnut aussitôt combien il importait de bien traiter, pour les conserver, des hommes représentant un capital considérable, augmenté par le prix du transport à une si grande distance; il prit immédiatement une décision suprême et montra ce que peut une grande nation pour la conservation et le bien-être de son armée.

Mais tandis que la statistique sanitaire naissait, grandissait et donnait des fruits féconds de l'autre côté du détroit, elle demeurait chez nous à l'état de germe stérile, et pour ne parler ici que de ce qui concerne le service médical, le conseil de santé des armées recevait aussi, comme en Angleterre avant 1836, les rapports trimestriels des médecins des hôpitaux et des corps de troupes, mais ces documents allaient s'enfouir par couches profondes dans de muettes archives d'où nulle main n'avait mission de les exhumer. La loi du 23 janvier 1851, qui ordonne qu'une statistique médicale sera annexée chaque année au compte rendu sur le service du recrutement, ne put même faire cesser immédiatement cette indifférence et ce ne fut qu'en 1861 que, sur les instances du conseil de santé, on adjoignit à son secrétariat un bureau spécialement chargé de concentrer les rapports sanitaires et d'en coordonner les résultats. Pour la première fois enfin, en 1864, parut la statistique médicale de l'armée pour l'année 1862, successivement suivie de celles de 1863, 1864,

1865 et 1866. Cette œuvre considérable est désormais fondée, et ce fait capital, accompli sous le ministère du maréchal Randon, sera un jour un de ses meilleurs titres à la reconnaissance de l'armée et du pays.

Pendant que le ministre de la guerre, en instituant ces précieuses annales du soldat, cherchait à s'éclairer pour améliorer, j'adressais au conseil de santé des armées un long rapport sur les résultats du service médico-chirurgical pendant la campagne d'Orient, et j'annonçais que, pénétré de l'intérêt qui s'attache pour l'avenir à de semblables recherches et aux enseignements précieux qu'elles fournissent, je préparais de nouveaux rapports plus complets sur la brillante campagne d'Italie et sur les expéditions de Chine, de Cochinchine, de Syrie et du Mexique. J'étais, en effet, convaincu de l'importance d'étudier sérieusement, en profitant d'une occasion, unique peut-être, la question de conservation d'une armée ou d'un corps d'armée, composés des mêmes éléments et subissant l'influence de lointains voyages et de climats différents. J'étais frappé toujours et surtout des idées fausses répandues dans le public et de cette tendance à exagérer nos pertes par le feu de l'ennemi; enfin je désirais, après avoir signalé les véritables causes de la mortalité dans notre brave armée, parler aussi des moyens qui doivent assurer un état plus normal de la santé du soldat.

Ainsi, en France, du moins jusqu'en ces derniers temps, ceux qui auraient pu être utilement éclairés n'éprouvaient pas le moindre désir de ces salutaires investigations, qui semblaient plutôt embarrassantes, pénibles, inutiles et même périlleuses. Était-il bon, serait-il sage d'exciter de vains regrets, d'inutiles alarmes pour des pertes irréparables, pour des malheurs accomplis? On n'aimait donc pas à se demander, de manière à le bien savoir : Que sont devenus ces centaines de mille hommes qui ont soutenu à l'étranger l'honneur et les intérêts de la France? Combien ont revu leurs foyers? Combien sont restés sur le champ de bataille? Combien sont morts des suites de leurs blessures? Quels ravages la maladie a-t-elle faits dans ces nobles rangs? Quels genres d'affections ont sévi? Dans quelles circonstances se sont-elles montrées? Les réponses une fois données par des chiffres authentiques et partant inexorables devenant alors des faits positifs, l'esprit est invinciblement conduit à remonter à leurs causes, à en discuter les effets. — Étaient-elles toutes inévitables? Quelles ont été les précautions prises pour les détourner ou pour les rendre moins funestes? Les moyens de secours en personnel, en matériel, ont-ils été proportionnés aux besoins et aux souffrances? — Même en faisant la part de l'imprévu qu'il faut toujours regarder comme certain, pendant une guerre, les mesures prises ont-elles été éclairées, opportunes, suffisantes? Si leur insuffisance s'est souvent montrée évidente, était-ce imprévoyance ou maladresse, inexpérience ou fatalité? La faute en est-elle toujours aux circonstances, non à notre système administratif et à un vice de notre organisation sanitaire? Et n'y a-t-il pas là matière à de louables méditations, à de graves enseignements qui conduiront certainement un jour à de sages réformes?

Voilà les éléments de la vraie science administrative, j'entends celle qui descend avec conscience et courage dans la réalité, qui la scrute, qui l'interroge pour y découvrir les besoins et y proportionner les ressources, pour apprendre enfin à prévoir et à pourvoir dans l'intérêt du pays, de l'armée et du soldat qui ne marchande pas sa vie, et qui, de l'avis unanime, mérite bien qu'on s'occupe sans cesse de tout ce qui est nécessaire pour la lui conserver.

S'il en est ainsi, pourquoi craindre de rappeler des fautes, des erreurs, des lacunes regrettables d'un passé déjà loin de nous? Serait-il plus sage, plus humain de laisser une plaie cachée sous l'appareil qui l'entretient, parce que sa vue doit être désagréable ? N'est-ce pas, au contraire, le cas de la mettre courageusement à l'air pour pouvoir la sonder, la guérir et en prévenir le retour en changeant le mauvais appareil ? Car cette plaie n'est pas incurable, quoiqu'on en fasse un *noli me tangere;* trop d'hommes éminents le proclament, trop de preuves irrécusables l'attestent, et la conservation possible de plusieurs milliers d'hommes ne peut être sacrifiée aux émotions de quelques tristes souvenirs. — Voilà ce que nous apprennent nos études statistiques et économiques; aussi, loin de nous résigner à un fatalisme coupable, voudrions-nous retracer assez énergiquement les fatigues et les privations parfois exagérées du soldat, les scènes émouvantes des ambulances et des hôpitaux, celles plus émouvantes encore du champ de bataille, les douleurs, les cris, les supplications déchirantes des blessés qui demandent des secours, les malédictions, les blasphèmes de ceux qui les réclament pendant des jours et des nuits d'un siècle et se voient mourir sans assistance, si, par ce tableau d'atroces misères, nous parvenions, pour l'avenir, à soulager plus promptement et plus efficacement les souffrances physiques et morales de ceux qui doivent dire à l'abandon qui les indigne et à la soif qui les dévore : *Nous nous sommes cependant bien battus!*

La statistique médicale de l'armée ne serait en effet qu'une vaine satisfaction de curiosité si elle ne donnait que des chiffres et si les enseignements multipliés qui en découlent ne devaient pas être mis à profit, après avoir éveillé l'attention du ministre, de l'administrateur et du médecin.

J'ai eu l'honneur de recevoir de M. le maréchal Randon, ministre de la guerre, des félicitations aussi précieuses qu'encourageantes pour mes travaux, et l'Académie des sciences m'a fait aussi l'insigne honneur de m'accorder le prix Montyon. Un intendant général, M. Darricau, directeur de l'administration de la guerre pendant la campagne d'Orient, après des éloges que je n'osais attendre d'un haut fonctionnaire pouvant ne pas être satisfait d'une critique résultant des faits exposés dans mon rapport, m'a laissé voir qu'il avait à défendre un système établi plutôt que des convictions, en me donnant ces paroles d'espérance : « Vous dites de cruelles vérités, mais vous les dites si courtoisement que nul ne peut s'en plaindre, et c'est par des travaux de ce genre que le corps médical militaire obtiendra l'émancipation qu'il demande avec tant de persévérance et qu'il n'est pas impossible de mettre en harmonie avec l'unité de direction. » Ces témoignages sont la seule réponse à opposer à ces esprits inquiets qui supposent toujours qu'on atténue nos pertes par des bulletins incomplets, et que les leçons du passé sont perdues pour l'avenir.

La statistique, cette arithmétique des faits, est évidemment appelée à éclairer un grand nombre de questions de la plus haute importance pour l'armée, questions administratives aussi bien que médicales.

En s'occupant de questions administratives intéressant la santé du soldat, le médecin militaire sort-il donc de ses attributions, et l'intendant qui est chargé de l'application des règles les plus importantes de l'hygiène, qu'il connaît à n'en pas douter moins bien que le médecin, est-il placé dans la limite intelligente et utile des siennes? Il nous sera facile de démontrer ce que cet envahissement du domaine médical et ce que la subordination du médecin à l'intendant ont de préjudiciable aux intérêts bien entendus de tous; et nous pensons n'être pas trop téméraire, après quarante années d'expérience, en exposant respectueusement nos vues sur les moyens que nous considérons comme les meilleurs pour conserver le plus de combattants à l'armée, le plus d'hommes au pays et pour obtenir des résultats vraiment économiques.

M. le maréchal Vaillant, ministre de la guerre, écrivait, en juillet 1855, à Baudens, médecin in-

specteur du service de santé de l'armée d'Orient :
« Ce sont des faits qu'il nous faut, des appréciations larges et élevées ; vous ferez connaître vos vues sur l'organisation actuelle du service de santé, sur son fonctionnement dans nos hôpitaux, à l'armée, à l'intérieur ; sur les améliorations qui pourraient être réalisées. Il faut que vous rédigiez un mémoire sur ce que vous aurez vu, sur l'état de nos hôpitaux militaires, de nos ambulances, la comparaison de nos établissements de santé à l'armée d'Orient avec ce qu'ils étaient dans nos précédentes guerres ; les efforts du service hospitalier, tout ce que nos médecins ont déployé de zèle, de dévouement, d'intelligence et de cœur…. J'attacherais un grand prix à connaître vos idées à cet égard. »

A peine de retour en France, Baudens est mort à la suite d'une affection grave contractée à Constantinople et n'a eu le temps de publier qu'une sorte d'introduction au rapport qu'il avait commencé sur toutes les parties du service ; mais nous trouvons dans sa correspondance avec le conseil de santé, dans celle de Michel Lévy qu'il a remplacé en Orient, enfin dans celle de Scrive, médecin en chef en Crimée, les éléments les plus complets du mémoire demandé. Cette correspondance nous a été remise par ordre du président du conseil, et, présentée comme pièces à l'appui de nos observations, elle complétera la démonstration fournie par la correspondance médicale et les rapports de chaque jour recueillis avec le plus grand soin pendant la campagne d'Italie, par l'inspecteur baron Larrey, qui, lui aussi, avait l'intention de traiter toutes les questions qui nous occupent en écrivant l'histoire médico-chirurgicale de cette guerre de trois mois et nous en a généreusement laissé l'honneur en nous remettant tous les documents et les notes personnelles qui devaient lui servir.

Ces documents précieux, relatifs à deux grandes guerres, en nous fournissant un grand nombre de faits irrécusables, ont simplifié notre tâche et donné à notre travail la sanction de tout le corps médical militaire. Ces faits, plus éloquents que nos appréciations, fortifieront les sympathies qui n'ont jamais fait défaut aux victimes de la guerre, mettront en évidence l'importance que peut avoir le rôle du médecin d'armée, les difficultés d'exécution qu'il serait si nécessaire de voir disparaître de notre réglementation sanitaire, et qui ne répondent pas assez aux intérêts des malades et des blessés; enfin ils seront la justification des incessantes réclamations formulées, depuis le commencement du siècle, d'abord par Percy et Larrey et depuis et toujours par tous les médecins de l'armée.

L'art de faire la guerre, aux jours où nous sommes, s'agrandit et se complique. Si les nations, poussées par une émulation terrible, rivalisent à qui inventera les engins les plus meurtriers; si les causes morbides s'aggravent et se multiplient, en raison même des masses toujours croissantes des combattants, ce progrès funeste appelle, nécessite de plus en plus l'étude consciencieuse, persévérante, et l'emploi large et judicieux des meilleurs moyens de conservation pour une armée.

Il n'est pas difficile de conduire les troupes au feu, mais bien de les faire vivre et de les *conserver*, a dit avec raison le maréchal Bugeaud. — En effet, le point important en campagne étant la conservation des hommes et partant le maintien de l'effectif combattant, on n'arrivera à ce résultat qu'en cherchant à prévenir et à combattre dès le début les causes imminentes de réduction, les maladies qui déciment les régiments et entraînent l'organisation, aussi coûteuse qu'embarrassante, de nombreux hôpitaux.

« Devant l'ennemi, il suffit de payer un instant de sa personne; l'exemple des chefs entraîne, électrise; le drapeau fait le reste. — Hors de là, c'est autre chose, car on ne se bat pas toujours. Dans les marches et les camps, au milieu de fatigues et d'épreuves souvent nécessaires et glorieuses, c'est par une bonne ou une mauvaise administration qu'on prépare les hommes à vaincre ou qu'on les perd. — Il faut donc savoir faire *durer* le soldat, mais c'est à la condition d'en avoir soin, de lui donner une alimentation suffisamment réparatrice et parfois *tonique* et *variée*; il sera dès lors en état de braver impunément toutes les autres misères de la guerre[1]. »

L'assistance à donner aux blessés sur le champ de bataille et après la lutte, si incomplète que l'opinion publique s'en émeut aujourd'hui dans tous les pays civilisés, n'est cependant que l'une des grandes questions qu'il faut résoudre. Toutes ressortissent à la science administrative éclairée par l'hygiène. Elles en sont le but final et la raison d'être; elles en seront un jour l'honneur; mais il faut bien avouer qu'elles laissent encore beaucoup à désirer.

Chaque progrès dans la science et la civilisation relevant le prix de la vie humaine, il est important de constater que c'est moins comme stratégie que comme administration que les erreurs théoriques et pratiques se traduisent en grosses pertes d'hommes; et il est permis d'espérer des modifications dans un système administratif évidemment perfectible, et qui doit être mis en rapport

---

1. Rapport du colonel comte de Clonard, 81ᵉ de ligne.

avec les besoins nouveaux d'une armée. L'initiative aussi intelligente que généreuse de l'administration supérieure se hâtera de les introduire, car sa vraie mission est d'économiser les hommes plus encore que les deniers.

La guerre, en effet, ne peut plus se faire aujourd'hui comme il y a trente ans; la vapeur, la télégraphie électrique, les armes perfectionnées, le développement général des idées philanthropiques et chrétiennes imposent de notables changements dans tous les services chargés d'assurer aux combattants les vivres, le campement, l'habillement et surtout les soins hygiéniques et médicaux.

La réglementation et les moyens qui paraissaient suffire autrefois, seraient aujourd'hui compromettants. D'ailleurs, cette réglementation, utile pour le contrôle, est en quelque sorte la négation de l'administrateur qui, devant surtout s'inspirer des nécessités présentes, n'a plus assez de liberté d'action; et, en ce qui concerne l'hygiène générale et le service médical, elle est faite par des intendants sans le concours des médecins qui devraient être appelés à éclairer l'administration. Enfin, et sans qu'on s'en aperçoive, elle s'applique trop à l'économie des deniers et pas assez à l'économie des hommes. Il faut donc apporter des perfectionnements indispensables, qu'il est facile de reconnaître, et ne plus invoquer l'harmonie purement théorique du système, puisque cette harmonie, loin de pouvoir exister, ne donne lieu qu'à des conflits incessants entre l'autorité administrative qui ordonne et les compétences qui sont forcées d'obéir en faisant violence à leurs prévisions ou à leurs convictions; puisqu'enfin ce mode de fonctionnement rend défectueux et ruineux un système qui ne parviendra jamais à diminuer le chiffre de la mortalité de l'armée ni en temps de paix ni surtout en temps de guerre.

Si la guerre n'est pas une affaire de science exacte, comme l'a dit le général Jomini, mais bien un drame passionné, soumis à quelques principes généraux et subordonné à une foule de complications imprévues, il est bien plus vrai de dire que l'administration d'une armée, soumise aussi à quelques principes généraux, doit être subordonnée à toutes les situations imprévues, pressantes, et dominée surtout par l'esprit conservateur et économique parfois en contradiction avec les règlements écrits et trop souvent pris à la lettre.

Un des principaux mérites de l'armée française, sa mobilité, a, pendant la guerre d'Italie, surpris les services administratifs qui n'ont pu toujours tous répondre à la rapidité des mouvements de nos corps d'armée. « *De là*, dit l'historien officiel du dépôt de la guerre, *de là naquirent les embarras sérieux qui ont pesé, pendant toute la campagne, sur la situation administrative d'une armée marchant sans relâche; embarras que la sollicitude du ministre de la guerre était impuissante à combattre* [1]. »

Cependant, et pour ne citer en ce moment qu'un exemple, au milieu de ces embarras sérieux, le service des distributions de viande, il faut bien le dire, laissé à un fournisseur civil intelligent et administrateur assez habile pour avoir su exploiter les ressources locales, n'a jamais fait défaut. Pourquoi donc serait-il impossible d'obtenir le même résultat pour d'autres services ? La tâche administrative est-elle trop lourde, trop compliquée? — Évidemment oui. — Il faut donc la diviser, et, tout en conservant l'unité de direction des services réellement administratifs, il faut admettre la variété de compétence pour chacun d'eux, et établir aussi pour chacun d'eux une hiérarchie entraînant la responsabilité et assurant l'émulation.

« Pendant la guerre de 1866, l'avitaillement de l'armée prussienne reposait en général sur le système des fournisseurs d'armée. Les communications étant de nos jours plus faciles dans toutes les directions et sous tous les rapports, ce système favorise l'unité et la simplicité des opérations bien mieux que le système d'avitaillement par les

---

1. *Campagne de Napoléon III en Italie*, 1859, rédigée au Dépôt de la guerre, d'après les documents officiels, par les ordres de S. Exc. le maréchal Randon, page 27, édition in-8.

magasins, système que nous voyons de plus en plus dépassé et abandonné. Aussi loin que s'étend l'action des fournisseurs, les officiers du commissariat militaire n'ont rien à faire qu'à surveiller l'exacte distribution et la qualité des vivres ou des objets d'équipement ; leur service est donc singulièrement facilité, et il y a, par cela même, beaucoup plus de sécurité pour tout ce qui regarde les besoins de la troupe. Ce système néanmoins, même dans sa plus grande extension et sous sa forme la plus perfectionnée, ne suffit pas partout, ni toujours ; aussi, dans certains cas, faut-il avoir recours aux réquisitions. » Colonel RUSTOW, *La guerre de* 1866.

L'extension (aux détails de services aussi nombreux qu'étrangers les uns aux autres) d'une direction chargée en même temps du contrôle inévitablement approbateur de ses actes, substitue l'activité incompétente et impuissante d'un intendant à l'activité compétente et féconde des hommes du métier, relégués quelquefois au cinquième rang, et elle détruit chez ces derniers le sentiment de la responsabilité en ne laissant rien à leur aptitude professionnelle, ni à leurs efforts individuels. — C'est la centralisation affolée, fourvoyée, franchissant ses limites intelligentes avec l'exagération de ses défauts, de ses lenteurs, de ses retards et transportée de l'administration civile qui peut parfois supporter de longues formalités, à l'administration militaire, alors que là, des besoins toujours pressants, surtout en campagne, réclament une décision prompte, une satisfaction immédiate, et qu'il ne s'agit plus d'intérêts vulgaires, mais bien de la vie d'un grand nombre d'hommes utiles au pays.

C'est un ancien intendant militaire, professeur d'administration à l'École d'état-major et conseiller d'État, qui formule cette vérité en termes non équivoques : « En campagne, la continuité des mouvements, la rapidité des marches, l'incertitude des événements, l'imperfection des moyens, l'insuffisance des ressources, le temps enfin toujours trop court pour tout ce qui est à prévoir et à faire, embarrassent, contrarient, retardent ou paralysent l'action administrative[1]. »

On ne peut pas dire de nos jours à une armée nombreuse ce que le général Bonaparte, ce jeune conquérant de l'Italie, disait le 28 mars 1796 à sa petite armée, sans ressources, privée de vêtements, de souliers, affamée, réduite à vivre de biscuit pendant quatre jours : « Soldats, vous êtes nus; mal nourris; le gouvernement vous doit beaucoup, il ne peut rien vous donner. Votre patience, le courage que vous montrez au

---

1. Vauchelle, *Cours d'administration militaire*, t. III, p. 1 et 2.

milieu de ces rochers sont admirables, mais ils ne vous procurent aucune gloire, aucun éclat ne rejaillit sur vous. Je veux vous conduire = dans les plus fertiles plaines du monde = : de riches provinces, de grandes villes seront en votre pouvoir; vous y trouverez honneur, gloire, richesses.... »

Il faut, à n'en pas douter, une direction administrative surbordonnée au commandement, chargée des grands approvisionnements de précaution et des moyens de les faire arriver à destination, chargée surtout, et d'une façon plus effective, d'un contrôle légitimement sévère de la qualité et de la quantité des fournitures faites à l'armée, ainsi que de l'exactitude des fournisseurs, mais dégagée des détails dans lesquels se perdent la direction générale et le contrôle vraiment efficace. Car plus une direction aussi compliquée s'étend aux détails d'exécution, plus le contrôle qu'elle doit exercer devient illusoire par la raison bien simple, déjà indiquée, qu'il est tout naturel d'être indulgent pour les ordres qu'on a donnés et les dispositions qu'on a prises.

« L'expérience démontre à tout jamais et avec une invincible évidence, que les immenses questions de subsistances, de transports, de campement, d'habillement, de matériel, de solde et de contrôle de tous ces services, suffisent à toute l'activité du corps si distingué de l'intendance, et qu'il lui est impossible de cumuler utilement avec ces attributions si difficiles et complexes, la direction du service de santé et le commandement du corps spécial qui en a la conception et l'exécution professionnelles[1]. »

Il est inutile d'insister beaucoup sur les différences que présentent, au point de vue des besoins de l'armée et des difficultés que fait naître l'imprévu, l'état de paix, l'état de guerre offensive et l'état de guerre défensive. L'armée est faite pour la guerre, il importe donc que le système administratif réponde à toutes les nécessités des situations les plus graves.

Mais avant tout il serait important que des fonctionnaires qui veulent être administrateurs fissent, en temps de paix, une étude statistique et économique complète des pays qui peuvent devenir le théâtre de la guerre. « Cette ignorance de la statistique des pays étrangers a été bien certainement une des causes les plus puissantes des fautes commises par notre administration, toutes les fois qu'il a fallu faire des préparatifs d'entrée en campagne. Les exemples, si nous en voulions citer, ne nous manqueraient pas[2]. »

---

1. Michel Lévy, Lettre du 29 novembre 1854.
2. Vauchelle, *Cours d'administration militaire*, t. III, p. 3.

En temps de paix, malgré de nombreux frottements inutiles, il est possible, avec les rouages administratifs ordinaires, d'assurer les services dans nos garnisons, ou aux étapes que suivent les troupes en marche régulière; aussi, dans ce cas, les prévisions sont-elles rarement en défaut, et d'ailleurs il est alors toujours facile de suppléer à l'imprévu. Mais comme l'armée n'est pas exclusivement appelée à des changements de garnison et qu'elle peut recevoir l'ordre de se concentrer immédiatement sur un point, pour franchir, sans délai, une de nos frontières, il faut évidemment aviser aux moyens de la suivre pas à pas, de pourvoir à tous ses besoins, et c'est seulement dans les moments difficiles que le véritable administrateur se révèle, se trouve à la hauteur de sa tâche et assure ou compromet le succès d'une campagne.

Parmi ces besoins, un des plus sérieux, et auquel il est toujours insuffisamment pourvu, se fait sentir dès le début d'une guerre et devient plus pressant dès la première bataille. Nous voulons parler des secours dus aux blessés et aux malades. Il ne faut donc pas oublier, dans l'intérêt de tous, que le personnel médical des ambulances et des hôpitaux d'une armée doit être non-seulement en proportion avec le nombre probable des blessés et des malades, mais encore avec le nombre des blessés ennemis qui resteront sur le champ de bataille et auxquels on doit aussi des soins, enfin avec les pertes mêmes du corps médical par mort, blessure ou maladie. Que peuvent faire 2, 3 ou 4 médecins au plus par ambulance divisionnaire? En Crimée, à Constantinople, comme au Mexique, comme en Afrique, pendant la dernière épidémie de typhus, ces pertes ont atteint le quart de l'effectif. En Italie, le nombre des entrées aux 27 ambulances, composées chacune de 3 ou 4 médecins, est de 37 767 blessés français et autrichiens; mais la répartition de ces blessés n'a pu être égale dans chaque ambulance, car tandis que les unes, suivant leur position pendant les batailles, ont reçu 6707, 6397, 3024 blessés, quelques autres n'en ont reçu que moins de 500. La moyenne des 10 ambulances les plus occupées est de 2715 blessés par ambulance, ou environ 700 blessés (bataille de Magenta) et 2000 (bataille de Solférino). Il est donc évident qu'à Magenta, chaque médecin de ces ambulances a eu 175 hommes à soigner, et qu'à Solférino, il en a eu 500, ce qui donne pour Solférino un peu moins de 3 minutes de temps pour chaque blessé, en comptant les journées à 20 heures, sans repos pour le médecin, et en supposant, ce qui est loin d'être vrai, que tous les blessés ont reçu les soins indispensables pendant ces 20 heures; car les uns ont dû être immédiatement amputés, beaucoup réclamaient l'application d'appareils à fracture et tous exigeaient au moins un examen rapide et quelques tours de bande.

Nous savons qu'il y a des difficultés parfois insurmontables et qui ne permettent pas de donner immédiatement des soins à toutes les victimes : ainsi des hommes tombent blessés dans un champ de blé, de maïs, et échappent malheureusement aux recherches les plus attentives quand ils ne peuvent se faire entendre; dans certains cas, il faut attendre une cessation ou une suspension du feu pour pouvoir arriver à un terrain labouré par des projectiles de toutes sortes; ces situations cruelles ne sont pas observées exclusivement à la guerre; les inondations, les incendies, etc., etc., fournissent de trop fréquents exemples de déplorables impossibilités d'assistance, pour qu'on exige qu'il ne s'en présente pas sur un vaste champ de bataille ; mais il n'est que trop vrai, il faut le répéter sans cesse, que les blessés attendent trop longtemps des secours, soit sur le champ de bataille, soit aux ambulances, parce que le personnel médical est toujours notoirement trop insuffisant. « Çà et là des mourants amis ou ennemis, qui, depuis la veille, imploraient leur salut et n'avaient plus la force de gémir. L'on ne put s'occuper d'eux que trente heures après l'affaire[1] ! »

« Puis quand les blessés étaient aux ambulances, que de difficultés encore ! » — C'est M. Fay, officier supérieur d'état-major et ancien aide de camp du maréchal Bosquet, qui vient confirmer ce que nous disons. — « Malgré tout le zèle dont il fait toujours preuve, le corps médical ne peut jamais suffire à la lourde tâche qui lui revient au lendemain de ces terribles journées, et, après Inkermann, les pauvres blessés furent entassés sous des tentes, pour y languir quelquefois huit ou dix jours, avant que l'on pût s'occuper d'eux. S'ils ne mouraient pas pendant ces longues heures de souffrance, on les conduisait enfin à l'ambulance de la 2ᵉ division, dans cette tente où se pratiquaient les opérations et dont le seul souvenir fait frisonner. Ici, il n'y a plus l'entraînement du champ de bataille; il n'y a plus que des souffrances cruelles et les cris de pauvres gens, venus de bien loin pour se faire mutiler obscurément autour du drapeau[2]. »

« A Solférino (24 *juin*), des ambulances volantes composées de mulets à cacolets, auxquels on joignit des caissons du train, furent dirigées sur les

---

1. B., capitaine d'artillerie.
2. *Souvenirs de la guerre de Crimée.*

points où l'action était engagée pour relever les blessés et les porter aux ambulances.... Il en fut ainsi amené 10 212 du 25 au 30 *juin*, mais un petit nombre pendant les journées du 29 au 30. » (PARIS DE LA BOLLARDIÈRE, intendant en chef, *Opérat. administ. pendant la campagne d'Italie.*)

Nous pourrions multiplier ces citations navrantes, si nous avions besoin de convaincre nos lecteurs. La guerre est un fléau, tout le monde le proclame, elle entraîne avec elle des souffrances de plus d'un genre, aussi le devoir oblige-t-il à chercher à les amoindrir et à signaler celles que des mesures éclairées peuvent prévenir. Mettons donc en évidence l'insuffisance numérique du personnel médical. — N'est-il pas incroyable de voir aujourd'hui, avec des armées plus nombreuses et des moyens de destruction plus puissants, quatre médecins au plus par ambulance divisionnaire, tandis que les ambulances volantes, conduites par LARREY, pendant nos guerres du commencement du siècle, comptaient plus de vingt chirurgiens et que précédemment, du temps de Ravaton, il y en avait quarante? Ne peut-on pas dire que plus les besoins augmentent, moins il paraît nécessaire d'y pourvoir[1]?

---

1. En 1830, les divisions de l'armée débarquant en Afrique avaient chacune une ambulance composée de 12 médecins. Ainsi,

L'auteur des *Chroniques de la campagne d'Italie*, qui s'est surtout attaché à faire l'éloge de tous les services, se trouve cependant dans l'obligation de signaler aussi des imperfections, des insuffisances et des retards dans les rouages administratifs, et il croit en trouver la cause dans la précipitation avec laquelle avait dû s'organiser l'armée qui, en moins d'un mois, comptait en Piémont 130 000 hommes venant de France et d'Algérie par les voies de terre et de mer. Il fait observer avec raison que parmi ceux qui s'occupent des choses de la guerre, personne n'ignore les difficultés sans nombre qu'entraîne une armée perpétuellement en marche, les besoins sans cesse renaissants et les nécessités inattendues de toutes sortes qu'il faut prévoir et auxquelles il faut obvier sans retard. —Mais cette précipitation n'est pas une nouveauté ; elle sera désormais inévitable ; ces besoins et ces nécessités augmenteront à n'en pas douter avec les proportions de l'effectif, et, si l'on considère la mobilité des corps d'armée comme une condition

---

pour une armée de 30 000 hommes, 180 médecins d'ambulances et hôpitaux de 1re ligne, 6 médecins pour 1000 hommes d'effectif.

En Crimée, mai 1855, pour une armée de 108 000 hommes, 78 médecins d'ambulances et hôpitaux de 1re ligne, 0,72 médecins pour 1000 hommes d'effectif.

En Italie, juin 1859, pour une armée de 160 000 hommes, 132 médecins d'ambulances et hôpitaux de 1re ligne, 0,82 médecins pour 1000 hommes d'effectif.

de la plus grande importance, il faut absolument, disons-le encore, que tous les services chargés d'assurer l'existence matérielle et la santé de combattants toujours plus nombreux, soient organisés de manière à pouvoir suivre les mouvements les plus rapides et ne forcent pas à l'immobilité un général qui voudrait compléter un succès.

Nous savons bien que le commandant d'une armée doit s'assurer une base d'opérations, tenir grand compte des moyens d'avitaillement, mais on traverse rarement un désert, et quand on marche à travers ces *plus fertiles plaines du monde*, les approvisionnements de précaution sont moins indispensables, et il ne faut pas établir en principe, comme le veut un intendant, que « *le général subordonne ses plans et ses opérations militaires aux possibilités de l'administration;* le mépris ou l'oubli de cette *règle admirable*, ajoute-t-il, constitue assurément le plus grave reproche qui puisse être fait à nos dernières guerres, d'ailleurs *si éclatantes de génie et de vigueur*. Les masses considérables portées inopinément sur un même point, le nombre et l'étendue disproportionnée des lignes d'opérations; enfin la rapidité des marches, qu'aucun convoi ne pouvait suivre; toutes ces causes concouraient à rendre le plus souvent les prévisions de l'administration inutiles et vaines, et son assis-

tance impossible, très-éventuelle et très-rare[1]. »
« Nous tous, ajoute-t-il encore, anciens administrateurs de l'armée, nous avons rencontré pour notre instruction les mêmes obstacles. Formés à nos devoirs par la routine et la pratique, nous avons servi longtemps, très-longtemps, sans nous être rendu un compte exact et raisonné du jeu des ressorts dont nous étions le principal moteur, sans avoir observé sous toutes ses faces l'objet, les moyens et le but de l'administration.... La forme du gouvernement qui nous régit, en consacrant le principe de la publicité et de la responsabilité des actes administratifs, a créé, pour tous les fonctionnaires, le besoin de connaître les droits et la limite des attributions de chacun : toutes choses absentes ou difficiles à saisir dans la législation actuelle[2]. »

Nous ne pouvons que louer cette franchise, et faire remarquer que de pareils aveux indiquent bien des progrès à réaliser. Seulement, pour que cette règle trouvée admirable par un intendant devienne une règle absolue, il faut obtenir de l'administration des mesures *éclatantes de génie et de vigueur* qui permettont de renverser les termes de la proposition, et c'est ce que nous deman-

---

1. Vauchelle, t. III, p. 13.
2. Vauchelle, t. Ier, p. 12 et 13.

dons ; nous ne désirons pas mieux pour le moment.

La guerre de 1859, à laquelle il vient d'être fait allusion, révèle assez les défauts de l'organisation actuelle.

Si des imperfections, des insuffisances, des retards et des embarras sérieux sont aussi apparents pendant une campagne en pays ami, qu'arriverait-il donc en pays ennemi ? Peut-on espérer, en effet, qu'une armée se trouvera encore dans des conditions aussi exceptionnellement favorables pour faciliter le fonctionnement des services administratifs ? En Piémont, comme en Lombardie, en 1859, au lieu de rencontrer sur leur passage le mauvais vouloir des habitants et la haine du vaincu, nos troupes ont été accueillies partout avec enthousiasme. Les ressources du pays, *de ces plus fertiles plaines du monde*, n'étant point épuisées par les Autrichiens [1], des réquisitions payées ne pouvaient-elles être faites ? Partout les approvision-

---

1. Officiers et touristes, tous s'accordent à dire que le Piémont et la Lombardie étaient loin d'avoir été épuisés par l'état de guerre. « Sur la route de Milan à Mélégnano, le hasard m'a fait entrer dans une ferme que j'avais prise pour une auberge et où j'allais chercher un verre d'eau. Le maître était à dîner ; il se leva et m'offrit l'hospitalité. Sa table était chargée de mets et de fruits.... cent bœufs et trois cents vaches ruminaient dans les étables.... des tribus errantes de poules et de pigeons picoraient dans les cours. L'abondance était partout. — A. Achard, *Lettres d'Italie*, 9 juin 1859.

nements, les blessés et les malades n'ont-ils pas été confiés à la garde et mieux encore à la reconnaissance des Italiens? et ces ressources et cette sécurité qu'on n'aurait pas rencontrées en pays conquis, ne devaient-elles pas alléger considérablement les charges et la responsabilité de la direction administrative en Italie, si elle n'avait fatalement subi les conséquences de vieilles habitudes érigées en système qui n'exige aucun effort de génie, entouré de difficultés, d'obstacles même pour ceux qui en font cependant une arche sainte, mais qui survivant à pareille épreuve serait une sorte de défi porté aux vrais principes économiques et humanitaires?

L'Empereur Napoléon III n'a-t-il pas écrit ces lignes remarquables[1] :

« L'Afrique a formé d'excellents généraux et d'excellents soldats ; mais par sa position à quelques heures de Toulon, elle ne nous a peut-être pas assez habitués à chercher dans le pays même les éléments d'entretien de l'armée. Nous avons pu nous assurer de ce fait dans nos expéditions en Orient, en Italie, au Mexique. La première pensée des intendants a été de faire venir de France, à grands frais et avec superfluité, tous

---

1. Lettre de l'Empereur au maréchal Mac-Mahon, 1865. — Voir aussi, page 22, t. Ier de notre statistique, la lettre de l'Empereur à l'intendant en chef de l'armée d'Italie, 1859.

les objets nécessaires, et de les entasser dans une place du littoral, au lieu de chercher à exploiter le pays théâtre de la guerre. C'est qu'en effet il est bien plus commode de faire transporter par les bateaux à vapeur les approvisionnements nécessaires que de les trouver sur place ; mais aussi les expéditions deviennent ruineuses pour la métropole. L'application de ce système a augmenté considérablement les dépenses de la guerre. »

Si l'on nous accuse de témérité ou d'erreurs en principes humanitaires, économiques ou administratifs, nous aurons du moins, comme on le voit, l'honneur de partager les vues du chef de l'État.

« En facilitant au dernier degré les transports de munitions et de troupes aux points d'attaque, s'il s'agit de l'offensive, aux lieux menacés dans le cas contraire ; en annulant pour ainsi dire les distances devant les armées en campagne, la locomotive semble devoir accomplir, dans la science de la guerre, une révolution plus radicale que celle dont l'invention de la poudre donna le signal. Au temps de la République et de l'Empire, les mouvements des combattants, pour atteindre le rendez-vous de lutte, étaient encore le comble de l'art, et les rapides enjambées de Napoléon, à travers l'Europe, passent à juste titre, en raison de la difficulté des communications, pour des chefs-d'œuvre du génie militaire comparables aux plus rares combinaisons du champ de bataille. Aujourd'hui ces prodiges de vitesse seraient un jeu pour la vapeur. Les champions des nations belligérantes, au lieu de dépenser le meilleur de la saison en marches forcées, se voient en présence presque au lendemain de la rupture de la paix, et portent immédiatement les premiers coups. La durée de l'état de guerre perd donc au moins tout le temps consumé jadis en évolutions préparatoires.

« La civilisation contribue à abréger les hostilités, à réduire le mal à sa dernière limite. Les barrières des royaumes que la politique et la nature avaient divisés, tombent au bruit du sifflet des convois du commerce : les peuples unis d'intérêt, sinon de cœur, entraînés par le progrès des mœurs, éclairés par les découvertes de la science, ont mieux à faire qu'à se battre. Cependant la guerre survivra peut-être à ce rapprochement des races rivales; mais les ennemis s'attacheront de plus en plus à adoucir cette nécessité, en circonscrivant autant que possible le foyer du mal. Et quelle que soit la fortune des armes, les heures de lutte se comptant au poids de l'or, les deux partis, sous la menace de la ruine, seront contraints de remettre l'épée au fourreau[1]. »

---

1. Un artilleur (*Journal du siége de Sébastopol*).

Après ces considérations, nous pouvons dire que si les guerres, comme il est probable, ne sont plus de longue durée, elles donneront certainement plus de blessés amis ou ennemis à soigner ; les marches seront plus rapides, les difficultés iront toujours croissant et le nombre des malades, si l'on n'y prend garde, dépassera toujours de beaucoup celui des blessés. Les armes les plus perfectionnées ne mettront jamais hors du rang autant d'hommes que les maladies et l'oubli des règles de l'hygiène, surtout en ce qui concerne la nourriture du soldat. Il faut donc se presser d'étudier sérieusement les conditions nouvelles d'une armée en campagne, prévoir la soudaineté des événements, donner à tous les services les meilleurs moyens d'action, simplifier les rouages et supprimer ceux qui sont inutiles et dès lors nuisibles. Telles sont, au point de vue médical et économique, les questions importantes que nous nous proposons d'aborder en détail dans les diverses parties de ce travail.

Mais avant d'aller plus loin, nous croyons devoir bien établir que pour traiter des questions aussi sérieuses, il importe que nous laissions parler les faits et que confiant dans l'avenir, nous exposions respectueusement la situation du corps médical militaire dans ses rapports avec le service administratif, non pour faire de la critique qui n'est pas dans notre esprit, quoique nous ne puissions nous en abstenir complétement, mais bien pour faire ressortir les avantages qui résulteraient pour l'armée et pour le service de santé, de dispositions importantes à introduire dans l'organisation de ce corps dévoué qui, dans toutes nos guerres, a bien mérité de la science, de l'armée et du pays ; qui subit des pertes proportionnellement beaucoup plus grandes que les autres corps d'officiers et qui réclame humblement une position en rapport avec l'importance de ses fonctions, la dignité professionnelle et la condition sociale, position qui, en définitive, ne peut être indifférente à l'armée, puisqu'elle servira ses intérêts en grossissant les rangs du corps de santé d'un grand nombre de capacités que ne satisfait pas la situation actuelle toute de subordination à un corps professionnellement étranger; et, contrairement aux règles de la hiérarchie militaire, à des officiers d'un grade inférieur à celui des médecins, puisqu'un sous-intendant adjoint, jeune d'âge et d'expérience, assimilé au grade de capitaine ou de chef de bataillon, a autorité comme discipline et préséance, sur un médecin principal assimilé au grade de colonel, et comptant autant d'années de service et d'expérience que le premier peut compter d'années d'âge. « — Puisque tel est, dans les conditions de l'organisation actuelle du service de santé, le triste lot des médecins que le fonctionnaire le plus élevé de leur hiérarchie, investi de la haute délégation du ministre, comme directeur du service médical, disparaît cependant derrière les fonctionnaires de l'intendance[1].... Que son initiative s'épuise en communications latérales, en suggestions officieuses, en avis consultatifs, en prévisions presque toujours contestées ou écartées et presque toujours justifiées.... Puisque ce directeur, bien qu'investi de la délégation du ministre pour *organiser et diriger*, n'a pas le droit de disposer de ses subordonnés pour les besoins du service, qu'il est contraint, pour donner force exécutoire à ses désignations, de les soumettre à la sanction de M. l'intendant qui n'a pas qualité pour discerner la spécialité médicale ou chirurgicale des officiers de santé et leurs aptitudes particulières aux diverses positions du service[2].... Puisque le commandement du corps médical étant dévolu à l'intendance, il en résulte que sa hiérarchie propre n'est pas effective, manque de sanction et d'autorité.... Puisque partout l'intendance s'interpose entre le service de santé et le

---

1. Michel Lévy, lettre du 13 novembre 1854, page 728.
2. Notre *Rapport sur la Campagne d'Orient*, page 21, ordre n° 74, et Michel Lévy, lettres des 29 et 30 novembre 1854, pages 734 et 735.

commandement, au point que les généraux de division sont renseignés par les sous-intendants sur l'état sanitaire de leurs troupes, au lieu de l'être par le médecin en chef de leur ambulance, où se reflètent toutes les influences morbides et où l'observation de chaque jour suggère d'importantes indications[1]. »

La direction du service de santé étant placée sous une tutelle paralysante, n'est donc que nominale; aussi, n'est-il pas évident et n'a-t-on pas dit avec raison que les médecins de l'armée présentent la singulière anomalie d'un corps avec des membres, mais sans tête! Et, n'est-ce pas à cette organisation défectueuse, à tous les points de vue, et aux résultats qu'elle donne qu'il faut attribuer une grande partie de la mortalité aux armées? On le reconnaîtra, nous l'espérons, et l'on s'empressera d'y pourvoir, car le seul motif invoqué pour excuser l'état de choses, — l'*harmonie du système*, — n'existe, avons-nous déjà dit, qu'en théorie et tombe devant l'application.

En effet, des théories, parfois séduisantes, entraînent trop souvent les esprits les plus droits, les plus judicieux, quand ils ne peuvent les apprécier dans leurs applications et dans les détails de l'exécution, et c'est cependant là l'épreuve à la-

---

1. Michel Lévy, lettre du 9 janvier 1855, page 739.

quelle elles doivent être soumises avant d'être approuvées. Elles résistent d'autant mieux à la discussion, même dans de grandes assemblées, qu'elles exigent des connaissances spéciales chez tous ceux qui doivent les juger et que possède souvent celui-là seul qui est chargé de les défendre. Orateur habile, possédant bien son sujet, connaissant bien son auditoire, il peut tourner la question, laisser ses contradicteurs s'engager sur un terrain qu'ils ne connaissent pas suffisamment, et dès lors il parvient facilement à compléter leur défaite par l'ironie et les rires de ceux restés jusque-là juges impartiaux ou même indifférents du débat.

Avec les meilleures intentions, on peut se tromper en pareille matière, quand on n'est pas du métier, quand on ne possède pas tous les éléments de la question et surtout quand on ne peut, par cela même, opposer la pratique à la théorie ou les faits à la réglementation en vigueur. Ainsi, dans un ouvrage récemment couronné en Prusse par le comité central de secours aux blessés de terre et de mer, M. Moynier, président de la Société d'utilité publique de Genève et le Dr Appia, membre du comité international, après avoir reproduit les plaintes et les regrets formulés par Scrive et Baudens d'une part, des officiers supérieurs de l'armée française de l'autre, au sujet des imperfections des services médicaux et administratifs, s'étonnent avec raison de trouver, à côté de ces citations, — « livrées sans commentaires aux lecteurs, car elles sont assez éloquentes par elles-mêmes, des assertions entièrement opposées. — Il semble, ajoutent-ils, que le médecin en chef Scrive, dans sa relation de la campagne de Crimée, n'ait pu se résigner à confesser franchement les lacunes d'un système administratif, admirable à bien des égards, et dont il était l'un des représentants les plus éminents, car il s'applique à proclamer les bienfaits de l'administration comme pour contre-balancer les aveux que lui arrache l'évidence. »

L'explication de ces données qui semblent se contredire est bien simple; Scrive, comme tous les officiers supérieurs et comme tous les médecins qui ont écrit sur le service administratif en général et sur celui des ambulances et des hôpitaux en particulier, n'a pu se défendre de distinguer le système et les hommes chargés d'en faire l'application. — En effet, le système est mauvais puisqu'il ne donne pas les résultats qu'il semble promettre : mais pour l'appliquer, les fonctionnaires honorables de l'intendance sont, dans un grand nombre de cas, fatalement voués à l'impuissance par la trop grande multiplicité, la variété et les spécialités incontestables de leurs attributions. Il est donc impossible, dans un rapport plus ou moins officiel, de ne pas atténuer les situations et de ne pas rendre justice aux hommes, tout en condamnant le système.

Oui, le système est mauvais, ses défauts ont été signalés dans plusieurs mémoires; SCRIVE a pu écrire et dire ce qu'il a souffert [1]; il a compromis sa belle intelligence aux ambulances en Crimée et n'est rentré en France que pour mourir à la suite d'une longue excitation nerveuse. BAUDENS, lui aussi, après les cruels tourments que lui donna la responsabilité purement morale[2] de son inspection médicale pendant la campagne et après avoir vu succomber, *en trois mois*, pendant une formidable épidémie de typhus qu'il voulait et pouvait conjurer, 10 000 hommes en Crimée et à Constantinople et 46 médecins (le chiffre total de la mortalité de ces derniers est de 82) épuisés par les fatigues et livrés ainsi sans résistance à la contagion, n'a pu se défendre d'un profond chagrin; sa vigoureuse santé n'a pas résisté à tant d'épreuves et il n'a revu la France que pour mourir d'une maladie du foie. — Dans l'état actuel de notre organisation, l'intendant seul est responsa-

---

1. Scrive, Extrait de la correspondance, pages 766 à 770 de notre statistisque.

2. Baudens, Correspondance, pages 752, n⁰ˢ 47, 49, 50, 52, 53 et 57, *ibid.*

ble puisqu'il ordonne. Le médecin du grade le plus élevé ne peut que prévoir et conseiller ; mais que devient la responsabilité quand celui qui ordonne est aussi celui qui contrôle le résultat de ses ordres ? — MICHEL LÉVY, qui avait précédé Baudens en Crimée et à Constantinople, est encore là pour dire ses efforts de tous les jours, ses prévisions écrites et trop exactement réalisées, ses luttes incessantes[1] contre un système qui déplace la compétence et annihile l'action médicale. Il n'avait pas seulement prévu les épidémies qui, dix fois plus meurtrières que le feu de l'ennemi, ont enlevé un quart de l'effectif, mais il avait indiqué les moyens de les prévenir et d'en combattre les désastreux effets[2].

Oui, le système est mauvais. BLANCHOT, l'intendant en chef de l'armée d'Orient, n'a pas résisté à ses énormes préoccupations de tous les jours pendant cette longue campagne, alors qu'il devait pourvoir à tous les besoins d'une armée cependant immobilisée devant Sébastopol ; il a succombé après son retour, et l'on peut dire que PARIS DE LA BOLLARDIÈRE, intendant en chef de l'armée d'Italie, est allé mourir à Amélie-les-Bains, épuisé, lui aussi, par ses efforts incessants

---

1. Michel Lévy, lettre n° 27, pages 731-732.
2. Voir pièces jurtificatives, pages 711 à 770 du tome Ier de notre statistique médico-chirurgicale de la campagne d'Italie.

dans la direction de tous les services confondus sous le nom de services administratifs.

Que dire d'un système fatal à ceux qui en ont la responsabilité réelle ou morale et qui n'atteint que si imparfaitement le but qu'on se propose? C'est qu'ici l'intelligence n'a pas seulement à lutter contre des forces qui se ploient à son service dès que l'évidence les y contraint, mais contre des préjugés étayés par la vanité et contre de vieux errements qui résistent aux réformes avec toute l'indolence de l'habitude.

L'étude des maladies des armées, dues surtout au respect de ces vieux errements si peu en rapport avec les progrès du jour, dues encore à l'indifférence en matière d'hygiène et de prophylaxie, prouve que dans toutes les grandes guerres jusqu'à nos jours, malgré l'expérience acquise et bientôt oubliée, malgré les observations, non assez comprises, des hommes les plus éminents du corps médical, aucun perfectionnement décisif n'est venu modifier une situation qui intéresse à un si haut degré le pays tout entier. *C'est qu'avec le même système et les mêmes moyens, on ne peut jamais arriver qu'à des résultats toujours les mêmes.* Un autre système déplacerait, il est vrai, une part d'autorité aujourd'hui sans partage!

Les faits et les déductions qu'on en peut tirer seront donc un jour plus forts que le système et que ceux qui croient devoir persister à le défendre ; et l'histoire proclamera comme un bienfaiteur de l'humanité le ministre qui, ému des résultats et s'éclairant des faits, reconnaîtra que la mission du médecin d'armée n'est pas limitée aux soins à donner aux blessés et aux malades, mais qu'elle s'étend à tout ce qui peut adoucir leurs souffrances, assurer l'intégrité de leur santé, diminuer la mortalité et le nombre des mutilations qui les privent de leurs membres, prévenir les maladies, les épidémies, et qu'il a besoin d'autant d'autorité que d'initiative pour lutter immédiatement, sans hésitation, à propos et avec efficacité contre les maladies qui déciment une armée. Lui seul pressent la menace épidémique ; mieux que personne il conçoit les moyens de lui résister ; lui seul voit les souffrances en détail, et mieux que personne il comprend les moyens de les soulager. Il est donc indispensable de lui laisser la responsabilité tout entière avec l'émulation et le mérite du succès.

La campagne d'Italie, si glorieuse pour nos armes et pour l'Empereur, si remarquable par une succession non interrompue de victoires, se distingue aussi par la rapidité du transport des troupes en Piémont. Elle a inauguré, en présence de l'ennemi, l'emploi des voies ferrées et de la télégraphie électrique ; et l'armée, par son énergie et malgré de nombreuses difficultés, a toujours su répondre à l'habile direction de son chef.

Ces conditions nouvelles ont soumis le système à de grosses épreuves; elles ont réagi sur tous les services et particulièrement sur le service de santé; aussi les enseignements obtenus pendant la campagne d'Orient et cette dernière grande guerre, fournissent-ils les éléments d'un immense progrès à réaliser pour la bonne organisation des services administratifs et du service médical d'une armée, et ils méritent d'être scrupuleusement appréciés.

En présence d'une affluence considérable de blessés et de malades français et autrichiens, dépassant de beaucoup les ressources officielles et celles du personnel médical, l'organisation d'un grand nombre d'hôpitaux dut être laissée d'urgence à l'initiative des médecins civils, *directeurs, en Italie*, des établissements hospitaliers. Cet expédient, nécessité par des besoins pressants et imprévus, a providentiellement suppléé *comme asile* à l'insuffisance des moyens administratifs; mais il fallut avoir recours partout, même dans les quelques hôpitaux réguliers de l'armée, à des aides requis à la hâte, presque tous sans expérience, à des élèves n'ayant jamais vu une blessure, ne sachant pas faire un pansement, et tous payés aussi cher que s'ils avaient eu les connaissances indispensables. Cette situation ne suffit-elle pas pour expliquer la grande mortalité à la suite d'opérations qui donnent généralement de meilleurs résultats [1]? — Le corps médical de tous les pays du monde nous demande compte de nos insuccès ; qu'avons-nous à répondre? — Il est en effet facile de comprendre que le résultat d'une opération est peut-être moins dans l'opération elle-même que dans les soins ultérieurs qu'exige l'opéré, et dans les conditions plus ou moins bonnes dans lesquelles il se trouve placé. Il est encore aussi évident, au point de vue humanitaire et économique, qu'un pansement bien fait corrige parfois ce qu'une opération, faite précipitamment sur un champ de bataille, peut avoir d'imparfait; tandis qu'un pansement mal fait compromet le succès de la meilleure opération, et s'il s'agit d'une blessure, d'une fracture surtout, il peut entraîner la mort ou au moins une difformité irremédiable, ou enfin nécessiter la perte d'un

---

1. A l'occasion des amputations de la cuisse, à Alexandrie, le Dr Restelli, médecin italien, directeur de l'hôpital Sainte-Marthe, accuse lui-même « des pansements peu intelligents, laissant beaucoup à désirer, et trop souvent faits par des mains peu exercées. » (Voir notre Statistique de la campagne d'Italie, tome II, page 747.)

« On a dû faire appel aux médecins des campagnes, aux médicastres de toutes sortes qui pullulent en Italie, enfin aux élèves en médecine pour leur abandonner des services chirurgicaux importants. » Dr HASPEL, médecin principal.

membre. En un mot, les soins inintelligents de jeunes gens non initiés, étrangers à nos habitudes et à notre langage, ne peuvent donner que de tristes résultats, qui se traduisent en pensions plus onéreuses en définitive pour le Trésor que l'entretien d'un effectif médical suffisant et instruit. Peut-on d'ailleurs méconnaître l'influence qu'exerce sur le soldat l'assurance qu'il doit toujours avoir, s'il est blessé, de ne pas perdre son sang dans de longues heures d'attente; que, près du lieu où il combat, une main amie et exercée sera toujours prête à panser sa blessure et qu'il recevra dans les hôpitaux tous les soins auxquels il a si bien droit?

Nous ne pouvons présenter ici que d'une manière générale des données s'appuyant sur les faits nombreux que la correspondance de chaque jour et les pièces justificatives établiront dans leur ordre chronologique, nous réservant de consacrer un chapitre spécial à chacune des questions importantes que nous soulevons bien plutôt dans l'intérêt de l'armée et du service de santé que dans celui du corps médical militaire. On verra alors si les médecins ont toujours cherché à se multiplier spontanément et sans cesse pour faire face aux exigences des situations les plus graves, et l'on dira, nous n'en doutons pas, que si le corps médical peut grandir encore par la science et l'importance de sa mission, il ne grandira plus par son dévouement, son abnégation et son courage, qui ont atteint les limites du possible.

Mais si l'histoire de la campagne de 1859 réserve une honorable page au corps médical, elle n'oubliera pas le médecin en chef de l'armée d'Italie. Suivant la voie tracée par son noble père, il a pu, avec la volonté de l'Empereur, dominer énergiquement la situation, et, malgré la masse énorme des combattants, préserver l'armée des maladies infectieuses, compagnes obligées jusque-là des grands rassemblements d'hommes, et faire prévaloir le principe de la dissémination des malades, comme première condition de la salubrité des hôpitaux et comme condition absolue du succès des opérations chirurgicales et des tentatives de chirurgie conservatrice.

Pour résumer ces considérations générales, disons que, malgré les révisions jugées nécessaires et annoncées dans deux rapports à l'Empereur, les règlements les plus récents (1865) assurent de plus en plus l'autorité de l'intendant, alors qu'il faudrait s'appliquer bien plus utilement à établir celle du médecin. Nous osons donc espérer, qu'à l'exemple de la Prusse, de la Belgique, de l'Angleterre et des États-Unis d'Amérique, on arrivera en France à comprendre que l'hygiène de l'armée et le service sanitaire qui protégent et sauvegardent directement la vie de tant de milliers d'hommes, doivent cesser d'être considérés comme des accessoires du service administratif et de relever de fonctionnaires très-honorables sans doute, mais incompétents, et déjà surchargés de trop d'attributions et de détails multiples et variés. Nous pensons, en effet, qu'en raison de son utilité de plus en plus reconnue, de son importance toujours croissante en présence d perfectionnement des agents de destruction, en raison surtout du bon sens et de l'expérience, le corps médical, autonome dans sa spécialité, comme le génie et l'artillerie, et dirigé aussi par ses propres chefs, doit être libre enfin de rendre à l'armée, et par conséquent au pays, tous les services dont il est capable, et qu'ils ont le droit d'attendre de lui.

En quoi la spécialité reconnue du génie et de l'artillerie nuit-elle à l'unité de commandement ? en quoi la spécialité du service de santé nuirait-elle soit à l'unité de commandement, soit à l'unité de direction administrative ? Quel inconvénient peut-on voir à ce que la direction médicale soit plutôt dans les attributions d'un médecin en chef toujours présent, bon juge de l'exécution, et dont ce sera l'unique préoccupation, que dans celles d'un intendant qui dirige à distance et qui doit s'occuper de bien d'autres services tous très-importants ?

La situation anormale, unique dans l'armée, faite à un corps spécial et le plus spécial de tous, mis hors du droit commun par son assujettissement à un autre corps, produit nécessairement un profond malaise, et devient une des causes de l'extrême difficulté de son recrutement. Il est, en effet, le seul dans l'armée qui ne puisse parvenir à remplir ses cadres, et qui présente le plus de démissions et le plus de mortalité.

A quoi cela tient-il ? Nous allons le dire : pourquoi le ministre n'interroge-t-il pas l'histoire ? Il verrait que plus le niveau scientifique du corps médical s'est élevé, plus aussi il y a eu de démissions et de demandes de retraites anticipées.
— Il verrait, qu'à part quelques illustrations qui ont surgi et dont les noms sont gravés sur l'Arc de triomphe, le corps médical, il y a à peine cinquante ans, se recrutait encore fort mal, non pas au point de vue du nombre, car on faisait facilement un médecin d'un infirmier, d'un soldat de bonne volonté, ou d'un élève de première année, mais au point de vue de la qualité, puisqu'il n'était pas question de titres universitaires. L'armée n'a-t-elle pas vu et connu pendant trop longtemps de ces chirurgiens, braves sans doute, comme on l'est en France, mais d'origine et de science équi-

voques qui ont laissé un souvenir de défiance trop généralisée? — Il comprendrait qu'on a pu imposer ce qu'on a voulu à des hommes trop heureux de saisir avec empressement et de conserver une position inespérée. — Il reconnaîtrait que telle n'est plus la situation, et qu'aujourd'hui, si le nombre fait plus défaut que la qualité, c'est en partie parce que les admissions dans le cadre du service de santé de l'armée se font maintenant par des médecins inspecteurs, jaloux à juste titre de la considération du corps qu'ils doivent sauvegarder ; c'est parce qu'on n'est reçu comme *élève* à l'école impériale de médecine du Val-de-Grâce qu'autant qu'on est docteur en médecine d'une des Facultés de l'Empire et qu'on subit, à l'entrée comme à la sortie de cette école, des épreuves assez sérieuses pour que de nombreux refus d'admission et des éliminations se comptent en bon nombre, chaque année, comme dans les autres écoles militaires. — Ces hommes nouveaux, à la hauteur de leur mission, sachant ce qu'ils valent, peuvent-ils se contenter d'une situation fatalement subalternisée jusqu'au sommet de leur hiérarchie, et blessante pour leurs convictions professionnelles trop souvent en opposition avec les mesures qui sont prises et qui engagent leur responsabilité morale ?

Il y a certainement encore d'autres raisons qui

éloignent les jeunes médecins animés d'une noble et légitime ambition : c'est la perspective d'une carrière sans prestige et d'une mort vulgaire dans un hôpital.

Veut-on assurer le recrutement du corps de santé, veut-on que les écoles de médecine militaire soient aussi recherchées que les autres écoles de l'armée ? Il faut donner largement aux médecins le moyen de se constituer fortement ; il faut en faire autre chose que des agents du service administratif, car ils sont des combattants à leur manière ; il faut les placer au même rang que les officiers, leurs anciens émules au collége ; ils ont la même origine, ils doivent avoir droit aux mêmes honneurs, ils doivent courir les mêmes chances, les mêmes dangers. Puisque leur hiérarchie ne s'élève pas aux premiers grades de l'armée, il ne faut pas établir d'exceptions restrictives, humiliantes, pour les distinctions qu'ils peuvent mériter ; il faut les traiter comme les officiers des grades auxquels ils sont assimilés.

Il faut former des ambulances volantes *effectives* (avec un matériel simple, portatif, à dos d'homme) qui suivront les lignes avancées et, sans gêner les mouvements, assureront des secours plus immédiats aux blessés. Mais, m'objecte-t-on, il y aura des médecins tués ou blessés. — D'où vient donc cette excessive sollicitude, qui, sous prétexte de ménager la vie des médecins, craint tant de les exposer au feu de l'ennemi, alors que, malgré l'évidence, on ne craint pas de les livrer à la contagion, dans les hôpitaux, où ils savent cependant mourir d'empoisonnement, comme ils sauraient tomber glorieusement sur le champ de bataille? Qu'un bulletin de l'armée indique dix médecins tués et quarante blessés; qu'on signale ceux qui se sont distingués; le lendemain, cinq cents médecins viendront solliciter leur admission au service, le recrutement sera désormais assuré, et le nombre ne fera pas plus défaut que la qualité.

Mais lors même que, sous l'influence de salutaires réformes, on verrait se compléter l'effectif réglementaire actuel du corps de santé, il resterait encore fort au-dessous des exigences du temps de guerre. Il serait donc important, au début d'une campagne, de pouvoir doubler promptement le nombre des médecins d'armée. — Le moyen semble si difficile, qu'on serait tenté de croire qu'il y a de graves motifs pour que le corps médical ne soit pas aussi fortement constitué que tous les autres corps de l'armée. — N'avons-nous pas vu, en Orient comme en Italie, la nécessité imposer des expédients aussi tristes que tardifs?

En effet, si, pressé par le besoin, on fait appel aux étudiants en médecine, les plus aventureux mais non les plus instruits se présentent, et leur zèle ne compense pas toujours leur inexpérience et leur inaptitude. Ce renfort apporte souvent plus d'embarras que de secours; l'essai fait en 1859 n'est pas encourageant. Si l'on envoie à l'armée tous les médecins des garnisons et des hôpitaux de France, il faut les remplacer par des médecins civils, et là se présentent encore des difficultés et des inconvénients de plus d'un genre, bien propres, après maintes épreuves, à faire renoncer à ce moyen.

La solution du problème n'est cependant pas impossible : dans notre précédent rapport nous en avons présenté une aussi simple que facilement réalisable, pratique et par conséquent très-digne de l'attention du ministre de la guerre. Nous croyons devoir la représenter encore.

La loi fixe à bon droit un âge de retraite pour les médecins militaires, et elle ne saurait l'étendre davantage sans porter une grave atteinte aux conditions de l'avancement déjà trop retardé. Cependant il est de fait qu'à l'âge où les médecins militaires sont mis à la retraite (50, 56, 58, 60 et 64 ans, suivant le grade), *âge qui cependant est une garantie de leur expérience*, ils sont presque tous très-capables encore de pratiquer un art qu'ils exercent alors, pour la plupart, au sein des populations civiles avec une digne autorité. En établissant pour ces praticiens émérites un cadre de réserve ou de disponibilité, on pourrait utiliser, *à l'intérieur, en temps de guerre,* leur expérience et leurs services pour quelques années encore, et moyennant un supplément proportionnel de pension, ils resteraient à la disposition du ministre, pour remplacer dans les hôpitaux et les corps de troupes de France ou d'Algérie les médecins militaires du cadre d'activité qui pourraient tous être appelés à l'armée.

Alors les ambulances pourraient avoir un personnel en proportion des besoins; les combattants seraient secourus plus promptement et plus efficacement; aucun des services médicaux de l'intérieur ne serait en souffrance; on n'introduirait pas dans le corps médical des éléments défectueux à plus d'un titre, mais on utiliserait, en les honorant, ces vétérans au talent éprouvé dont on avait dû se priver trop tôt.

Toutes nos observations s'appuient sur des preuves qu'on rencontrera à chaque page; elles ont pour elles l'évidence des faits, la logique des déductions, la consécration de l'expérience faite dans de grandes armées étrangères et au moins la probabilité de leur succès dans la nôtre. La raison et le bon sens feront donc triompher, n'en doutons pas, des aspirations légitimes basées sur l'intérêt de l'armée et du pays.

Quelques hommes sérieux, étrangers au corps

médical et même à l'armée, nous ont judicieusement fait remarquer que si le système était si imparfait que nous le disons, au moins en ce qui concerne le service de santé, que si les résultats et les causes auxquels nous les attribuons étaient si évidemment déplorables, il se serait rencontré des fonctionnaires assez administrateurs pour comprendre l'urgence d'une réforme radicale. — Mais qu'opposer à cette force qu'on appelle la routine et qui usurpe quelquefois le nom de tradition ? « Quelle idée utile à l'humanité, quelle vérité de quelque importance a jamais pénétré jusqu'à l'application sans rencontrer de résistance, sans avoir de luttes à soutenir, sans blesser quelques prérogatives qu'on veut bien dire sacrées, parce qu'elles ont été établies pour d'autres temps et d'autres hommes (nivôse et ventôse an III) ? »

Parmi les objections qui ont été faites aux réclamations du corps médical, aucune n'est sérieuse ; il n'y en a aucune qui ne doive être immédiatement écartée par la logique des faits et des résultats. Ainsi on a dit que le médecin avait la ridicule prétention d'éclairer parfois le commandement au sujet de certaines mesures hygiéniques. — Est-ce donc pour gêner le commandement auquel le médecin est soumis, auquel il n'a jamais contesté le droit de s'occuper de tous les intérêts de ceux qu'il commande, et auquel il ne demande pas de *subordonner ses plans et ses opérations militaires aux possibilités médicales*, ou bien est-ce pour éveiller son attention sur les causes de réduction des régiments quand ces causes peuvent être facilement et efficacement prévenues ou combattues? Le médecin ne sait-il pas que le but tactique doit primer la tâche de la philanthropie[1]? Est-il donc si prétentieux, si ridicule, tout en économisant les hommes et les deniers, de chercher à assurer la présence de plus de baïonnettes dans le rang? Et, quand les soldats sont dans les hôpitaux, est-il encore si déraisonnable de vouloir éviter l'excès de la mortalité, l'excès de la dépense par des mesures hygiéniques indiquées, écrites partout, dans les livres les plus élémentaires, même dans les *Traités d'administration militaire*, mais complétement méconnues ou oubliées, par la direction administrative, quand il serait urgent d'en faire l'application? C'est alors qu'apparaîtrait la part de l'initiave médicale, si le médecin d'armée avait la direction de son service et l'intendant le contrôle de la dépense. C'est alors que le médecin, dégagé des entraves qui le retiennent, libre dans ses aspirations professionnelles, montrant à l'armée et au pays ce que peuvent son dévouement et sa science judicieusement appliqués,

---

1. Notre rapport sur la campagne d'Orient, p. 691.

pourrait grandir et s'élever à la hauteur d'une mission conservatrice autant que réparatrice.

Nous, ne citerons qu'un exemple entre mille pour démontrer que les préceptes les plus sages, que les principes les mieux justifiés par l'expérience sont établis pour la règle, mais non pour l'exécution. Nous trouvons, en effet, dans les traités d'administration et dans les dispositions prises par le ministre pour l'organisation des hôpitaux pendant la guerre, *qu'il faut, en campagne, beaucoup d'hôpitaux et point de grands hôpitaux; qu'un hôpital de 4 à 500 malades est le plus grand établissement que l'on doive former*[1]; nous voyons, d'un autre côté, que tel est bien aussi l'avis du ministre, puisque le matériel hospitalier envoyé par ses ordres à l'armée est fractionné par hôpital de 500 lits et que le personnel médical désigné est proportionné à ce nombre de lits. — Mais à côté de l'autorité de la science, il y a l'intendant qui est *délégué du ministre* et qui a ses principes hygiéniques tout personnels. La preuve, la voici, et, pour ne parler que de faits relatifs à la campagne dont nous faisons l'histoire médicale, c'est l'intendant en chef de l'armée d'Italie qui la fournit dans son récit des opérations administratives en 1859 et dont nous reproduisons le passage

---

1. Vauchelle, ouvrage cité, tome II, pages 311 et 312.

suivant : « A Gênes, la caserne de San Benigno fut la première affectée au service d'un hôpital militaire ; la contenance du bâtiment intérieur fut limitée à 1300 *lits, afin de bien remplir toutes les conditions commandées par l'hygiène.* »

On a objecté aussi, en vue de l'unité de direction administrative, que l'intendant seul pouvait recevoir les confidences essentiellement secrètes du commandement sur le mouvement des troupes, afin d'assurer leur existence matérielle. — L'intendant en chef est au grand quartier général, près du général commandant, mais le médecin en chef s'y trouve aussi, et l'un n'inspire pas, que nous sachions, plus de défiance que l'autre. — Quelle est d'ailleurs, l'importance de ces confidences ? et, dans l'immense majorité des cas, sont-elles réellement un secret qu'on ne confie qu'à l'intendant ? Prenons pour exemple le mouvement le plus remarquable de la campagne : quand, après le combat du 20 mai et la concentration de toute l'armée sur la rive droite du Pô, entre Alexandrie et Montebello, l'ordre de faire transporter 800 000 rations à Verceil, a été donné, le 26 mai, à l'intendant général Paris, il n'était certes pas jusque-là dans le secret du mouvement projeté de la droite vers la gauche, puisqu'il avait accumulé à Tortone, comme il le dit lui-même, tous ses approvisionnements et « des masses de denrées tirées d'Alexandrie et de Gênes dans l'hypothèse d'un passage du Pô entre Plaisance et Pavie. » Ce mouvement, commencé le même jour, 26, était-il un secret pour le médecin en chef Larrey? et quand même, pour diriger le service médical qui marche, personnel et matériel, à la gauche des divisions, le médecin en chef n'aurait besoin de recevoir les *confidences* du commandement que pour évacuer les blessés qui seraient aux ambulances et pour demander à l'intendant le remplacement des objets de pansement employés.

« Que gagneriez-vous à être sous les ordres d'un médecin en chef placé lui-même sous les ordres directs du commandement? » me disait un jour, pendant une promenade en forêt, un intendant général, cherchant à m'attendrir par le tableau du bonheur d'avoir des intendants pour chefs. Sollicitude, protection, défense de nos intérêts, rien n'y manquait. Les médecins étaient des ingrats pour lesquels l'intendant avait trop de tendresse; tandis que les généraux, sans égards pour des non-combattants, les traiteraient militairement et les sacrifieraient toujours au sabre; d'ailleurs un médecin en chef *effectivement* directeur du service ne pourrait avoir autant d'influence qu'un intendant, pour prendre ou défendre les intérêts de ses subordonnés. — Pour toute réponse, je me contentai de lui montrer de grands arbres dominant de pauvres arbrisseaux végétant à leurs pieds, et de lui dire : « Écoutez, je vais vous traduire la conversation que j'entends : « Les *grands arbres*. — Heureux arbrisseaux, « pourquoi vous plaignez-vous sans cesse ; nous « vous protégeons contre l'ardeur du soleil, nous « vous abritons lorsque le vent souffle, nous vous « défendons lorsque gronde l'orage. — Les *arbris-* « *seaux*. — Nous aussi, nous deviendrions des ar- « bres, si vous ne nous empêchiez pas de grandir, « et, s'il nous était permis de nous élancer pour « échapper à l'ombre dont vous nous couvrez. « Vous ne voulez pas que nous devenions assez « forts pour nous montrer au soleil et pour braver « le vent et l'orage. Vous craignez que, pleins de « sève et libres dans notre développement, nous « dépassions bientôt vos têtes altières. »

« S'il en était autrement, me répliqua l'intendant, le corps de l'intendance perdrait une de ses plus belles attributions et serait réduit au simple rôle de fournir le matériel nécessaire aux ambulances et aux hôpitaux et d'en contrôler l'emploi ; le corps médical, par ses rapports avec le commandement, serait indépendant du corps administratif et exercerait sur les opérations de ce corps une sorte de contrôle qu'il ne peut accepter sans s'affaiblir ; l'intendant contrôle tous les services, mais ses actes ne doivent être contrôlés que par le ministre dont il est le délégué. »

Nous lisons en effet dans un *Cours d'administration militaire* déjà cité, que, « par délégation du ministre auquel on ne conteste pas la double nature de *directeur* et de *contrôleur* des affaires du département de la guerre [1], l'intendant devient un *alter ego* de ce haut fonctionnaire [2], qu'il n'est point l'homme du général [3], qu'il n'appartient qu'à la république [4] (lois du 28 nivôse et 16 ventôse an III) et que c'est elle seule qu'il doit servir tout en cherchant à mériter la confiance du général. »

Nous pensons que cette indépendance était applicable à l'ancien corps du contrôle (inspecteurs aux revues), mais qu'elle ne peut se concilier avec la subordination de l'intendant au général commandant; cela constitue un contre-sens; le même fonctionnaire militaire ne pouvant être en même temps le subordonné et le contrôleur de celui qui commande et qui a la responsabilité. Nous invoquerons encore ici le témoignage d'un intendant auquel on ne refusera pas l'expérience; citons-le textuellement : « Dans la situation actuelle, les membres de l'intendance militaire sont à la fois chargés de fonctions administratives et de fonctions de contrôle. Pour administrer, ils doivent

---

1-2-3-4. Vauchelle, tome III, pages 91, 95, 105 et 106.

être subordonnés au commandement, et pour contrôler, ils ont besoin d'être indépendants de lui. Étant chargés à la fois d'administrer et de contrôler, ils n'ont ni toute la subordination désirable pour administrer, ni toute la liberté désirable pour contrôler. De cette situation, il résulte que les différents services que le contrôle est destiné à rendre ne sont qu'imparfaitement remplis. Nous proposons de placer dans des mains toujours différentes les fonctions de contrôle et les fonctions de direction. » WEST, intendant militaire, *Puissance des armées*, pages 391 et 404.

Après cette petite digression qu'on excusera, ajoutons que d'autres intendants moins communicatifs peut-être nous ont opposé seulement les rapports nombreux du service médical avec le service administratif, la nécessité d'un matériel considérable, les moyens de transport des blessés et des malades, moyens dont ils disposent et qu'ils ont mission de fournir et de diriger. — Fournir oui, diriger est plus difficile; les moyens peuvent être du ressort de l'intendant, mais l'opportunité et les conditions plus ou moins favorables de l'emploi sont évidemment du ressort du médecin.

Quelques-uns nous ont dit aussi avec quelque apparence de raison que le médecin doit être laissé complétement aux soins à donner aux malades et qu'il n'est point initié à la science administrative.

Notre réponse ne s'est pas fait attendre, la voici : — 1° La direction d'un hôpital ou d'une ambulance n'exige pas, une fois le service réglé, que le médecin directeur soit sans cesse absorbé par les détails accessoires; pourquoi le serait-il plus que le sous-intendant, qui a non-seulement *tous les services administratifs à diriger et à contrôler*, mais qui joint à cela la direction d'un grand nombre d'hôpitaux; à Constantinople, un seul sous-intendant n'avait-il pas la direction de douze hôpitaux, toujours trop pleins et éloignés de plusieurs kilomètres les uns des autres; en Italie, le même sous-intendant ne s'est-il pas trouvé dans une situation aussi difficile à Milan avec 25 hôpitaux; à Alexandrie, à Brescia, n'étaient-ce pas des adjoints à l'intendance qui avaient la direction de tous les services administratifs en même temps que celle de nombreux hôpitaux et même, par subdélégation, l'inspection administrative[1]? — 2° Il n'y a pas de raison pour qu'on suppose un médecin moins intelligent qu'un intendant, et à la rigueur un décret peut le faire administrateur au même titre qu'un décret fait d'un capitaine un in-

---

1. Voir lettres du 6 août 1859, p. 487, et du 6 septembre, p. 514, t. 1ᵉʳ de notre statistique.

tendant. — 3° Pendant la période active de la campagne d'Italie, ce sont les médecins militaires [1] qui ont cherché, indiqué, et les médecins civils qui ont organisé la plupart des hôpitaux dans les moments les plus difficiles, comme le prouve leur correspondance, et, s'ils n'avaient été que médecins, on aurait rencontré de cruels embarras, même en pays ami. — 4° Enfin, nous sommes loin de vouloir tenir nous-mêmes la comptabilité, nous faire gardes-magasin du matériel ; ces fonctions doivent toujours être l'affaire d'un officier d'administration, sous la direction du médecin et sous le contrôle de l'intendance. Nous n'aspirons donc, dans l'intérêt même du service, qu'à la direction (sous les ordres du commandement et du médecin en chef) de l'ambulance ou de l'hôpital qui, dans l'état actuel des choses, n'ont pas de *chef réel*, puisqu'il y en a trois indépendants les uns des autres, quoique presque toujours de grades inférieurs à celui du médecin : 1 médecin, 1 phar-

---

1. « L'administration supérieure de l'aile gauche de l'armée, 3ᵉ et 4ᵉ corps, fut confiée au début de la campagne à M. de Lavalette, sous-intendant militaire. Aux prises avec des accroissements d'effectif qui décuplaient, du matin au soir, le chiffre des consommateurs, il pourvut à tous les besoins par des ressources tirées de Lyon, créées sur places ou cédées par l'administration piémontaise. Ce même sous-intendant eut, pendant toute la durée de la campagne, la direction supérieure des ambulances et des hôpitaux. » Paris, *Des Opérations administratives pendant la campagne de* 1859.

macien comptable et 1 officier d'administration comptable, et qu'aucun d'eux ne commande en l'absence du sous-intendant. — Il fallait même cette triplicité fort inutile de chefs pour justifier l'action d'un chef étranger au moins à deux de ces services, le *sous-intendant*, qui n'est pas présent, car il ne peut être partout à la fois, alors qu'il serait urgent de prendre une décision immédiate.

Vouloir tout diriger, vouloir être présent partout, c'est vouloir être faible ou nul partout. Le sous-intendant ne peut être, en effet, dans les marches ou pendant le combat, près du général, *sa place réglementaire*, en même temps qu'à l'ambulance, aux subsistances, aux fourrages, etc. Il ne peut, comme le prescrit le règlement, s'occuper de l'enlèvement des blessés du champ de bataille, des distributions de vivres, assurer le campement et surveiller le parc aux bestiaux, faire des réquisitions, correspondre avec l'intendant, explorer les granges, les magasins, les fours existant dans la localité et ses alentours, saisir les denrées abandonnées par l'ennemi, faire manutentionner pour donner du pain à sa division, etc., etc. On le voit, rien que par cet exposé bien incomplet, les attributions du sous-intendant sont si nombreuses qu'il est impossible de concevoir que l'administrateur le plus consommé puisse y suffire. Mais ce qu'il y a de plus extraordinaire, c'est que l'ubiquité ne pouvant pas être réglementaire, comme toutes ces attributions que nous venons de citer l'exigeraient, chaque ambulance ou hôpital, chaque service distinct, devraient avoir un chef qui commande en l'absence du sous-intendant. Qui donc, par exemple, est le chef de l'ambulance dont l'organisation, ainsi qu'on se plaît à le dire, est si complexe, tandis qu'en réalité, il n'y aurait rien de plus simple, si on le voulait? — Personne et par conséquent tout le monde, quand il n'y a pas un adjoint subdélégué par le sous-intendant. Qui devrait être le chef, car pour l'ordre il faut toujours que quelqu'un commande? — Cinq hommes détachés sont commandés par un caporal; si un colonel est absent, le lieutenant-colonel prend la direction du régiment; il en est de même pour toutes les fractions de corps; c'est une règle générale dont on comprend l'importance et qui ne présente d'exception que pour le service des ambulances et des hôpitaux. — Est-ce parce que ces services sont tellement importants qu'il n'est pas utile qu'ils aient toujours un chef, ou bien, le besoin du bon ordre, l'harmonie du concours de plusieurs fonctionnaires, l'intérêt bien entendu du service exigent-ils qu'il y en ait trois, trop souvent en désaccord par susceptibilité, par vanité, malgré le grade toujours supérieur du médecin?

En bonne conscience, qui devrait avoir la direction de l'ambulance ou de l'hôpital? Il ne nous sera pas difficile d'établir que ce n'est ni le pharmacien, ni le comptable. Le pharmacien, à n'en pas douter; il n'a de raison d'être qu'autant que le médecin prescrit un remède, et l'on n'en prescrit guère aux ambulances[1]; l'officier d'administration, encore moins, un intendant général en a donné les sérieux motifs au Corps législatif dans la séance du 14 juin 1865. Je ne pense pas que ce puisse être l'aumônier, le lieutenant ou le sous-officier du train; reste donc le médecin, dont les titres sont indiscutables.

Il faut bien se pénétrer de cette situation, reconnaître le malaise inévitable, les nombreux conflits d'attributions entre trois individus revendiquant leur titre de chef du service médical, chef de la pharmacie, chef du matériel et des infirmiers, comprendre ce que ces tiraillements ont de nuisible aux intérêts du service et ne pas se borner à la défense d'un principe qu'on généralise beaucoup trop : le commandement et l'administration; — principe contraire à l'unité de commandement et qui peut faire dépendre les inspi-

---

1. Voir la consommation pharmaceutique des 27 ambulances de l'armée d'Italie, tome I, page 633 et suivantes de notre statistique.

rations du général de l'intelligence administrative de l'intendant.

Laissons de côté les vieilles ornières devenues dangereuses, soyons de notre temps, suivons la voie du progrès; ne redoutons pas les changements utiles, « rappelons-nous que s'ils entraînent des froissements d'amour-propre, dans la période de transition, ces froissements n'intéressent qu'un petit nombre d'individus, qu'ils n'ont pas de durée et que les améliorations subsistent avec les bienfaits qu'elles consacrent. »

Rien n'est parfait dans ce monde, mais tout est perfectible, et les services administratifs subiront la loi commune.

Trop jaloux d'autorité pour le corps de l'intendance, les intendants chargés de l'organisation des services dits administratifs, ont fait fausse route en réunissant dans les mêmes mains la direction et le contrôle et en admettant que le but administratif doit dominer le but médical. Le contraire est seul vrai. L'ambulance et l'hôpital sont évidemment fondés pour les blessés et les malades, et non pour promener des caissons de linge à pansement, meubler une salle de lits et d'ustensiles divers, ou établir des états de dépenses. Le fait principal est le traitement et la guérison; le fait secondaire, conséquence du premier, est le matériel indispensable, la comptabilité et le contrôle.

On le voit, de coopérative qu'elle doit être, l'administration a subordonné le but médical au but administratif, placé le caisson au-dessus du blessé, le lit au-dessus du malade, le matériel au-dessus du médecin et renversé, là encore, les termes de la proposition.

On m'excusera sans doute de chercher à combattre une routine dangereuse et de demander, dans l'intérêt des blessés et des malades, plus d'autorité, plus d'initiative, partant plus de considération pour le corps médical auquel j'ai l'honneur d'appartenir.

Des erreurs administratives se produisent, se propagent et finissent par être considérées comme des nécessités. Ainsi, pour ne citer toujours qu'un exemple : « on prend pour idéal du service hospitalier militaire, le fonctionnement des hôpitaux civils, et l'on compare le médecin militaire au médecin des hospices civils, et le soldat aux tristes hôtes des asiles de la charité. Voyez, dit-on, des professeurs, des hommes distingués, pour une minime indemnité, prêtent aux administrateurs des villes leur science, leur concours, leur dévouement; ils sont surajoutés aux hospices pour l'exercice de leur art et se soumettent aux exigences économiques d'une commission administrative directrice. Cela est vrai, les administrations municipales sont pauvres, et elles traitent le pauvre avec les ressources toujours insuffisantes de la charité[1]. La différence des hôpitaux militaires, comparés aux hospices civils dus à l'assistance publique est évidente, elle s'explique par une différence essentielle d'institution; l'hospice civil est une *forme de la charité sociale*, l'ambulance et l'hôpital militaire *acquittent la dette de l'État*[2]. D'où il résulte que les municipalités impuissantes pour entretenir un personnel de médecins s'adressent à la charité, à la curiosité scientifique et au besoin de réputation. — Il n'en est pas ainsi des hospices d'aliénés des départements ou de l'État. Le médecin de ces établissements est un fonctionnaire nommé par le ministre et dépendant du contrôle de l'État; or, ce fonctionnaire est directeur de l'établissement qu'on lui confie. —Enfin, le médecin des hospices, auquel on compare le médecin militaire, n'est assujetti à aucune discipline, n'est pas prêt à marcher sur un signe, jusqu'au bout du monde; s'il prête son concours, sa carrière n'est pas là; il demeure libre, indépendant, et si une administration besoigneuse et

---

1. Dr Goze, médecin principal, *La Médecine militaire en France et en Amérique.*

2. Michel Lévy, inspecteur du service de santé, directeur de l'École impériale de médecine militaire.

tracassière lui fait par trop échec, il se retire. Souvent il déplore la parcimonie ; mais encore admet-il qu'elle soit permise à qui ne possède guère et ne fait que l'aumône.

Selon la lettre et l'esprit du décret de 1793, qui n'en décide pas sans motifs, un médecin militaire est essentiellement militaire. Celui qui vit en contact continuel avec le soldat, qui le suit partout, en paix comme en guerre, dans ses chambrées, aux exercices, sous la tente, au bivouac, pendant l'étape, à la tranchée et sur le champ de bataille, dans les hôpitaux où il meurt à son chevet ; celui qui le soutient, le panse, le console, s'assouplit à ses mœurs et lui parle son langage, pour obtenir un surcroît de confiance ; celui qui se soumet aux rudes lois de la discipline et du Code de l'armée ; celui enfin qui, engagé dans sa voie de devoirs et de droits, cesse de s'appartenir, et suit en tout la destinée des hommes de guerre, celui-là est aussi militaire que le combattant.

On ne peut le méconnaître, ce sont des comparaisons fausses, des vues abstraites et surtout leurs effets pratiques, mauvais toujours, quelquefois désastreux, qui ont déterminé la désertion sans exemple du personnel de santé militaire, égale aux démissions de tous les autres corps réunis de l'armée. — Le médecin militaire a usé sa vie au travail ; il arrive le cœur chaud avec sa science, son art, son dévouement, et il voit tout son courage l'abandonner, toute sa force expirer à l'heure du danger, au milieu des fictions administratives, et en présence d'une hygiène qui a tout perdu, jusqu'à son nom. »

Entraînerai-je des convictions et des réformes? Je ne sais où j'ai lu, qu'aux jours de la création, un de ces incorrigibles routiniers se serait écrié : « Mon Dieu, arrêtez-vous, vous allez déranger le chaos! »

MÉDECINS MILITAIRES, SERVICE MÉDICAL

> Notre chirurgie, dirigée aux armées par des chefs habiles, a conservé sa prééminence en Europe. La patrie doit une reconnaissance sans bornes aux services modestes des officiers de santé de l'armée. Placée entre la cupidité des administrateurs et l'ambition des militaires, cette classe respectable de citoyens a donné l'exemple d'un dévouement dont aucun calcul n'altéra la pureté.
>
> Général Foy, *Administration des armées*, p. 147.

> La responsabilité directe, immédiate, c'est l'émulation, c'est le cœur, donnez-la au médecin ; si vous ne la lui donnez pas, vous lui ôtez l'âme.
>
> Général AMBERT.

Si le général Foy écrivait aujourd'hui, il n'aurait certainement plus à parler de la cupidité des administrateurs ; mais il serait plus que jamais le défenseur des médecins militaires qui, malheureusement, n'ont jamais été assez fortement constitués pour faire triompher leur cause.

L'opinion publique et l'armée ont été en effet longtemps assez peu attentives et peu sensibles aux plaintes incessantes des médecins militaires, parce que ces plaintes pouvaient paraître entachées d'un intérêt de corporation. Des demandes, des réclamations, des griefs exposés purent, en mainte occasion, surprendre, émouvoir le grand nombre, mais non déterminer ces sympathies qui entraînent le concours et conduisent à une solution.

Cependant, les médecins militaires n'avaient pas laissé de toucher au vif de la question, et de signaler une foule de conséquences pratiques préjudiciables à leurs intérêts les plus chers, et qui découlaient de la lettre et de l'esprit de notre législation sanitaire. Précaution vaine; le mal était obscur, caché et disséminé dans les hôpitaux et les ambulances, du nord au midi, en France et en Algérie; aucun document écrit n'en faisait toucher au doigt l'importance; le mal était comme s'il n'était pas. — Pour rappeler les intéressés à la réalité et à la défense de leur propre cause, intimement unie au fond à celle des médecins militaires, il ne fallait pas moins que des circonstances exceptionnelles et des expériences décisives. Les épidémies de la Crimée et de Constantinople, l'insuffisance des secours, le relief inattendu que des comparaisons donnent à nos fautes et à nos revers, devaient fixer l'attention générale. — Dans l'armée anglaise, c'est à l'homme qui voit souffrir et mourir, c'est à l'homme qui a mission de combattre la souffrance et la mort que sont remis les moyens de soutenir la terrible lutte. C'est bien le moins qu'il en dispose sans entraves; mais s'ils dépendent d'une autre volonté que la sienne, s'il lui faut réclamer, insister, discuter sans cesse pour les obtenir, et parfois se les voir refuser, quel chagrin vous lui mettez au cœur, et quel préjudice vous causez à ses malades !

En faisant le médecin véritable chef de son service, l'Angleterre, la Prusse, la Belgique, les États-Unis, sont entrés dans la profonde réalité des choses. En France, en imposant au médecin un chef étranger, incompétent, abstrait, on a sacrifié l'ordre naturel et vraiment logique à la symétrie apparente d'une théorie qui ne soutient pas mieux la comparaison des résultats que la discussion approfondie des vrais principes.

D'ailleurs, l'expérience est faite, elle a prononcé : « En Angleterre, dit M. Rutherford, inspecteur général du service de santé militaire, les médecins, et c'est une chose qui a une grande importance, ont une indépendance complète au point de vue de leur service spécial; ils sont rois dans leur domaine, pour ainsi dire, et entièrement libres sur leur terrain, ce qui n'est pas le cas dans les armées françaises. » — Et il ajoute : « ce système a parfaitement satisfait l'Angleterre, en ce qui concerne la pratique. »

Faut-il d'autres exemples, demandons aux États-Unis de nous donner les résultats du service de santé de l'armée pendant cette longue et cruelle guerre. Écoutons : « Il n'y a pas d'exemple, dans l'histoire du monde, d'un si vaste système d'hôpitaux créés en si peu de temps. Jamais hôpitaux, en temps de guerre, ne furent moins encombrés et aussi libéralement pourvus. Ils différèrent de ceux des autres nations en ce qu'ils furent placés sous les ordres des médecins. Au lieu de mettre à la tête d'établissements institués pour la guérison des malades et des blessés des officiers de troupe, dont, malgré tous les autres mérites, on ne pouvait attendre la parfaite intelligence des besoins des malades, et qui, avec les meilleures intentions du monde, auraient pu embarrasser sérieusement l'action médicale, comme cela est malheureusement arrivé pendant la guerre de Crimée, notre gouvernement, plus sagement inspiré, a voulu faire du médecin le chef de l'hôpital. En lui imposant ainsi la responsabilité des résultats de sa direction, il ne lui refusa rien de ce qui pouvait rendre ces résultats favorables. Le corps médical peut montrer avec orgueil les conséquences de cette mesure intelligente et libérale. Jamais, dans l'histoire des guerres, la mortalité dans les hôpitaux n'a été aussi faible, et jamais de tels établissements n'échappèrent plus complétement aux maladies qui, d'ordinaire, s'engendrent dans leur enceinte. » Circulaire numéro 6, département de la guerre; Washington, 1er novembre 1865, p. 152.

Cette déclaration officielle est confirmée par le rapport d'un lieutenant-colonel d'artillerie de l'armée française, M. de Chanal, en mission aux États-Unis, et qui a vu fonctionner le corps médical américain.

« L'état sanitaire des armées américaines, dit-il, est remarquable. La mortalité parmi les hommes en traitement pendant l'exercice 1862-1863 n'a été que de 3,9 0/0.

« Durant sa marche d'Atlanta à Savannah, la santé de l'armée de Sherman se maintint d'une façon merveilleuse. Les 40 000 hommes qui la composaient arrivèrent à Savannah après une marche de 320 kilomètres, avec 137 malades....

« Mais ce qui caractérise le service médical américain, c'est l'omnipotence du médecin, chef et administrateur tout à la fois des services qu'il dirige. Le médecin directeur d'un hôpital ou d'une ambulance, à l'armée, fait directement ses réquisitions, soit aux quartiers-maîtres, soit au commissariat, soit enfin à la pourvoirie. » (*Rapport officiel.*)

Aussi, plus d'un signe indique-t-il déjà que la nécessité d'une réorganisation du service de santé pénètre, en France, dans tous les rangs, et l'on se demandera bientôt, nous l'espérons, comment cette organisation a pu tarder autant à vaincre des obstacles artificiels.

Que faut-il, en effet, à un corps de santé militaire, pour que le succès puisse répondre à ses vœux et à ses efforts? Trois choses fondamentales : la qualité, le nombre, la liberté d'action en tout ce qui concerne la science et l'art de conserver les hommes. La qualité et le nombre des médecins dépendent de conditions bien simples : d'abord, il est de nécessité que l'on veuille sérieusement les obtenir, c'est-à-dire que l'on prise assez haut l'intérêt de la conservation et de la guérison, pour ne reculer devant aucune dépense juste et raisonnable; ensuite, que des avantages matériels et moraux dignes des hommes qui se vouent aux études longues, difficiles, élevées de la profession médicale et aux devoirs périlleux de son exercice aux armées, soient libéralement octroyés; enfin, que l'indépendance de ces fonctionnaires, en toute matière de science ou d'application directe des vues de la science, soit assurée. Cette dernière condition, essentielle en elle-même, pèse à ce point sur les deux autres, et domine tellement le problème de leur réalisation, que, sans elle, la dignité du médecin disparaît et le médecin lui-même. Et en effet, sans elle, un recrutement du corps médical, bon pour l'armée et pour le corps, n'est pas réalisable; le nombre et la qualité font en même temps défaut. Seulement, il faut s'entendre sur un point : quelles sont les choses qui appartiennent en propre à la science et à l'art de guérir? Quelles qu'elles soient, on doit déclarer que pour toutes, le médecin seul doit ordonner, exécuter ou faire exécuter. S'il n'en est pas ainsi, il y a invasion de son territoire; dès lors, il se retire, ou bien sa science et sa valeur s'affaissent avec son caractère. Soyons assurés que l'éclaircissement des rangs du corps médical est le signe infaillible du degré de considération qui lui est accordé, comme de l'accaparement que l'on fait de son domaine en déplaçant la compétence.

Le cercle dans lequel le médecin doit se mouvoir avec indépendance n'est pas aussi restreint que beaucoup le croient; la pratique de la chirurgie et l'ordonnance du remède au lit du malade ne sont que peu de chose dans l'ensemble des moyens dont se préoccupe le praticien expérimenté pour arriver à ses fins. L'ensemble de ces moyens comprend toute la médecine générale, qui se nomme l'hygiène de l'homme sain et malade. C'est l'hygiène qui est la grande puissance conservatrice et curative; c'est de l'emploi judicieux, constant, prompt et généreux de ses procédés, que découlent partout les bonnes moyennes de santé et de vie. Mais, pour mettre ces procédés en œuvre, il ne suffit pas de dire qu'on les connaît, il faut encore les bien apprécier, c'est-à-dire avoir la conviction entière de leur très-réelle importance. Celui-là seul possède cette conviction, qui est initié aux principes généraux de la physiologie et de la médecine, et à ce qu'on sait de l'étiologie médicale. Pour les questions de santé publique, les hommes non spéciaux sont, le plus ordinairement, pessimistes quand il ne le faudrait pas, ou optimistes en temps inopportun. En somme, s'il fallait choisir entre toutes les ressources de la pharmacie, ou, pour mieux dire, de la thérapeutique proprement dite, et celles de ces dispositions d'ensemble qu'on appelle l'hygiène générale, et qui, suivant les circonstances dont il faut bien faire la part, assurent au malade l'habitation bien choisie, l'air pur en quantité suffisante, l'alimentation convenablement mesurée et variée, le chauffage, réglé suivant les temps et les lieux; la propreté, strictement maintenue, les petits soins constants et attentifs, il n'y aurait pas à hésiter. Nous prétendons qu'aucun médecin, digne de ce nom, ne voudrait conserver l'emploi de la pharmacie, en renonçant à la direction et aux bénéfices de l'hygiène. Mettez deux hommes en présence, l'un usant librement de tous les moyens de la thérapeutique, à l'exclusion de ceux de l'hygiène, que des mains incompétentes lui mesurent au point de vue de l'économie, du préjugé ou de l'erreur; l'autre, agissant sans médicaments, mais pourvu de tout ce dont l'hygiène se fortifie : il leur arrivera précisément ce qui est arrivé aux médecins français vis-à-vis de leurs collègues de l'armée anglaise en Crimée et des médecins américains pendant la guerre de la Sécession; de ces deux hommes, le premier sera vaincu honteusement sur le terrain pratique.

Tout règlement sanitaire qui prend le contre-pied de ces principes ne peut atteindre le but qu'on se propose.

Ce sont là des vérités vulgaires dans le monde médical; et cependant, pour quelques hommes considérables, intelligents, instruits, ayant pouvoir de décider et de réglementer, elles sont à peu près comme non avenues. Comment ne pas déplorer qu'un pays « qui précéda de longtemps toutes les nations de l'Europe dans la voie tracée par l'humanité et par l'intérêt bien entendu de l'État » (Bégin, inspecteur du service de santé), qui, dès l'année 1597, eut l'avantage et la gloire des premières institutions de santé à la guerre, conçues par Sully, enviées et transportées plus tard en Prusse par Frédéric le Grand; que notre pays, enfin, se trouve à ce point distancé, dans la voie généreuse qu'il a ouverte, par les étrangers ses imitateurs, qu'on pourrait se demander ce qui périclité le plus, chez nous, du sens moral ou du sens pratique? Hâtons-nous de le dire, le sens moral est sauf, car le progrès de la charité publique est considérable et évident; mais, dans le problème qui nous occupe, on s'est laissé détourner du droit chemin par une logique outrée. Le besoin de ce qu'on nomme *l'harmonie du système*, et en même temps le besoin plus réel d'ordre, d'économie, de contrôle, de justification des dépenses a introduit l'administrateur chez l'homme de l'art.

Cela devait être, mais à la condition que le partage serait bien fait. Il est de l'essence des pouvoirs de tendre à accroître incessamment leurs prérogatives, et ils y réussissent, si on ne les arrête à temps. Dès lors, on ne les fait que très-difficilement reculer; les usurpations se justifient par les théories et s'érigent en systèmes. C'est ainsi, nous l'avons déjà dit, que, de coopérative et bienfaisante, l'administration en est venue à la domination absolue, et à une ingérence anormale, dangereuse, dans ce qui ne lui appartient que comme administration centrale. On montrera sans peine que l'intendance opère à cette heure, dans les choses sanitaires, comme si elle les connaissait bien mieux que le médecin lui-même, qu'elle dirige et qu'elle juge, et comme si l'intérêt administratif qu'elle représente était, en définitive, l'intérêt par excellence et le but principal.

Qu'un exemple attache la pensée et la conscience du lecteur à l'examen attentif de ce point si curieux et si grave.

Nous sommes à la guerre, un intendant en chef d'armée dirige les services administratifs, et un médecin en chef qui, souvent, est un inspecteur avec le rang de général de brigade, ne devrait être là que pour diriger le service médical; il n'en est rien; il n'a pas, au même titre que les agents des autres services administratifs, la direction du personnel de santé qui appartient aussi à l'intendant; pour lui il y a exception décourageante et déplorable; il n'a pas davantage la direction quand il s'agit de l'installation des hôpitaux; il ne l'a qu'en ce qui concerne purement l'art de guérir.

Il y a des questions qui se posent d'elles-mêmes et attendent une solution. Qu'est-ce que l'encombrement des locaux et quand existe-t-il? Quels en sont les signes et les effets? Le scorbut, la pourriture d'hôpital, le typhus sont-ils imminents?..... Ces questions touchent à une foule de mesures générales qui ont pris le nom de mesures administratives; elles y touchent et les dominent. Entre autres: quel est le meilleur mode d'hospitalisation relativement aux circonstances et au climat? Adopterons-nous l'hôpital sous tente, sous baraque, ou dans les vieux édifices publics? Où prendrons-nous l'assiette de nos établissements? Quel cubage d'air adopterons-nous? Quel genre d'approvisionnement faut-il à la vie et à la thérapeutique, etc.?.... Les décisions doivent être promptes, catégoriques, qui les prendra? Si quelqu'un prétendait, devant des gens doués du simple bon sens, que l'intendant est appelé à résoudre ces problèmes de médecine générale, d'étiologie, de prophylaxie, chacun croirait qu'on lui propose un paradoxe. Autant vaudrait lui dire que par besoin d'ordre, d'économie, de justification, etc., c'est l'intendant qui, devant une place assiégée, choisit le point de départ et la direction de la tranchée, l'emplacement et le but d'une batterie, tandis que le rôle des officiers du génie et de l'artillerie consiste à faire creuser la tranchée, à établir la batterie. Malheureusement, il n'y a pas là de paradoxe; ce renversement des rôles est une réalité écrite dans notre réglementation sanitaire. Mais supposons que l'incompétence administrative demande à la compétence médicale un simple conseil; elle peut, en tout cas, dans les dispositions qu'elle ordonne, n'en tenir aucun compte. L'intendant en chef a peut-être ses vues très-arrêtées sur la solution la plus capable de concilier entre eux les intérêts de la conservation des hommes et ceux de l'administration. Il peut les avoir, il les a, et il prononce sur toute une série de mesures de médecine générale, prophylactiques et autres, à prendre en dépit des réclamations de l'hygiéniste le plus expérimenté. Nous ne supposons rien, c'est de l'histoire [1]....

Les organisateurs du service n'ignorent sans doute aucune des nécessités de la guerre moderne [2], et, d'un autre côté, on peut affirmer que jamais les sources du recrutement des écoles ne furent aussi pleines qu'en ce moment. Le groupe énorme des jeunes gens de toutes les classes assiége toutes les carrières. Demandons donc encore

---

1. Voir pièces justificatives, pages 725, nos 21, 22, 23, 25, 26. 27, 34, 36, 40, 42, 43, 46, 47, 48, 49, 50, 51, 52, 53, 54, 55, 56, 57, 60 et suivants, de notre statistique de la campagne d'Italie.

2. État numérique du service médical de l'armée prussienne pendant la campagne de 1866, d'après le Dr WILHEM ROTH, médecin de l'Hôtel des Invalides de Berlin.

1 médecin général, chef du service.	Général Stabsarzt.
23 médecins principaux.	Général Aerzte.
221 médecins de régiment.	Oberstabsaerzte.
591 médecins de bataillon.	Stabsaerzte.
1.117 médecins adjoints.	Assestenzaerzte.

1,953

Sur ce nombre, 16 médecins sont morts, 8 ont été blessés et 460 ont été cités à l'ordre de l'armée.

Chaque division a une ambulance fonctionnant sous le commandement général.

d'où viennent les difficultés insurmontables du recrutement médical militaire, car c'est là le *point capital* de la question. En effet, si ce recrutement était assuré comme nombre, il le serait évidemment mieux encore comme choix et l'on ne serait pas réduit à établir des ambulances de trois ou quatre médecins par division de douze ou quatorze mille hommes, ni à la nécessité, en temps de guerre, de confier le soin d'une grande partie des blessés à des auxiliaires étrangers à l'armée et qui n'offrent pas de garanties suffisantes. « La souffrance a ses instincts, ses délicatesses, ses préventions qu'il faut savoir respecter. La confiance du malade dans le médecin préposé à son soulagement s'inspire du compatriotisme, de la communion d'habitudes et de langage. Jamais, en dépit des alliances politiques, l'assistance étrangère ne s'élèvera à la hauteur de cette charité fraternelle dans laquelle le sentiment national, seul, peut suppléer efficacement la famille absente. »

Pour éloigner, dans nos appréciations, le soupçon d'un intérêt exclusif de corporation, nous emprunterons quelques passages à un mémoire écrit par un colonel d'état-major et membre de la Chambre des députés, étranger, par conséquent, aux aspirations du corps médical, mais très-soucieux des intérêts de l'armée : ces observations seront le complément et le commentaire des vues exposées dans nos considérations générales. Laisons-le parler :

« Entré au service sous l'Empire, j'ai pris part aux grandes guerres de ses dernières années; et, dès cette époque, j'ai été frappé de l'injustice, de l'ingratitude dont on payait les éminents services des médecins militaires, auxquels chacun de nous avait tant d'obligations. Le décret du 30 novembre 1811 a appesanti sur eux le pouvoir disciplinaire d'un corps purement administratif. La Restauration leur a refusé la croix de Saint-Louis. L'ordonnance du 18 septembre 1824 et le règlement du 30 décembre de la même année, réagissant contre les lois et décrets non abolis (lois du 3 ventôse an II et du 12 pluviôse an III, décret du 30 novembre 1811), ont illégalement et irrationnellement établi le principe de l'obéissance des médecins aux ordres de l'Intendance, et conféré aux sous-intendants une action disciplinaire qui dépasse les limites posées dans le décret de l'Empire...

« La question que je soulève intéresse vivement l'armée et le commandement; c'est après l'avoir vue au moment d'être résolue (sous le ministère du général Schneider), c'est après l'avoir profondément étudiée, c'est après avoir analysé la marche successive, et pour ainsi dire occulte des empiétements de l'administration (car aucune loi n'est intervenue), que je me suis décidé à faire entendre une voix désintéressée en faveur d'un corps savant que l'Intendance militaire prétend grouper à sa suite, et rabaisser au niveau des agents d'exécution des services administratifs.

J'ai besoin, avant d'entrer en matière, de protester de mon respect pour le corps de l'Intendance où je n'ai que des amis, et où j'ai l'honneur de compter un frère et un beau-frère; l'utilité de son institution, la nécessité de son action, ne peuvent être niées par aucun esprit judicieux qui comprend le mécanisme de la vie collective des armées. Et c'est parce que j'apprécie sincèrement les services de ce corps et la portée de sa mission que je voudrais le voir s'enfermer dans le cercle de ses légitimes attributions, qui se résument dans *le contrôle*; elle ne peut prétendre, sans danger pour elle-même, à sortir des bornes d'une action purement administrative. Que l'Intendance soit flattée de pouvoir montrer, parmi ses subordonnés, un corps spécial dont la science et le dévouement brillent dans les fastes de notre gloire nationale, et reçoivent de l'Europe entière un tribut d'hommages, des hommes que, dans la séance du 30 avril 1838, M. Dupin célébrait du haut de la tribune aux applaudissements de la Chambre entière. Ah! je le comprends, et c'est là une noble vanité que l'on peut excuser; mais je le demande à l'Intendance elle-même, elle a trop de lumière et de sagesse pour ne point reconnaître tôt ou tard que ni ses études, ni ses moyens, ni ses loisirs ne peuvent être utilement appliqués à la direction et au commandement du personnel des médecins militaires; qu'elle se hâte de faire à l'intérêt de l'armée le sacrifice d'une vanité honorable, que la raison publique finira par obtenir.

« S'il ne s'agissait ici que de l'intérêt d'une corporation, nous aurions laissé à ses membres le soin de faire valoir sa cause : mais la question qui naît de la situation actuelle des médecins militaires est multiple; elle touche non-seulement à l'existence et à la dignité de ce corps illustre, mais encore aux intérêts les plus précieux et les plus respectables de l'armée tout entière. C'est à ce dernier titre qu'elle n'a cessé de nous préoccuper depuis bien des années; en outre, elle a son côté financier ; et, comme la moralité des dépenses est aussi l'une des conditions essentielles d'un budget régulier, peut-être verra-t-on que notre qualité de membre de la Chambre élective nous devait être une excitation de plus à traiter ce sujet. »

L'état actuel des choses affecte: 1° l'armée; 2° le pays; 3° le corps des médecins militaires.

1° Le service médical de l'armée est compromis par les difficultés du recrutement des médecins, par les démissions et les retraites prématurées qui appauvrissent ce corps et qui entraînent sa décadence, par le découragement qui s'empare des restants et qui se traduit en un concert permanent de plaintes et de réclamations.

Nous sentons la gravité de ces énonciations; mais la preuve n'en est que trop facile.

Quant au malaise profond qui travaille le corps des médecins militaires et au dégoût qui s'empare de ses membres les plus distingués, c'est un fait notoire bien connu de tous les chefs de corps, de tous les officiers généraux qui font des inspections annuelles; il se manifeste par les retraites demandées avant l'âge des infirmités. Que l'on consulte le Journal militaire officiel depuis 1836, époque d'une faible rénovation, et le grand nombre de décisions royales et ministérielles, les règlements et instructions qui se sont succédé jusqu'à ce jour. Les modifications souvent contradictoires, les interprétations et solutions qui sont intervenues en grand nombre, démontrent en quelque sorte officiellement l'inconsistance de la situation, ainsi que la faiblesse des conditions organiques du corps.

Administrativement et politiquement, n'est-ce point un fait sérieux que ce mécontentement profond qui circule dans une masse de fonctionnaires qui, par leur éducation et leur profession, appartiennent aux classes les plus éclairées de la population, et exercent chacun dans sa sphère une influence incontestable?

Combien de médecins, dès leur début, forts d'une dose réelle de capacité, donnent leur démission, et c'est ainsi que chaque génération d'élèves se découronne de sa brillante tête, et ne fait à l'armée que le partage de ses éléments médiocres ou mauvais; ceux qui sont âgés ou peu sûrs d'eux-mêmes continuent une carrière dont ils savent d'avance les bornes étroites, mais avec la pensée de prendre leur retraite dès qu'ils y auront droit; quelques-uns, distingués par un mérite exceptionnel, s'y créent des positions scientifiques (le professorat); encore sont-ils réduits à puiser dans la science la compensation de ce qui leur est refusé pour le bien-être et pour l'honorabilité sociale.

Telle est cette carrière des médecins d'armée, envisagée dans sa situation morale. Deux traits de cette situation méritent une attention spéciale, parce que l'armée en est grandement affectée : ce sont les démissions et le recrutement.

Les démissions se succèdent sans interruption; les modifications apportées depuis 1836 à l'état des médecins militaires n'en ont point diminué le nombre; elles vont croissant; aucun corps de l'armée ne présente un pareil exemple de désertion et de décadence dans le personnel. N'est-ce point là un fait d'une affligeante gravité? Il faut y joindre les vides qui résultent des retraites anticipées, et des décès plus nombreux parmi les médecins que dans tout autre corps de l'armée, particularité si digne d'augmenter l'intérêt et la sympathie qui leur sont dus à tant d'autres titres[1].

Le recrutement des médecins militaires est difficile, et c'est le problème qui a le plus exercé l'administration; mais elle n'a point compris la solution qu'il exigerait. Le peu d'empressement que témoignaient les hommes d'avenir à se présenter aux examens d'admission, l'insuffisance croissante du nombre des candidats, devaient convaincre l'administration que les plaintes des médecins étaient fondées, et la décider à des améliorations qui fussent propres à donner à cette carrière le prestige et l'attrait dont elle est dépourvue. Si les concurrents se pressent au seuil des Écoles polytechnique et de Saint-Cyr, c'est qu'il y a là une perspective d'avantages et de satisfactions morales, un avenir où la subordination des grades inférieurs est tempérée par l'espoir du commandement et de l'autorité des grades su-

---

1. Voir dans notre statistique, t. I, p. LXXVI, le tableau comparatif des pertes annuelles des divers corps d'officiers de l'armée.

périeurs; si les concurrents manquent aux emplois de chirurgien-élève, c'est que ces emplois sont au bas d'une hiérarchie tronquée et destituée de toute efficacité, c'est qu'ils font partie d'une carrière subalternisée, jusque dans ses fonctions les plus élevées, à l'action d'une autorité incompétente. Il fallait rehausser cette carrière, étendre et fortifier cette hiérarchie; il fallait, dans l'intérêt de l'armée, imiter les créateurs des écoles militaires, faire un appel à l'émulation de la jeunesse, à de nobles ambitions, à tout ce qu'il y a de puissant et d'élevé dans le cœur des générations studieuses.... on a préféré faire appel à la misère, à la besogneuse anxiété des parents pauvres, à l'appétit d'argent, c'est-à-dire à ce qu'il y a de plus infime et de plus démoralisant dans les instincts de l'homme....

Mais que dire de ces jeunes élèves en médecine requis à la hâte et à certains moments sur tous les points du pays, sans unité scientifique ni morale et sans garanties pour l'armée?

Jusqu'à quel point est-il permis à l'administration de livrer à des mains sans expérience la santé et la vie des hommes que la loi enlève à leurs familles pour les consacrer pendant sept ans à la défense du pays? Plus le principe de cette loi est noble et élevé, plus il importe de le sauvegarder en ne permettant point qu'on y attache des conséquences qui seraient de nature à le compromettre par les préventions des familles: le soldat qui paye son tribut à la patrie se glorifie des mutilations ou de la mort qu'il reçoit sur le champ de bataille; mais dans les infirmeries, les ambulances, les hôpitaux, la sollicitude du gouvernement doit l'entourer de toutes les garanties; et si l'indigent, si le vagabond malade, que la charité recueille dans les hospices civils, y trouvent le secours de médecins à compétence légalement reconnue, les soins d'une haute expérience presque toujours représentée par les notabilités scientifiques, comment refuserait-on les mêmes conditions de traitement au soldat qui a puisé dans les fatigues du service ou dans les accidents de la guerre, le germe de la maladie, les nobles infirmités de son corps?

[Qu'il nous soit permis de rappeler ici l'opinion de deux intendants militaires et d'établir, au point de vue administratif, la différence entre ce qui *se dit* pour le besoin de la cause, et ce qui *devrait se faire*. — Écoutons d'abord l'intendant Darricau s'adressant au *Corps législatif* :

« Il y a entre les populations, entre l'armée, entre les gouvernements, des devoirs et des obligations réciproques à remplir; et si jamais la guerre venait à éclater, si nous étions surpris au milieu de la pénurie du service médical, vous n'admettriez pas que, lorsque la loi militaire arrache les enfants au sein de leur famille, la sollicitude du pays, pût leur manquer un seul instant, au milieu des rudes épreuves de la guerre[1]. »

Voilà ce qui *se dit*, voyons ce qui *se fait* :

« Les difficultés du mode de recrutement du corps de santé sont telles, que les cadres sont en partie vides ; en sorte que, dans la campagne de Crimée, une proportion très-grande de médecins a succombé à la peine ; et, dans la campagne d'Italie de 1859, faute de médecins pour former des ambulances, on a retiré aux corps de troupes tous les médecins ; et, faute de médecins pour remplir les emplois des hôpitaux fixes, on a livré les malades militaires en traitement aux soins des médecins du pays, ce qui, dans des éventualités politiques non sans vraisemblance, exposerait ces militaires aux plus grands dangers. » West, intendant militaire, *Puissance des armées*, p. 113.]

« ....Les médecins militaires ne composent point, dans l'organisation générale de l'armée, un corps réellement distinct, une arme ayant sa constitution spéciale, fonctionnant sous l'autorité de ses chefs, assurant la bonne exécution du service par

---

1. *Moniteur* du 15 juin 1865. Séance du Corps législatif.

l'appréciation du mérite de chacun de ses membres, et les propositions à l'avancement et aux récompenses.

Le corps des médecins n'est qu'un accessoire, un instrument dont l'administration fait usage; il fait partie de ce personnel qui est mis à la disposition de l'Intendance pour l'exécution des services administratifs, avec lesquels on confond l'enseignement des sciences supérieures et l'exercice de la chirurgie et de la médecine. Au moyen de cette confusion, on soumet le corps médical militaire aux ordres des administrateurs, qui s'érigent en juges de ses services, de la valeur scientifique de ses membres, règlent ses institutions et décident de la destinée de chacun d'eux, de telle sorte que, si les médecins forment un corps, celui-ci n'a que des membres, et sa tête est placée ailleurs.

Les médecins militaires ne constituent, d'après le langage du Journal militaire officiel, qu'un cadre, l'un des cadres des agents d'exécution administrative, placés entre les agents des subsistances et les fournisseurs des différents services.

..... Oui, 1000 officiers de l'armée, formant un corps qui fournit des noms à l'Arc de Triomphe, des représentants à l'Institut, des professeurs aux Facultés, ces hommes, dont M. de Salvandy disait qu'ils sont les seuls, parmi les professions libérales, qui se rattachent par une triple série d'épreuves à trois Facultés de l'Université (lettres, sciences, médecine), ces hommes-là, on les enferme dans un cercle étouffant; on exige d'eux la science, le courage, le dévouement, le travail du jour et de la nuit et une santé qui résiste à la contagion des maladies et aux fatigues de la guerre.

.... Les médecins militaires, hommes de science et de désintéressement, ayant mission de prescrire et d'ordonner, pour le bien des malades, sont confondus avec les agents d'administration, qui sont responsables de l'exécution des prescriptions médicales. — Le savant qui a vieilli dans les amphithéâtres et sur les livres, le professeur qui illustre une école et répand du haut de sa chaire la parole de science, le praticien qui, sur les champs de bataille et dans le tumulte des épidémies, apparaît à côté du soldat comme un ange gardien, peuvent-ils être placés sur la même ligne que l'agent subalterne qui délivre au cuisinier de l'hôpital la viande, le pain, les légumes nécessaires, que l'agent qui manutentionne sous sa responsabilité les chemises, les draps de lit et le linge à pansement, que l'agent qui suppute et additionne les dépenses? Quoi! dans ce pays de lumières et de haute civilisation, vous n'avez point d'autre place à donner aux médecins de vos armées qu'à la droite des agents subalternes des hôpitaux, des vivres et du campement! Doutez-vous du parallélisme? En voici la preuve :

MÉDECINS.	AGENTS D'ADMINISTRATION, HÔPITAUX, VIVRES, ETC.
Sous-aide.	Adjudant de 2ᵉ classe.
Aide-major.	*Idem* de 1ʳᵉ classe.
Major de 2ᵉ classe.	Officier comptable de 2ᵉ classe.
Idem de 1ʳᵉ classe.	*Idem* de 1ʳᵉ classe.
Principal (deux classes).	Principal (une classe).

Même solde, mêmes retraites, dénominations presque identiques, même classification (les agents d'exécution administrative), même degré de récompense limitée à la croix d'officier de la Légion d'honneur, et presque le même uniforme.

A ce tableau d'assimilation bâtarde, opposons le parallèle des conditions d'origine, d'admission, des épreuves professionnelles et des résultats de ces deux carrières.

Conditions d'admission.

MÉDECINS.	AGENTS D'ADMINISTRATION.
Bachelier ès lettres et ès sciences.	Sous-officier.
5 examens et thèse devant les Facultés; docteurs.	Examen peu sévère d'orthographe et d'arithmétique.

7 ou 8 examens et concours spéciaux pour arriver au grade d'aide-major.	Quelques notions de gestion administrative.

Fonctions.

Enseignement de la médecine militaire. Recrutement de l'armée. Hygiène et pratique médicale de l'armée dans toutes les situations de paix et de guerre; concours, de par la loi, à la fixation des droits aux retraites, réformés, invalides, etc., des officiers et soldats.	Gestion de propreté, de surveillance matérielle, dépense d'aliments et de linge, manutention du matériel hospitalier.

Résultats.

Diminution des maladies contagieuses dans l'armée; accroissement de la vie moyenne; progrès et perfectionnement des sciences médicales.	Exécution pure et simple du service.

Ajoutons ici la comparaison établie entre les médecins et les agents d'administration. C'est au discours de M. l'intendant Darricau que nous l'emprunterons (*Moniteur* du 15 juin 1865, séance du Corps législatif). On verra, en effet, qu'une question spéciale, comme l'éminent orateur le dit lui-même, exige des connaissances spéciales *chez tous ceux qui la discutent*, et que la solution à obtenir tient à la manière dont *elle est présentée* et à la manière dont *elle est comprise*.

COMPARAISON.

MÉDECINS MILITAIRES.	AGENTS D'ADMINISTRATION.
1° Certes, s'il y a dans l'armée un corps digne de sympathie par ses illustrations, par ses grands souvenirs, par son dévouement qui s'exalte facilement jusqu'à l'abnégation, par son instruction dont le niveau va toujours s'élevant, c'est assurément le corps de nos excellents médecins militaires.	1° Je ne voudrais affaiblir en rien l'autorité morale des comptables, car c'est sous ce rapport que, je le dis avec toute conviction, ces discussions ne sont pas bonnes. Elles sont mauvaises pour le Gouvernement, car le Gouvernement étant obligé de tempérer son langage par des réticences, il ne peut produire sa pensée avec liberté; car le Gouvernement ne doit pas affaiblir l'autorité morale de ses agents, alors même qu'ils sont blâmables et assurément fort coupables; elles sont mauvaises pour les comptables qui ont provoqué une sévère appréciation de leur conduite et de leurs prétentions; elles sont mauvaises pour la Chambre, car ces questions techniques, vous devez le reconnaître, exigent de longs développements, *elles exigent des connaissances spéciales*, et si elles sont *mal présentées*, si elles sont *mal comprises*, vous êtes exposés, par un vote, *à compromettre des institutions utiles*, et la bonne exécution du service. (*Très-bien!*)
Eux aussi ont demandé l'indépendance, non pas l'indépendance professionnelle, l'indépendance scientifique qui ne leur a jamais été contestée, mais l'indépendance administrative, et on la leur a toujours refusée. Pourquoi? Était-ce pour complaire au corps de l'intendance? Ce serait ridicule, et ce qui est ridicule ne peut pas longtemps durer. C'était pour donner satisfaction aux nécessités de l'*unité* et aux *intérêts du service*. (*Très-bien!*)	
2° Et puisque j'ai parlé du corps des médecins, je veux encore vous citer un exemple qui vous montrera le corps médical réuni à plusieurs services administratifs, et vous verrez si, dans cette circonstance, l'unité est nécessaire.	..... Je suis forcément amené

Il s'agit d'organiser une ambulance au champ de bataille. Une ambulance, messieurs, est une organisation très-complexe : il y a des médecins, il y a des chirurgiens, il y a des comptables, des infirmiers sous les ordres des comptables; il y a des officiers du train, il y a des soldats sous les ordres de ces officiers, il y a des aumôniers, il y a enfin un matériel considérable.

Eh bien ! vous figurez-vous tout ce personnel indépendant! (*On rit.*) Des médecins indépendants, des comptables indépendants, des officiers du train indépendants, des aumôniers indépendants ! Et qui donc conduira sur le champ de bataille, au lieu précis, indiqué par le général en chef, tous ces éléments divers, tous ces éléments indépendants? (*Rire d'approbation.*)

Si tout le monde donne des ordres, chacun ira de son côté, et si le service manque, si le personnel n'est pas assez nombreux, si le matériel n'est pas assez considérable, s'il n'y a pas assez de moyens de transport pour enlever les blessés, sur qui tombera la responsabilité ? (*C'est vrai ! — Très-bien!*)

Mais n'entendez-vous pas tout ce monde s'accusant les uns les par cette discussion à vous dire que les attributions qu'ils réclament (les comptables) leur ont été enlevées sous le poids de leurs propres fautes et à la demande des Chambres.....

2° On voyait alors des fortunes énormes s'élever rapidement, et des hommes sortis pauvres de leurs foyers y rentrer en y apportant le scandale de richesses mal acquises..... (*Très-bien! C'est vrai!*)

Le scandale, messieurs, s'étalait surtout en Algérie, en pleine lumière. Les comptables affichaient un luxe qui contrastait péniblement avec les privations de nos officiers, avec les austérités de la vie du bivouac. Y avait-il dans le camp une table abondamment pourvue, de belles armes, de beaux tapis, de beaux chevaux..... et le reste? (*Hilarité.*) c'était la propriété d'un comptable. L'armée était indignée; on en riait cependant, on en glosait; mais le mécontentement était grand. L'administration centrale et le corps de l'intendance luttaient avec énergie contre ces dilapidations; les liquidations faisaient rentrer au Trésor des sommes considérables qui accusaient le vice du système, et, en effet, faire autres, et chacun rejetant la faute sur son voisin? (*Très-bien! Très-bien!*)

3° Les choses, heureusement, ne se passent pas ainsi.... Un commissaire des guerres (aujourd'hui un sous-intendant militaire) est à la tête de toutes ces opérations; il les anime par son zèle, les dirige par son intelligence, et trouve dans son cœur la plus douce récompense de son courage et de son humanité.

4° L'unité de direction dans l'administration est un principe tutélaire. Sans unité, la confusion; avec la confusion, le désordre, les désastres. (*Très-bien! Très-bien!*)

rendre gorge, n'était-ce pas dénoncer la fraude?

3° Aujourd'hui, le service des comptables est ramené à ces simples termes : recevoir les denrées, les conserver, les transformer, les distribuer, payer le service...... *Les grades doivent être en rapport avec les fonctions......* Est-il donc nécessaire, comme on le demande, de créer, pour remplir ces fonctions, une hiérarchie militaire qui ne doit pas s'arrêter au grade de colonel? (*Non! Non!*)

[Voyons maintenant la constitution réelle d'une ambulance : elle est composée de médecins dont l'un major ou principal, du grade de chef de bataillon, de lieutenant-colonel ou de colonel; d'un pharmacien, du grade de lieutenant ou de capitaine; d'un officier d'administration comptable, d'un grade équivalent à celui du pharmacien; de sous-officiers et de soldats infirmiers, d'un lieutenant, sous-lieutenant ou même d'un sous-officier et de soldats du train; enfin, d'un aumônier (voir tome Ier de notre Statistique, pages 631 et suivantes, la composition des ambulances pendant la guerre d'Italie), devant tous concourir à la bonne exécution du service. Où donc est la complexité de cette organisation? Serait-elle plus grande parce que la direction de ce personnel et du matériel indispensable appartiendrait à l'officier du grade le plus élevé, au médecin, toujours présent, et qui, par le grade, l'importance et le but de ses fonctions, domine évidemment tous les autres coopérateurs que nous venons d'indiquer? Cette complexité disparaît-elle parce que la direction appartient aujourd'hui au sous-intendant, dont le poste réglementaire est près du général, et qui, nous l'avons déjà dit, ne peut être en même temps à ce poste, à l'ambulance et aux autres services administratifs où il délègue, il est vrai, parfois un adjoint? Il reste parfaitement évident que lorsque le sous-intendant n'est pas à l'ambulance, et il ne peut y être que rarement et à de courts intervalles, personne ne commande[1]. Ainsi, sous prétexte d'unité de direction, on a tout simplement supprimé la direction vraie et utile. Comment, un médecin ne peut pas avoir la direction d'une ambulance, parce qu'il aurait en

---

1. Voir lettres de l'aide-major Bintot au médecin en chef, tome Ier de notre statistique, pages 275-276; du médecin principal Bertherand, pages 284-297; du médecin-major Menuau, pages 241-243; du Dr Bima, médecin sarde, pages 277-278, etc., etc.

quelque sorte sous ses ordres des officiers subalternes, des soldats du train, des infirmiers, etc., etc., et l'on n'hésite pas à mettre des militaires sous les ordres de fonctionnaires civils ! Exemple : « La direction et le mouvement des hommes, chevaux et mulets, détachés des escadrons et compagnies d'équipages militaires, en ce qui concerne le service de la trésorerie et des postes, sont *exclusivement* réservés au payeur général et à ses préposés. » (Vauchelle, *Cours d'administration*, tome III, page 169.) Ne nous arrêtons pas plus longtemps sur ces organisations qu'on dit si complexes et qui sont en réalité si simples.

Quant à l'infidélité et aux vols de certains comptables qui scandalisaient toute l'armée et s'exerçaient au détriment de la santé et de la vie des soldats, on peut se demander quel est l'homme qui, dans les ambulances et les hôpitaux surtout, peut le mieux découvrir et contrôler les actes coupables : n'est-ce pas le médecin, toujours présent, intéressé tout particulièrement au bien-être de ceux qu'il est appelé à guérir, plutôt que le sous-intendant dirigeant à distance? Pourquoi se contenter de faire rendre gorge aux voleurs? Pourquoi ne pas les faire passer inexorablement devant les conseils de guerre; cela affaiblirait-il l'autorité morale des autres agents du Gouvernement? De sévères exemples, mis à l'ordre de l'armée, n'auraient-ils pas arrêté les fraudes sans porter atteinte à la considération des comptables honnêtes, et il y en a, à n'en pas douter, autrement le contrôle laisserait bien à désirer.]

Moralité et légalité de la situation.

« La moralité de la situation des médecins d'armée n'exige plus aucun commentaire, après les détails dans lesquels nous sommes entrés.

Il n'y a aucune moralité à déconsidérer, à froisser, à décourager des hommes sur lesquels l'armée a besoin de compter en temps de paix comme en temps de guerre, et qui cumulent, avec les inconvénients et les chances de la vie militaire, les travaux de la science et la responsabilité d'un art difficile.

Il n'y a aucune moralité à confondre l'intelligence et la matière, les sciences médicales et la manutention des denrées des hôpitaux.

Il n'y a aucune moralité à compromettre l'intérêt sanitaire de l'armée par le maintien d'un système vicieux qui éloigne les capacités. Dans les armées, a dit l'intendant militaire Ballyet, *le mépris de l'administration n'est autre que le mépris des hommes*. Cet axiome, vrai dans sa généralité, l'est surtout par rapport au service de santé. Or, qu'on nous le dise, dans les doctrines administratives et dans les dispositions réglementaires, a-t-on pris soin de la considération des médecins ? Et si vous prétendez absolument les ranger sous le joug de l'administration, ne violez point à leur égard les maximes que vous professez vous-mêmes dans l'intérêt de l'administration dont vous êtes les chefs!

Il n'y a aucune moralité à livrer les droits et la destinée d'un corps savant, d'un corps spécial, à l'arbitre d'un état-major d'administrateurs incompétents.

La légalité de la position faite aux médecins de l'armée est plus que douteuse. Deux erreurs, deux sophismes servent de fondement à la doctrine au moyen de laquelle l'Intendance militaire s'efforce de retenir sous sa main, à sa disposition, le personnel médical de l'armée : 1° la substitution des intendants au ministre, par délégation directe de celui-ci, à l'effet de faire soigner le soldat malade et de le préserver des causes de maladies; 2° la relégation des médecins militaires parmi les agents d'exécution administrative. — Il importe de mettre à nu le vice de cette doctrine qui n'est écrite dans aucune loi, dans aucun décret, et qui tend non-seulement à dénaturer le corps médical de l'armée, mais encore à dériver sur l'Intendance l'une des plus précieuses attributions du commandement, celle qui consiste à assurer, dans toutes les positions, le bien-être des soldats.

1° En principe, l'État contracte envers les familles, envers les citoyens qu'il appelle sous les drapeaux, le devoir de leur procurer les soins qu'exigent leur santé et l'hygiène collective des armées. Le ministre de la guerre, qui a charge, sous sa responsabilité, d'acquitter envers l'armée cette dette de l'État, aurait-il délégué l'accomplissement de ce devoir *aux seuls membres de l'Intendance?* Dans ce cas, les chefs directs de l'armée se verraient dépouillés d'une prérogative qui est la base de leur autorité morale, celle qui consiste à faire sentir au soldat, quelle que soit sa position, le bienfait de leur sollicitude. Si dans les hôpitaux, dans les infirmeries, dans les ambulances, le ministre n'a d'autres représentants que les membres de l'Intendance ; si celle-ci peut revendiquer pour elle le devoir de faire préserver et soigner le malade ; si l'on établit cette opinion, que les généraux et chefs de corps n'ont ni la mission de pourvoir au bien du soldat malade, ni la responsabilité des soins qu'il reçoit, un corps d'administrateurs enlèvera aux chefs directs de l'armée le privilége de s'occuper du soldat dans toutes les positions et jusqu'à la faculté de provoquer, de mériter sa reconnaissance. D'après une pareille doctrine, il ne reviendrait au commandement que le respect forcé de la subordination et les seuls témoignages que peut suggérer l'intimidation disciplinaire ; et aux administrateurs, l'affection et la reconnaissance qu'inspirent les bienfaits, les soins prodigués aux malades et aux blessés ! Aux chefs du commandement, le ministre n'aurait délégué que les sévérités de sa mission ; aux intendants, que la portion douce et charitable de ses attributions ! Non, il n'en peut être ainsi, et c'est gratuitement, sans motif légal, que l'Intendance se fait une part aussi belle dans les délégations ministérielles.

En principe, le soldat est sous la main du commandement, qu'il soit en santé ou malade ; le commandement revendique pour lui ses prestations réglementaires ; l'Intendance n'avise qu'aux moyens d'exécution matérielle, et répond au ministre de l'emploi des deniers alloués à cette fin.

En principe, le ministre délègue la mission spéciale de traiter le soldat malade et de préserver le soldat en santé à des fonctionnaires spéciaux et ayant qualité légale pour cela. Ces fonctionnaires, qui sont les médecins militaires, sont en rapport immédiat avec le soldat et par suite doivent l'être aussi avec ceux qui le commandent : entre le commandement et les médecins, point n'est besoin d'un intermédiaire. Les devoirs et attributions des médecins étant définis par la nature même de leur intervention, les frottements et froissements ne pourraient survenir que par l'interposition d'une tierce autorité, et c'est ce qui résulte de la position qu'a prise l'Intendance, et c'est ce qui ne se reproduit ni en Belgique, où le personnel de santé militaire est organisé comme l'arme du génie, ni dans la marine française, où il est en relation directe avec le commandement naval, ni en Angleterre, ni en Prusse, ni aux États-Unis.

Les prescriptions des médecins et les nécessités de leur service entraînent l'usage d'un matériel, l'emploi de certaines denrées, en un mot, un chapitre spécial de dépense : c'est ici qu'est marquée la place de l'Intendance pour le contrôle de ce matériel, comme pour celui du personnel, pour l'ordonnancement des dépenses et la vérification des comptes; si son action s'étend au delà de ces limites, l'usurpation commence, et il y a péril, non-seulement pour la dignité du corps spécial des médecins, que l'armée a besoin de respecter, mais encore pour le bien du service toujours compromis par l'envahissement d'une autorité incompétente.

2° La relégation des médecins dans les cadres des agents d'exécution est le deuxième artifice à l'aide duquel on s'efforce de priver ce corps d'une existence propre.

Les médecins sont-ils des agents d'exécution des services administratifs?

Sur cette question nous serons court; la solution est une affaire de sens et de loyauté : nous sommes convaincu que l'Intendance elle-même ne se fait aucune illusion sur la valeur de cette assimilation. Il ne suffit pas, en effet, d'établir sur le papier des divisions et des catégories, de dire : « Il y a une haute et basse administration; celle-ci comprend la gestion ou l'exécution; les médecins sont des agents d'exécution.... » Il faut que les catégories, les classifications correspondent à la nature des hommes et des choses.

Or, l'anatomie, la physiologie, la médecine et la chirurgie, la chimie, la botanique, l'histoire naturelle, sont-elles des branches de l'administration haute ou basse?

L'enseignement public de ces connaissances, leur perfectionnement par la voie de l'expérience et des découvertes, l'application des lois de l'hygiène et des règles de l'art médico-chirurgical sur les champs de bataille et dans les garnisons, sont-ce là des choses et des actes parallèles, identiques à l'achat des vivres et des fourrages, à la distribution des rations, et constituent-ils l'une des branches que l'on réunit fraternellement en faisceau sous le nom de basse administration qui est, sinon imprimé, au moins très-sensiblement sous-entendu?

Non, vous avez beau faire, l'armée ne confondra jamais ses médecins avec les agents subalternes de l'administration; elle ne refuse pas à ceux-ci l'estime qu'ils peuvent mériter, mais elle est fière du talent, de l'héroïsme que le corps médical lui a constamment offerts; permis à l'administration de poursuivre des idées d'unité administrative, et d'essayer de fondre médecins et agents de gestions diverses en une masse sans nom ni valeur officielle; mais à l'armée de venger la médecine militaire des atteintes incessamment renouvelées contre sa dignité et son indépendance professionnelle qui sont les meilleures garanties du soldat malade ou blessé.

On nous objecte ceci: « Les médecins exécutent un service qui se rattache à l'administration. » Ce qu'ils exécutent, ils l'ont appris, conçu, expérimenté en dehors de votre sphère, en dehors de votre compétence; ils sont au lit des malades ou sur le champ de bataille, agents d'exécution à peu près comme l'officier du génie qui construit une fortification temporaire, comme l'officier d'artillerie qui élève une batterie; leur service touche à l'administration comme celui de ces deux armes spéciales, qui ont besoin toutes deux d'un matériel considérable; ce que vous faites auprès de ces deux armes, il est juste que vous le fassiez auprès du corps médical: à vous le contrôle des hommes et des choses, la vérification des dépenses et la surveillance, quant à l'exécution des règlements; mais vous n'avez pas plus qualité pour commander et manier ce personnel qu'à l'égard de l'artillerie et du génie.

Deux décrets de la Convention ont déclaré que les officiers de santé sont militaires : pourquoi donc les rattacher au matériel et non au personnel de l'armée?

Ils sont si peu susceptibles d'être confondus avec vos agents de gestion administrative que force vous a été de les inscrire, sous la dictée des Chambres législatives, dans la loi sur l'état des officiers, et de leur conférer, sous la pression de l'opinion publique et du vœu de l'armée, d'abord le droit au salut militaire sous les armes, et maintenant les honneurs funèbres, double distinction qui n'appartient à aucun de vos agents!

Prenons enfin les attributions de l'Intendance, telles qu'elles sont définies, et voyons si le commandement du personnel médical et la direction immédiate du service de santé en font partie. Pour éviter toute objection, nous emprunterons la définition de ces attributions à M. l'intendant Vauchelle lui-même : « Les fonctionnaires de l'Intendance ont pour attributions de voir, de faire ou de faire faire, *en matière d'administration,* tout ce que le ministre ne peut ou ne veut voir, faire ou faire faire lui-même; ils exercent en conséquence des fonctions qui découlent de la *police administrative* sur tous les individus et sur toutes les choses qui sont l'objet *d'une dépense* ou *d'une consommation* permanente ou accidentelle au compte du département de la guerre ; » — et pour qu'il ne reste aucune équivoque, empruntons à ce même administrateur si éminent la définition du mot un peu vague de *police administrative*.

« On entend par police administrative le droit et le devoir :

« 1° De constater l'existence des hommes et des choses, et de faire à cet effet toutes revues et vérifications et autres investigations utiles ;

« 2° De déterminer et régler les droits que cette existence donne à des prestations et allocations quelconques, et d'en procurer le payement ou la distribution ;

« 3° De surveiller la gestion des conseils d'administration et celles des agents comptables des différents services ou établissements ;

« 4° De contrôler toutes les dépenses et consommations, et d'en vérifier et arrêter les comptes. » (*Cours d'administration*, t. I, p. 421, 4ᵉ édition, 1861.)

Voilà la police administrative telle que les fonctionnaires de l'Intendance ont le droit et le devoir de l'exercer. Eh bien ! c'est sous ce même nom de police administrative qu'ils se sont attribué le commandement d'un personnel de 1000 médecins, et qu'ils prononcent sur l'hygiène des hôpitaux et sur les améliorations qu'exige le service sanitaire.

Nous admettons, à l'égard des médecins militaires, l'exercice rigoureux de toutes les attributions qui entrent dans la police administrative, d'après la définition qui précède; mais nous le répéterons jusqu'à satiété, les sciences médicales, l'art médical, le personnel médical, ne sont point *matière d'administration;* c'est un service spécial, une carrière spéciale, un corps pécial, ou, comme on dit par analogie, une arme distincte, ayant, comme le génie et l'artillerie, des relations multiples avec le contrôle et la gestion administratifs, donnant lieu par son exercice à des dépenses et à des consommations passibles du contrôle, sujet, comme tous les individus de l'armée, aux revues de contrôle, mais fonctionnant dans un ordre d'idées et de faits qui sont absolument étrangers à l'Intendance et ne relevant d'elle ni pour la compétence des moyens, ni pour la responsabilité des résultats qui portent directement sur l'armée.

Nécessité de constituer le corps médical dans l'armée et pour l'armée.

Pour faciliter le recrutement des médecins militaires;

Pour attirer dans leurs rangs les hommes de capacité et d'avenir;

Pour les fixer dans cette carrière et pour assurer au soldat malade le bienfait de leur assistance partout et toujours;

Pour améliorer le service sanitaire de l'armée et pour rendre la mission des médecins militaires aussi utile et aussi efficace qu'elle peut l'être;

Pour exciter et entretenir dans ce corps une émulation qui tourne au profit du service et au bien de l'État;

Il n'est qu'un moyen sûr, c'est de constituer ce corps dans l'armée et pour l'armée.

Une carrière d'humiliation et de médiocrité; une carrière où l'existence officielle est sans cesse disputée, et qui aboutit pour l'immense majorité des serviteurs à un emploi de capitaine; une carrière qui place ses adeptes sous la dépendance absolue de chefs incompétents, cette carrière-là, dépourvue de prestige, d'aisance et de sécurité, ne peut satisfaire, par la qualité et par les dispositions morales de son personnel, aux conditions fondamentales du service de santé de l'armée.

C'est donc l'intérêt de l'armée qui prescrit impérieusement la réorganisation du personnel des médecins et sa constitution en un corps distinct, analogue à ceux de l'état-major, de l'artillerie et du génie; cette mesure est d'ailleurs une conséquence de ses attributions dans l'armée, de la spécialité de ses études et de ses fonctions. Le médecin ne remplit aucune fonction administrative proprement dite, il ne communique avec l'administration que pour lui demander, dans les limites des règlements, les objets nécessaires au traitement et au bien-être des malades. Appelé à prononcer sur les qualités des fournitures de tous genres mises en service, il certifie leur consommation par des visa apposés aux pièces de la comptabilité. Quant à sa comptabilité propre, celle de la pharmacie, elle est tellement spéciale, tellement scientifique, qu'elle échappe au contrôle administratif ordinaire, et qu'elle est vérifiée, au Ministère de la guerre, par un pharmacien expressément désigné pour cette fonction.

On voit que, même au point de vue de ses attributions qui s'éloignent le plus de l'exercice médical, le corps des médecins n'exerce point de fonctions ressortissant à l'administration ; il est donc entièrement dictinct de celle-ci, et il a besoin, pour le bien du service, d'une action propre, entourée de garanties sans lesquelles les appréciations peuvent être contrariées ou rendues illusoires.

Approprier à l'armée le corps des médecins, les rattacher à la direction du personnel, conférer au conseil de santé des attributions analogues à celles des comités d'armes, lui confier la centralisation de tout ce qui est relatif à la santé des troupes et au service médical des hôpitaux, établir au siége des divisions militaires, et sous les ordres immédiats des officiers généraux qui les commandent, des inspecteurs divisionnaires chargés de la centralisation du service sanitaire des troupes et des hôpitaux de la division, tel est le mécanisme simple et naturel qui permet de constituer le corps des médecins sur des bases convenables et de lui assurer une vie propre, une activité fructueuse pour l'armée. — Pour tout ce qui concerne le matériel des hôpitaux et du service sanitaire des troupes, les médecins inspecteurs divisionnaires auraient à se concerter avec les fonctionnaires de l'Intendance. L'autorité militaire exercerait sur les médecins toute son action sous le rapport de la discipline générale; l'autorité administrative conserverait celle de son légitime contrôle, de sa police nécessaire ; mais en ce qui concerne leur service, les médecins ne seraient soumis qu'aux chefs de leur propre corps, suivant l'ordre hiérarchique des grades.

Nous nous bornons à ces indications générales; le principe, une fois admis, il sera d'autant plus facile d'en réglementer les applications qu'elles ne rencontreront plus les difficultés qui naissent des empiétements et des conflits d'attributions spéciales.

Le corps médical militaire n'est point déchu, malgré les démissions qui l'affligent, et l'argument tiré de son infériorité manquerait de justice. Il n'est point inférieur au corps des médecins de la marine, qui se régit lui-même, qui n'obéit qu'à sa propre hiérarchie, et se rattache, par ses sommités, à l'action directe du commandant de la flotte.

Invoquera-t-on contre nos vues l'esprit d'insubordination et de luttes intestines? Cette accusation part d'hommes intéressés à l'accréditer. Dans tous les cas, si l'insubordination existe, elle démontre le vice de la situation; si elle n'existe point, pourquoi l'invoquer comme un épouvantail pour faire écarter le principe de la rotation du corps médical sur lui-même?

Enfin, il y a des administrateurs qui font valoir, pour le maintien du *statu quo*, les compensations que le médecin tire ou peut tirer de l'exercice de sa profession en dehors de l'armée : nous ne craignons pas de repousser cet argument; on ne peut servir à la fois l'armée et la société civile; les médecins militaires qui dirigent leurs vues et leurs efforts vers la clientèle, et se préoccupent du lucre, ont un zèle moins sincère ou moins efficace pour les intérêts de l'armée; examinez bien leurs services, et vous verrez qu'une portion de leurs obligations est sacrifiée. En principe, le médecin militaire se doit tout entier à l'armée, qui lui doit en retour une *rémunération morale et matérielle, proportionnée à l'importance des travaux, à la nature des services, à l'étendue du dévouement et de la capacité qu'ils supposent.*

Plus il est aisé de prodiguer sur le papier les vues d'organisation, plus il nous plaît de nous abstenir de ces imaginaires anticipations sur le pouvoir organique de l'administration centrale. Notre mission, telle que nous la rêvons depuis bien des années, telle que notre conscience nous l'inspire, telle que notre expérience nous la conseille, se borne à esquisser, dans ses généralités, le système rationnel, utile, honnête, universellement attendu, à l'aide duquel il sera possible de régénérer le service de santé de l'armée, et de lui assurer un recrutement à la fois convenable et facile.

Le corps des médecins militaires a été relégué dans le cadre des agents d'exécution administrative : nous voulons, nous, qu'il soit constitué dans l'armée et pour l'armée, sous les ordres immédiats du commandement.

Le corps des médecins militaires est dans une position d'infériorité morale et matérielle qui pèse sur la dignité des hommes, affaiblit les ressorts de leur action et altère les conditions essentielles de leur profession : nous voulons, nous, dans une juste mesure qui ne peut porter ombrage au commandement, ni obstacle au contrôle, élargir et rehausser sa hiérarchie et la rendre effective.

Cette réforme, il importe à l'armée tout entière qu'elle se réalise le plus tôt : tout le monde y gagnera.

L'armée aura la certitude de trouver dans les hommes qui ont charge de veiller à son hygiène et d'atténuer sa mortalité, toutes les garanties légales et scientifiques qu'exige une aussi importante et difficile mission.

L'administration centrale, débarrassée des difficultés que lui suscite incessamment l'état actuel du service et du personnel de santé militaire, pourra diriger cette force perdue, cette somme d'attention détournée, sur un grand nombre de questions non encore résolues et qui touchent à l'amélioration du système, etc., etc.

Le commandement rentrera dans la plénitude de ses droits et de ses légitimes attributions en s'appliquant par voie directe et avec le concours des médecins au bien des soldats malades et blessés.

L'Intendance elle-même, soulagée du lourd fardeau d'une domination incompétente sur le corps médical, et dispensée des luttes qu'elle lui occasionne, pourra consacrer aux utiles fonctions du contrôle tout le temps qu'elle emploie sans utilité réelle à correspondre avec un nombreux personnel de médecins sur une foule d'objets qui ne ressortissent ni à sa compétence ni au but de sa propre institution.

Reste une dernière question, celle qui touche au budget. Les Chambres n'ont jamais marchandé les sommes destinées au bien-être du soldat malade; jamais leur sympathie n'a manqué à ce noble corps des médecins militaires qui meurent victimes de la peste, du choléra, du typhus et des balles; qui ont mêlé les ossements de leurs martyrs obscurs à ceux de nos phalanges victorieuses; qui, à Jaffa, comme à Waterloo, en Algérie, à l'étranger comme en France, multiplient les exemples du plus pur dévouement; illustres par la science, illustres par le courage, ils attendent et espèrent..... »

DE LA CONSERVATION DES ARMÉES EN CAMPAGNE

ÉCONOMIE MILITAIRE

Tout ce qui précède concerne plus particulièrement les intérêts du corps de santé. Voyons maintenant, ce qui est beaucoup plus important, en quoi la situation anormale des médecins militaires, conséquence du système administratif actuel, touche de très-près aux intérêts les plus positifs de l'armée et du pays. Nous serons court et, évitant l'actualité, nous ne parlerons que de faits déjà assez loin de nous, mais encore assez présents pour permettre d'apprécier parfaitement les résultats du système médico-administratif que nous déclarons mauvais. Nous nous bornerons à l'exposé de la situation sanitaire de deux armées offrant toutes les conditions des plus exactes comparaisons, se trouvant côte à côte, subissant les mêmes influences climatériques, mais ayant un système médico-administratif complétement différent.

Dans l'une de ces armées, les médecins, subordonnés au service administratif, ne sont que des agents d'exécution. Si l'imprévoyance rend le service administratif impuissant, le service médical est aussitôt frappé d'impuissance. Dans l'autre armée, les médecins dirigent le service de santé dont le service administratif est l'auxiliaire; mais chez elle, si l'imprévoyance rend le service administratif impuissant, le service médical, avec l'assentiment du commandement, à moins d'être au milieu d'un désert, peut appeler à son aide toutes les ressources du pays.

Il est triste d'avoir à rappeler que, pendant le premier hiver, l'armée anglaise s'est justement trouvée dans cette situation et a été cruellement éprouvée. Tout lui a manqué à la fois, par imprévoyance administrative : vivres, boissons, vêtements; la fatalité même, au moment des besoins les plus impérieux, a englouti dans la mer les approvisionnements, les tentes et les vêtements d'hiver expédiés de la métropole, et transformé en grande calamité une situation déjà si déplorable. Que pouvaient alors les médecins contre la faim, le froid, la neige ou l'humidité? Pouvaient-ils demander des secours aux rochers dénudés de la Chersonèse?

L'armée française, approvisionnée suffisamment pour venir même au secours de ses alliés, a vécu et résisté pendant le premier hiver autant que le peut une armée dans les conditions actuelles; ses pertes par maladies, comparées à celles de toutes les guerres précédentes, ne présentent pas de proportions bien exceptionnelles, et la situation relative des deux armées a été l'occasion d'éloges pompeux sur le système administratif français.

Après avoir critiqué l'imprévoyance administrative anglaise au début de la campagne, il est juste et surtout utile pour l'avenir de reconnaître qu'elle a pris une superbe revanche pendant le second hiver.

Pour que la comparaison des résultats obtenus et indiqués dans le tableau qui va suivre (p. 131) puisse bien s'établir entre les deux armées et ne soit pas trop écrasante pour le service médico-administratif français, il convient de rappeler qu'après la prise de Sébastopol, les Anglais ont cherché, par tous les moyens possibles, à améliorer leur situation et n'ont pas perdu de temps pour prendre les mesures qui devaient leur permettre de résister aux rigueurs du second hiver. Voyons ce que dit, à ce sujet, Scrive, médecin en chef de notre armée, et ne craignons pas de nous répéter:

« Il me reste à répondre au dernier paragraphe de la lettre du Conseil de santé, relativement à l'appréciation comparative de l'état sanitaire de nos alliés et du nôtre. Il est parfaitement évident que les Anglais ont une situation sanitaire bien meilleure que la nôtre; mais cette différence s'explique facilement d'abord par la proportion du concours de chaque armée à l'œuvre commune. Pendant que nous manœuvrions de Sébastopol aux sources du Belbek pour couper la retraite aux Russes et que nos troupes suffisaient à peine à la défense d'une ligne de quatorze lieues, les Anglais s'organisaient sans s'inquiéter d'attaques nouvelles; Sébastopol était en ruine, nous étions maîtres de la situation : c'était tout pour eux. En vue de l'hiver à passer en Crimée, nos alliés établissaient des baraquements pour la troupe, amélioraient leurs chemins de fer qui apportaient constamment et rapidement l'abondance dans leurs camps, tandis que nos soldats se sont misérablement installés en tenant le fusil d'une main et la pioche de l'autre. — Enfin, *les causes qui ont déterminé notre état sanitaire actuel ont été prévues ainsi que leur résultat inévitable*. Il y a plusieurs mois, M. l'inspecteur Baudens a écrit à M. le ministre de la guerre que les conditions hygiéniques dans lesquelles l'armée allait se trouver pendant l'hiver rendraient les maladies plus nombreuses et plus graves. *Ces prévisions se sont malheureusement réalisées*. — Le service hospitalier des Anglais profite de l'influence favorable d'une direction absolue par le corps médical, qui a le droit d'exprimer les besoins éprouvés, en même temps que celui d'y satisfaire largement, sous sa responsabilité; aussi devons-nous convenir que, réduits au strict nécessaire, nous sommes bien pauvres dans notre hospitalisation, devant le luxe et le confort des établissements de nos voisins et alliés.

« L'installation plus que médiocre de nos infirmeries contrastait désavantageusement avec celle des infirmeries anglaises luxueusement constituées.... Avec de pareilles conditions, faites pour favoriser la contagion, est-il possible, même avec les soins les plus éclairés, les mieux entendus et les plus dévoués, d'obtenir des résultats comparables à ceux de nos voisins, alors que chez eux tout vient en aide au médecin? — Dans les camps anglais.... l'alimentation dont nous avons pu juger, ne laisse rien à désirer aux points de vue de la qualité, de la variété et de la quantité.... Était-il possible de faire jouir l'armée française de si magnifiques avantages? Je réponds négativement, parce que *les règles fondamentales du système que la France a adopté, s'y refusent formellement*.... Mais l'expérience acquise par ces cruelles épreuves ne peut être perdue, j'en suis certain. Ne pas profiter de ces enseignements serait un crime de lèse-humanité.

« Les faits démontrent que, si l'on veut, à l'avenir, éviter des pertes nombreuses et cruelles, il est urgent de faire disparaître les conditions défectueuses ou vicieuses que présente notre système. Le climat de la Crimée est salubre, et aucune influence spéciale des divers points du tertoire occupé par nos troupes n'a produit de maladies sérieuses. Il n'y a pas d'officiers malades, et s'ils ne sont pas atteints des maladies des soldats, c'est qu'ils sont convenablement abrités et suffisamment nourris. Les vivres de guerre constituent une nourriture grossière qui finit par fatiguer les estomacs les plus robustes. Dans l'alimentation de guerre, ce qu'il y a surtout à regretter, c'est l'*uniformité*. On distribue, il est vrai, de temps en temps des juliennes conserves, mais la quantité dévolue à chaque soldat est complétement insuffisante. Il y a une réforme à introduire dans la nature des vivres de guerre ; les progrès incessants de la chimie alimentaire ont fourni des ressources précieuses dont les approvisionnements profiteront, au grand avantage de la santé des troupes. »

MORTALITÉ COMPARÉE DANS LES ARMÉES FRANÇAISE ET ANGLAISE pendant les deux hivers en Crimée[1].

Premier hiver 1854-1855. Période d'hostilités.

ARMÉE FRANÇAISE.

Effectif moyen 75 000 h. — 8000 blessés.

	Entrés.	Morts.
Blessés et malades divers...	86 091	10 699
Scorbutiques..................	3 149	145
Typhiques.....................	645	90
	89 885	10 934

ARMÉE ANGLAISE.

Effectif moyen 31 000 h. — 3072 blessés.

	Entrés.	Morts.
Blessés et malades divers...	45 684	10 650
Scorbutiques..................	1 726	175
Typhiques.....................	339	164
	47 749	10 989

Deuxième hiver 1855-1856. Plus d'hostilités régulières.

Effectif moyen 130 000 h. — 323 blessés.

	Entrés.	Morts.
Blessés et malades divers...	74 459	9 940
Scorbutiques..................	12 872	964
Typhiques.....................	19 303	10 278
	106 634	21 191

Effectif moyen 50 000 h. — 165 blessés.

	Entrés.	Morts.
Blessés et malades divers...	27 144	589
Scorbutiques..................	209	1
Typhiques.....................	31	16
	27 384	606

[1]. Voir, pour les détails, notre Statistique, t. I, p. xcvi et suivantes.

Nous n'ajouterons que quelques observations pour faire remarquer que les différences dans les résultats obtenus par les Anglais ne sont pas fortuites, et qu'elles révèlent une science toute nouvelle :

LA SCIENCE DE LA CONSERVATION DES ARMÉES.

La mortalité excessive, signalée jusqu'ici dans toutes les guerres, peut être évitée. L'armée anglaise, pendant le deuxième hiver en Crimée, et celle des États-Unis pendant toute la guerre de la sécession, nous en fournissent la preuve et les moyens.

Les médecins anglais sont-ils plus dévoués à leur service que les médecins français? Les devoirs professionnels ont été, de part et d'autre, consciencieusement bien remplis. L'armée anglaise ayant eu un effectif de 448 médecins, sans compter ceux de l'artillerie, a eu la chance de n'en pas perdre un seul; tandis que sur un effectif moyen de 450 médecins, l'armée française en a perdu 82! — 58 par contagion typhique au lit des malades, les autres du choléra, de la dyssenterie ou à la suite de blessures. Ces pertes témoignent-elles assez du zèle et du courage professionnel des médecins français, sachant mourir au poste dangereux qui leur est assigné, sans infirmer les mêmes qualités chez les médecins anglais qui, dirigeant le service, savent prévoir et éviter les dangers de l'encombrement et de la contagion pour leurs malades et pour eux-mêmes? Parmi ces pertes, attribuées à la contagion et signalées dans le service hospitalier français, combien compte-t-on de sous-intendants, chefs et directeurs des ambulances et des hôpitaux? Aucun ; la contagion les a épargnés autant que tous les autres officiers étrangers au service médical. Ce n'est pas ici une question d'hommes, tous font leur devoir; c'est, nous le dirons sans cesse, une question de système; les médecins anglais, en préservant leurs malades, se préservent évidemment eux-mêmes. Ils ont, ainsi que les médecins américains, l'autorité, l'initiative et la responsabilité, tandis que les médecins de l'armée française ne sont, comme nous l'avons dit, que des agents d'exécution, sans autorité, sans initiative et sans responsabilité. Ils ne dirigent rien, et il leur est même interdit de s'immiscer dans les détails du service administratif.

Répétons toujours ce que dit le ministre de la guerre américain : « Au lieu de mettre à la tête d'é-
« tablissements institués pour la guérison des ma-
« lades et des blessés, des officiers, dont, malgré
« tous les autres mérites, on ne pouvait attendre
« la parfaite intelligence des besoins des malades,
« et qui, avec les meilleures intentions du monde,
« auraient pu embarrasser l'action médicale,

« comme cela est malheureusement arrivé pen-
« dant la guerre de Crimée, notre gouvernement,
« plus sagement inspiré, a voulu faire du méde-
« cin le chef de l'hôpital. En lui imposant ainsi la
« responsabilité des résultats de sa direction, il
« ne lui refusa rien de ce qui pouvait rendre ces
« résultats favorables. Le corps médical peut
« montrer avec orgueil les conséquences de cette
« mesure intelligente et libérale. Jamais, dans
« l'histoire des guerres, la mortalité dans les hô-
« pitaux n'a été aussi faible, et jamais de tels
« établissements n'échappèrent plus compléte-
« ment aux maladies qui, d'ordinaire, s'engen-
« drent dans leur enceinte. »

Les soldats anglais ou américains offrent-ils plus de résistance aux maladies?

La résistance se présente à deux points de vue différents : résistance de race et résistance d'entretien.

Au premier point de vue, — résistance de race, — les Français supportent toutes les comparaisons possibles avec les Anglais et les Américains; la mortalité, excessive dans l'armée anglaise en Crimée pendant le premier hiver, en est une preuve suffisante.

Au second point de vue, — résistance d'entretien, — le Français plus sobre, offre relativement plus de résistance que l'Anglais, dont les besoins sont connus : aussi, *pendant le premier hiver*, les Français ont-ils généralement supporté les privations et les fatigues de la campagne, ainsi que les rigueurs du climat, mieux que les Anglais, réduits aux rations du soldat français. Ainsi les Français perdent 2,31 pour 100 sur l'effectif et 12,16 pour 100 sur le nombre des malades, tandis que les Anglais perdent 5,79 pour 100 sur l'effectif et 22,83 pour 100 sur le nombre des malades.

L'effectif des deux armées, de beaucoup augmenté en 1855 par l'envoi successif de nouvelles troupes, se trouve en présence du *second hiver*, alors qu'il n'est plus question de combats, et nous allons mettre en évidence ce que nous appelons la résistance d'entretien, qui ne s'obtient que par une alimentation suffisamment réparatrice.

L'armée française, toujours approvisionnée, continue à recevoir les mêmes rations, que nous croyons insuffisantes et pas assez variées, ni convenablement appropriées au climat, comme nous le disons en parlant de l'alimentation[1], et perd 2,69 pour 100 sur l'effectif et 19,87 pour 100 sur le nombre des malades. L'armée anglaise, largement et confortablement approvisionnée et bien

---

1. Voir notre *Statistique de la Campagne d'Italie*, t. I, p. CXXII.

abritée, ne subit que des pertes insignifiantes et comparables à celles du temps de paix, dans les meilleures garnisons, 0,20 pour 100 sur l'effectif et 2,21 pour 100 sur le nombre des malades.

Jusqu'ici, la question de direction administrative est intimement liée à la question d'hygiène, et le médecin anglais, quand l'imprévoyance ne rend pas sa direction illusoire, comme cela s'est produit pendant le premier hiver, intervient bien plus que le règlement pour déterminer la nature des rations à mettre en rapport avec les besoins, soit comme quantité, soit comme variété, soit enfin comme choix, suivant les exigences d'une température extrême (20 et 25° — 0), et sur laquelle les Russes comptaient avec raison, lorsqu'ils plaçaient leurs espérances dans le concours des généraux *Décembre*, *Janvier* et *Février*. Il intervient plus directement encore dans l'installation, l'organisation intérieure et le régime des établissements hospitaliers, la distribution des malades suivant la capacité de ces établissements et celle des salles. Par des évaluations faites à propos et de concert avec le commandement et les ressources dont il dispose, il maintient l'effectif hospitalisé dans les limites indispensables aux bons résultats du traitement; en un mot, il dirige le service de santé, que personne, dans l'armée anglaise, n'a la prétention de connaître mieux que lui.

Chez les Anglais on corrige ce qu'il y a de défectueux, on améliore beaucoup; la routine est chassée des camps, le progrès se montre partout; aussi les impossibilités administratives du premier hiver font-elles place à l'abondance et au bien-être. La leçon a été cruelle, mais elle a profité; tout a été prévu pour résister à de nouveaux besoins et à de nouvelles rigueurs climatériques. Un administrateur, *délégué* du ministre avec tous les pouvoirs qui justifient ce titre, avait changé la situation en demandant à la métropole et en obtenant immédiatement tout ce qu'il jugeait nécessaire au succès de sa mission. Cet administrateur, au sens droit, au jugement prompt, c'est miss Nightingale.

Il s'agissait de la conservation d'une armée placée dans des conditions exceptionnelles, il fallait des mesures exceptionnelles; il s'agissait surtout d'hygiène générale, d'alimentation; miss Nightingale n'a demandé d'inspirations qu'au bon sens et à la compétence médicale : elle a provoqué les conseils de cette compétence; une fois éclairée, sa direction a brisé les obstacles; devant des besoins impérieux, elle n'a connu que le premier article du meilleur des règlements, *le salut de l'armée*, et les résultats obtenus disent assez si elle a bien administré au point de vue humanitaire et économique.

Chez les Français, pendant le second hiver, la résistance d'entretien est mise à l'épreuve ; les rations de vivres sont toujours les mêmes, la viande distribuée donne l'idée des vaches maigres[1] de Pharaon, comme le dit Baudens ; dans les pays froids, il faut des corps gras en plus grande quantité que dans les pays chauds ; cette condition hygiénique est bien connue, bien constatée. Le nombre des malades est proportionnellement beaucoup plus considérable et les maladies bien plus graves et plus caractérisées que chez les Anglais ; car chez ces derniers nous ne trouvons que les maladies de la saison, tandis que chez nous c'est le scorbut et le typhus, qui se développent largement, et menacent toute l'armée. Chez les uns, les blessés et les amputés donnent un chif-

---

1. Beaucoup de bœufs meurent en mer pendant la traversée ; plusieurs navires en perdent de 25 à 28, d'autres 40, 52, 54, 57, 76. Dans le mois de février 1855, 191 des bœufs embarqués sur cinq navires meurent en rade de Kamiesch, en attendant leur débarquement, et les animaux débarqués sont généralement amaigris par le voyage. En administration, comme en toute chose, il faut le temps ; la compétence pour chaque section administrative, la responsabilité et l'émulation, ce qui n'exclut pas la direction générale ni l'unité de cette direction ; le fonctionnaire chargé de trop d'attributions, comme nous l'avons déjà dit, n'arrivera jamais à de bons résultats. (Voir *Rapport de la Commission d'enquête sur les transports maritimes exécutés pour le compte du ministère de la guerre pendant la campagne d'Orient, sous la présidence de M. Léon Cornudet, conseiller d'État.* Paris, 1862, Imprimerie impériale.

fre normal de succès, chez les autres les blessés et les amputés meurent en grande partie à la suite de pourriture d'hôpital, de diarrhée et de typhus.

A quoi attribuer ces différences ? Laissant de côté les six premiers mois, pendant lesquels la mortalité a été excessive (choléra de la Dobrutdska), nous voyons qu'en Crimée les *ambulances françaises* ont été immobilisées, dès que l'armée s'est trouvée devant Sébastopol, et sont devenues en réalité des hôpitaux ; elles conservent néanmoins le nom d'ambulances, bien à tort puisqu'elles ne se déplacent pas, mais seulement parce que les blessés et les malades ne font qu'y passer pour attendre leur évacuation sur les hôpitaux de Constantinople; elles restent donc sur le même sol, malgré les avertissements des médecins. — Du mois d'octobre 1854 au mois d'avril 1855, 51 786 blessés ou malades fiévreux, diarrhéiques, scorbutiques, déposent des miasmes, du sang, du pus et des déjections qui infectent le terrain, les toiles, les charpentes et le matériel ; on compte 4905 décès, 1246 parmi les blessés, et 3659 parmi les malades.

Les médecins prévoient l'infection croissante et ses résultats, ils avertissent encore ; mais, sans autorité, ils ne parviennent pas à ébranler une confiance aveugle. Le beau temps va sans doute prouver que ces prévisions sont chimériques et ces avertissements prématurés.

Du 1ᵉʳ mai 1855 au 31 octobre même année 85 156 malades ou blessés passent encore par ces mêmes ambulances, 29 114 blessés et 56 042 malades, 12 378 y meurent : 3039 blessés et 93 039 malades. — Il faut remarquer que pendant ce semestre d'été, les travaux du siége ont été poussés avec beaucoup plus d'activité, et qu'il y a eu l'assaut du 18 juin et celui du 8 septembre qui a mis fin à la période d'hostilités sérieuses. Nous voyons enfin que le nombre des morts par suite de maladies est trois fois plus considérable que celui des décès par suite de blessures et en progression rapidement croissante sur les décès des mois qui précèdent.

Nous arrivons au semestre du second hiver : du 1ᵉʳ novembre 1855 au 30 avril 1856, les ambulances restent toujours sur le même sol et continuent à s'infecter chaque jour davantage; elles reçoivent encore 61 283 blessés ou malades. — 323 blessés et 60 960 malades : — 11 070 y meurent — 53 blessés et 11 017 malades.

RÉCAPITULATION DU MOUVEMENT DES AMBULANCES *seulement.*

Du 1ᵉʳ octobre 1854 au 30 avril 1855.

	Entrés.	Morts.
Blessés...............	9 290	1 246
Malades...............	42 496	3 659

Du 1er mai 1855 au 31 octobre même année.

Blessés	29 114	3 039
Malades	56 042	9 339

Du 1er novembre 1855 au 30 avril 1856.

Blessés	323	53
Malades	60 960	11 017
Total général	198 225	28 393

Le chiffre croissant de la mortalité est à peu près proportionnel au nombre des blessés, mais il ne l'est pas à celui des malades entrés; il est progressif et d'autant mieux attribuable à l'infection des ambulances et à l'affaiblissement des hommes que les maladies qui règnent et font le plus de victimes sont le scorbut et le typhus, et que, parmi les officiers de l'armée, il n'y a que les médecins qui meurent, parce que leur service les retient nuit et jour dans les ambulances exposés à la contagion près des malades.

Si, des ambulances de l'armée active, nous passons aux hôpitaux de Constantinople, nous voyons que dans ces établissements non encore encombrés, ni infectés, la mortalité des premiers mois n'atteint que des proportions minimes, 800 décès environ, tandis que les hôpitaux dits de l'armée active, Gallipoli, Nagara, Varna, déjà encombrés par les cholériques et les diarrhéiques, donnent une mortalité comparativement excessive, mais surtout attribuable à l'épidémie cholérique, que ne pouvaient maîtriser ni les efforts des administrateurs, ni le dévouement des médecins. Il serait injuste de demander à l'administrateur d'une armée en campagne de dominer une grande épidémie *cholérique* quand, en France, au milieu des ressources de nos villes, on est généralement réduit à s'incliner devant le fléau et à chercher à diminuer le nombre des victimes en attendant la volonté de Dieu.

Nous arrivons ainsi au mois d'octobre 1854, les hôpitaux de Constantinople se remplissent; il n'y a plus de lits vacants dans les salles; et, au lieu de multiplier les hôpitaux de 500 lits, on occupe les *corridors*, laissés libres jusque-là, des établissements déjà beaucoup trop pleins; les hôpitaux de Péra, de Ramitchiflick, de Daoud-Pacha, de Gulhané, du terrain de manœuvres, comptent, de 1000 à 1650 et même plus de 2000 lits. Le 12 juillet 1854, l'inspecteur du service de santé de l'armée d'Orient, écrivait au Conseil de santé et au ministre de la guerre : « A Constantinople s'installe sous mes yeux l'hôpital grandiose de Péra; on l'a coté à 2100 lits! agglomération formidable; j'ai déjà protesté auprès du général et de l'intendant contre ce projet d'accumulation de malades, sous un ciel qui punit par l'infection ou par la contagion les grandes infractions à l'hygiène.....

Je décline la responsabilité de l'encombrement relatif qui se produira. Je suis effrayé de cette fixation. Ce bel édifice, si bien situé, si bien installé, ne sera bientôt qu'un vaste foyer d'infection. — 500 à 600 malades par hôpital, tel est le chiffre que l'expérience autorise; en le portant à 800, on atteint une limite de risques qui se traduisent fréquemment par des manifestations de pourriture d'hôpital, de gangrène, d'érysipèle, de diphthérite, de typhus, etc., etc.; au delà, et les chaleurs aidant, plus de sécurité, plus de salabrité... multiplier les hôpitaux en limitant leur effectif de malades, telle est l'indication souveraine de notre situation.... Des informations officieuses m'autorisent à croire qu'il serait facile d'organiser ici un certain nombre d'hôpitaux dans ces conditions. »

Le 31 août 1854, le même inspecteur écrit encore au ministre de la guerre : « Depuis mon arrivée en Orient, je n'ai cessé d'insister auprès des autorités supérieures de l'armée sur la nécessité de pousser rapidement l'organisation de plusieurs hôpitaux en vue des éventualités. Aujourd'hui ces éventualités sont à la veille de s'accomplir sur une formidable échelle, sans que les dispositions soient prises pour y faire face. » Et les 23 et 29 novembre même année : « Je n'ai pas été consulté sur le choix des locaux à occuper, ni sur la répartition des malades : aussi, blessés, scorbutiques, fiévreux, etc., ont été portés pêle-mêle à Gulhané, comme l'autre jour à Péra. — Si je n'étais pas ici un directeur purement nominal du service de santé, j'aurais les droits et l'initiative nécessaires pour prévenir de pareils dangers ; mais j'ai dû me borner à les notifier à M. l'Intendant, qui me répond placidement : *Je les déplore avec vous, mais le moment ne me paraît pas encore venu d'y apporter le remède que vous indiquez*[1]. »

Quel est le résultat de cette situation ?

6029 morts sur 32.282 blessés ou malades évacués de Crimée et entrés aux hôpitaux du 1ᵉʳ octobre 1854 au 30 avril 1855.

Est-ce à la saison rigoureuse qu'il faut attribuer cette mortalité ? voyons le semestre suivant du 1ᵉʳ mai 1855 au 30 octobre, même année, nous constatons :

9122 morts sur 49 273 blessés ou malades évacués de Crimée et entrés aussi aux hôpitaux de Constantinople :

L'inspecteur Michel Lévy, découragé, demande son rappel en France, et écrit : « Après cinq mois de luttes au milieu des circonstances les plus pénibles et les plus critiques, l'épuisement de ma santé me fait désirer que Votre Excellence veuille bien

---

1. Voir pièces justificatives, t. I, pages 711 à 748. *Statistique de la Campagne d'Italie.*

mettre un terme à ma mission. Celle-ci d'ailleurs devient chaque jour plus difficile à concilier avec l'action de l'intendance, telle qu'elle entend l'exercer en vertu de la législation existante, jusque dans un ordre de faits qui échappe à son appréciation. — Les circonstances deviennent si graves, les préoccupations si multiples, l'administration si tiraillée, la médecine par elle-même si restreinte dans son action, les bras si occupés et même si fatigués, que la préservation, qui, dans les masses combattantes, est le prix d'un effort continu, n'est presque plus possible.... Je ne cesse cependant de rendre l'autorité attentive aux ressources et aux indications de l'hygiène.... Le personnel médical est insuffisant ici, comme en Crimée. Les ambulances se dégarnissent par suite des maladies; de nouveaux hôpitaux restent sans médecins. La besogne est ici pour nos collaborateurs triple, quadruple du taux réglementaire; la mort les décime, les maladies nous privent du concours de beaucoup d'entre eux... En signalant des imperfections, des difficultés dans le système de notre fonctionnement, je savais que je soulèverais des susceptibilités, des craintes, peut-être plus encore, une lutte qui finirait par une victoire ou par une défaite. Je me serais réjoui pour nos malades du succès de mes efforts; je me résigne personnellement à la position de vaincu. »

Baudens, le successeur de Michel Lévy, arrive; aura-t-il plus d'influence, plus d'autorité, plus de succès? A la date du 20 octobre 1855, il écrit :

« Si l'armée entière doit passer l'hiver en Crimée, des hôpitaux pour 6000 malades, ayant comme annexes les infirmeries régimentaires, assureraient le service de santé. Les évacuations sur Constantinople, jusqu'en ces derniers temps si fréquentes, souvent si regrettables pour les malades, surtout dans les gros temps, et si onéreuses pour le trésor, ne seraient plus que l'exception. Les hôpitaux de Constantinople, qui ont tant besoin d'être assainis par le repos, deviendraient des ressources en réserve sur un plan secondaire.

« .... On peut à peu de frais se pourvoir ici amplement de baraques.... Les exigences du long et glorieux siége de Sébastopol ont heureusement cessé. On entend bien encore le canon, mais les boulets sont à peu près inoffensifs. Le moment est venu de s'occuper très-activement des moyens d'abriter contre les rigueurs de l'hiver les soldats à l'héroïsme desquels la France, qui honore tous les genres de vertu, élèvera sans doute un monument digne d'elle. »

5 février 1856. — « Il s'agissait de déployer des

mesures énergiques, sans quoi la mortalité eût été sans limite. Les principaux remèdes étaient l'isolement et l'aération des malades. *J'insistai vivement auprès de l'intendant militaire pour qu'on plaçât les typhiques dans des salles spéciales, où l'on pût distribuer l'air libéralement ; c'était en même temps soustraire les autres malades aux dangers de la contagion.* Il fallait aussi créer de nouveaux hôpitaux sous baraques pour empêcher l'encombrement, trouver 5000 places et pouvoir loger dans chaque baraque des camps de Maslak quatre typhiques seulement au lieu de 8 malades ordinaires....

« Pendant ce temps, nos alliés, les Anglais, qui n'avaient qu'un petit nombre de malades, nous offrirent des ressources de toute nature en personnel et en matériel. Le général Storks nous proposait d'aller installer dans un de nos camps un hôpital complet, de nourrir même et traiter ces malades si on le désirait. Quoi que nous fassions, disait-il, nous ne nous acquitterons jamais de ce que les Français ont fait pour nous l'an dernier.

« Ce qu'il fallait, c'était l'espace, l'air pur. »

11 février 1856. — « L'accumulation des malades venus de Crimée a modifié défavorablement les conditions hygiéniques de nos hôpitaux de

Constantinople, en raison surtout de la gravité des affections. Ordinairement, sur cent malades, dix seulement sont en danger; ici, ces termes sont renversés.... Ce sont des scorbutiques à l'haleine infecte, des dyssentériques, des typhiques aux émanations contagieuses. L'intoxication miasmatique de nos hôpitaux a développé une foule d'accidents. Pour y mettre un terme, j'ai proposé la réouverture des hôpitaux supprimés et la création d'autres établissements, d'une contenance de 5000 lits, dans les baraques inoccupées des camps situés à Maslak; les malades y seront au large, dans un site salubre et bien ventilé.

« La preuve que, pour arrêter le typhus, il suffit de placer les malades dans un milieu non infecté, se voit au dépôt de convalescents installé dans une partie des camps de Maslak. Sur 1000 hommes, pas un seul n'a encore présenté de traces de typhus. Les convalescences marchent rapidement; 15 hommes seulement ont dû rentrer à l'hôpital, et 19 sont à l'infirmerie....

« Metelin aurait été une ressource providentielle pour les scorbutiques, à cause de son beau climat, de ses eaux thermales et de l'abondance des légumes....

« Votre Excellence sait qu'il y a, à petite distance de Constantinople, des baraques pour loger environ 25 000 hommes, et qu'en vingt-quatre heures il est facile de convertir ces baraques en bons hôpitaux. Ces ressources permettent d'entrer largement dans la voie des évacuations de malades, et de nous envoyer les soldats malingres de l'armée, ainsi que je l'ai proposé....

« Le personnel médical, qui vit dans le milieu contagieux des malades, paye un large tribut au typhus; plusieurs médecins viennent encore de succomber (onze depuis le 1er janvier), et vingt-cinq sont en traitement aux hôpitaux de Constantinople; je ne peux indiquer exactement le nombre de ceux qui sont malades en Crimée.

« Votre Excellence remarquera avec satisfaction que pas un seul officier de troupe n'a présenté encore de trace de typhus, ce qui prouve qu'il est, en quelque sorte, emprisonné dans les hôpitaux, et qu'il ne se propage pas dans les camps par contagion, bien qu'il y prenne naissance spontanément sous la tente. »

28 février 1856. — « La marche du typhus continue à être ascendante. Il se déclare, en moyenne, 150 nouveaux cas par jour dans les hôpitaux de Constantinople. Il y a, dans certains hôpitaux, une situation grave, tendue; il faut y apporter un prompt remède. Le meilleur est simple : de l'air, toujours de l'air, encore de l'air pur et renouvelé. Pour cela, il nous faut plus d'espace; il

faut bien vite transporter la moitié de notre population hospitalière sous les baraques inoccupées de Maslak, y faire un grand campement, un grand bivouac. Voilà ce que je dis et écris du matin au soir à qui de droit.

« Nous avons des baraques pour loger 25 000
« soldats; elles attendent une population! Hâ-
« tons-nous de les occuper.

« Ouvrir des baraques au fur et à mesure que
« les malades nous arrivent de la Crimée, ce n'est
« pas atteindre le but; c'est se laisser envahir
« tout doucement par les flots de la marée mon-
« tante. »

3 mars 1856. — « La contagion continue ses progrès. Il en sera ainsi tant que nous ne serons pas arrivés à porter dans les baraques des camps inoccupés la moitié de nos malades des hôpitaux.

« Des 5000 places que je réclame, j'en ai obtenu 1000. »

La situation sanitaire des hôpitaux de Constantinople pendant le second hiver est la suivante :
10.120 morts sur 37 189 malades évacués de Crimée, sans parler des nombreux malades entrés par billet (troupes de passage aller et retour, ou de séjour à Constantinople), ni des morts pendant les évacuations sur mer.

RÉCAPITULATION DU MOUVEMENT DES AMBULANCES ET HÔPITAUX
DE L'ARMÉE ACTIVE ET DES HÔPITAUX DE CONSTANTINOPLE.

Du 1er octobre 1854 au 30 avril 1855.

Entrés.	Morts.	Évacués sur Constantinople.	Morts.
51 786	4 905	33 232	6 029

Du 1er mai 1855 au 31 octobre même année.

| 85 156 | 12 378 | 49 273 | 9 122 |

Du 1er novembre 1855 au 30 avril 1856.

| 61 283 | 11 070 | 37 189 | 10 120 |
| 198 225 | 28 353 | 119 694 | 25 271 |

Si un système médico-administratif qui déplace la compétence, peut être apprécié par les résultats, il suffit, pour porter un jugement, de jeter les yeux sur le tableau, page 131, des pertes comparées des armées française et anglaise, 19,87 p. 100 d'un côté, et 2,21 p. 100 de l'autre, ou autrement 21 191 morts d'un côté, tandis que de l'autre on n'en compte que 606 !!!

Laissons de côté le point de vue humanitaire, qui se déduit facilement de la situation, pour examiner la question au point de vue économique. L'administration anglaise, pour obtenir pendant le second hiver des résultats *jusqu'alors inconnus*, a donné le bien-être à son armée; les hommes sont restés dans le rang, le nombre des malades a été réduit, les maladies inévitables dans les grands rassemblements ont rencontré la résistance d'entretien, et n'ont eu que peu de gravité; par la même raison, le nombre des journées de traitement et la mortalité n'ont atteint qu'un chiffre insignifiant. Quinze millions dépensés intelligemment en mesures préventives pour les hommes disponibles, et en amélioration du régime des hôpitaux, ont produit une économie énorme, incalculable sur les frais hospitaliers, qui ne comprennent pas seulement le prix de la journée d'hôpital, mais encore les frais d'établissement.

Enfin l'armée anglaise perdant, pendant le second hiver, 606 hommes au lieu de 21 778 qu'elle aurait pu perdre en doublant, comme pour l'armée française, les pertes du premier hiver, et en supposant que chaque soldat représente un capital de 3000 fr., prix d'un esclave, estimation que les Anglais trouveront, à n'en pas douter, bien minime, l'Angleterre a économisé, en plus, la valeur de ces 21 000 hommes, soit 63 millions de francs.

Administrativement parlant, est-il plus économique de chercher à ménager quelques centimes, voire même 8 ou 10 centimes, dans des circonstances exceptionnelles, que de dépenser à propos 10 fr., 100 fr., s'il le faut, pour prévenir un mal imminent? Il est évident que si les mesures préventives indiquées à temps et formellement réclamées par la compétence, sont négligées, dédaignées, le mal arrive, grandit, prend des proportions au-dessus des ressources et engloutit sans résultat réparateur, beaucoup plus de millions qu'il faut bien en définitive payer après coup, puisqu'ils ont été dépensés.

S'il faut admirer et encourager l'esprit militaire qui, pendant le combat, inspire au soldat le mépris de la mort, il faut bien reconnaître que ce mépris ne suit pas plus le blessé que le malade, lorsqu'ils franchissent le seuil de l'ambulance ou de l'hôpital.

HYGIÈNE ET ALIMENTATION

Nous ne pouvons dire ici que quelques mots de l'hygiène et de l'alimentation du soldat, nous renvoyons aux chapitres de notre Statistique où ces questions sont traitées[1].

Personne, il faut bien le dire, ne conteste en principe l'importance de l'hygiène, lorsqu'il s'agit de la conservation d'une armée; mais, dans l'application, cette importance diminue d'autant qu'on n'est pas toujours suffisamment préparé et que des intérêts plus pressants dominent parfois les plus sages préceptes. C'est cependant dans l'application de ces préceptes, qui n'ont rien de contraire aux mouvements les plus rapides des troupes, que l'armée peut puiser ses moyens de résistance aux maladies. Il est bien entendu que

---

1. T. I, p. CVII à CXLIV.

nous ne réclamons les bénéfices de l'hygiène que dans les cas possibles et que nous considérons comme inévitables certaines circonstances de guerre « qui obligent un général à occuper une position insalubre et à s'y maintenir obstinément; il y a là un intérêt puissant auquel toute considération doit céder. » Dans ce cas, il serait aussi ridicule de parler des règles de l'hygiène, quoiqu'il y ait cependant bien encore certaines précautions à prendre pour diminuer les effets prévus de l'infraction, que d'accuser d'imprudence un général qui, pour garder une position importante ou s'en emparer, s'expose à perdre une partie de son effectif; le médecin sait faire la part de la maladie inévitable, aussi bien que celle des nécessités stratégiques; il ne demande pas l'impossible.

Une expérience qui s'est faite sous nos yeux pendant la campagne de Crimée[1], démontre bien mieux que tout raisonnement la puissante action que peuvent développer les nations d'aujourd'hui contre les maladies des armées. Cette expérience, qui est le fait le plus important de l'hygiène militaire, dans ces dernières années, a une valeur d'autant plus grande qu'elle fait voir sur la plus large échelle les terribles conséquences de l'o-

---

1. Dr Tholozan, médecin principal d'armée.

mission de toutes les mesures hygiéniques et qu'elle montre les effets des meilleurs moyens appliqués à ces maux.

L'histoire des armées ne présente aucun exemple comparable à celui-là ; il y a là une expérience hygiénique complète sur des proportions colossales. Une telle épreuve sanitaire est aussi probante qu'une expérience de physique, bien qu'elle ne soit pas de nature à être répétée comme celle-ci. Elle doit rester inscrite avec tous ses détails dans l'histoire de notre temps, afin qu'on trouve un jour, à côté de la constatation du mal, la mesure de l'efficacité du remède que la civilisation actuelle a permis d'y apporter.

[« Les calculs de miss Nightingale nous présentent un fait unique dans son espèce : une armée, d'abord menacée d'être détruite par les maladies, passant presque sans transition à l'état sanitaire le plus florissant, et cela toujours dans les mêmes circonstances de guerre, de climat, de saison. »]

Dr SHRIMPTON.

« L'art de vaincre est perdu sans l'art de subsister, aussi la sobriété est-elle une des qualités essentielles de l'homme de guerre ; néanmoins il y a une infinité de degrés entre *Capoue* et le radeau de la *Méduse*.

« Soumis, en campagne, aux fatigues d'une

vie nomade et toujours laborieuse, le soldat ne les supporte qu'à la condition que sa jeune machine physiologique reçoive chaque jour une pitance plus généreuse qu'en aucun autre moment de sa vie militaire, pitance d'autant plus désirée et plus vite élaborée et fondue dans un estomac avide, qu'elle est plus complétement et plus rapidement assimilée par des organes actifs et solliciteurs. *Il en est de lui comme d'un cheval* dont on n'obtient une plus forte somme de travail qu'à la seule condition d'augmenter sa ration quotidienne. Augmentez-en la quantité, recherchez autant que possible la qualité et la variété, vous obtiendrez la force morale, la force physique, la bonne santé, et avec elle la bonne humeur. Oui, la cuisine a à côté d'elle un ange gardien; oui, pour tous, la guerre est une question de cuisine. Une bataille n'est rien ; c'est comme un entremets, un stimulant à fort bouquet. Négligez la cuisine du soldat, et l'alanguissement physique et moral se répandra dans vos camps ; l'affaiblissement qui prédispose à la maladie fera naître les épidémies. Si vous voulez présenter vos rangs presque complets à l'ennemi, nourrissez bien vos hommes. Si vous voulez un glorieux et constant effort dans une lutte acharnée, doublez la ration, vous m'en direz des nouvelles; les coups de sabre, les balles, ni les boulets ne remplissent pas l'estomac et n'entretiennent ni la force ni la santé ! » Dr Cuignet, médecin aide-major.

Nous avons parfois entendu dire à des officiers généraux que la ration du soldat en campagne est suffisante, et la preuve qu'ils croient pouvoir invoquer, c'est que les hommes jettent ou donnent ce qu'ils ne peuvent manger. Le fait est vrai, mais la conclusion qu'on en tire ne l'est pas du tout. Nos soldats aujourd'hui, comme leurs pères autrefois, savent parfaitement supporter les misères de la guerre ; mais, si ces misères sont parfois obligatoires, il ne faut pas qu'elles durent trop longtemps. C'est dans cette circonstance précisément que l'administrateur peut faire ses preuves. Pour que le soldat conserve sa santé et reste dans le rang, il faut que son alimentation répare les dépenses de forces qu'il fait chaque jour, et l'on peut affirmer, l'expérience est faite, il y a preuves et contre-épreuves, l'Angleterre et l'Amérique n'en doutent plus, — on peut affirmer, dis-je, qu'une armée bien nourrie double sa résistance aux fatigues, aux maladies, et coûte, en définitive, beaucoup moins en pain et en viande, dont la valeur peut être toujours prévue au budget, qu'en frais hospitaliers, qu'on ne connaît qu'à la fin de la guerre, et qui sont toujours d'autant plus élevés que la mortalité a été plus grande.

En sage administration, il ne faut pas attendre que l'équilibre entre la recette alimentaire et la dépense physique soit rompu, car déjà le mal existe, les organes souffrent, la santé s'altère d'abord insensiblement, les maladies viscérales se préparent lentement jusqu'au moment où, la réparation ne pouvant plus se faire, elles font explosion sur toute la ligne. Il n'est plus temps alors de prévenir le mal, il faut s'occuper de guérir, et, sans parler des embarras que cette guérison occasionne au commandement et à l'administration, on peut assurer qu'elle coûte vingt fois plus que les moyens à l'aide desquels on aurait conservé la santé et l'effectif combattant.

Du moment où nous connaissons les conditions qui permettent l'invasion de la maladie, et, s'il est possible, de les changer, la victoire doit rester à la prévoyance.

Quelle est la quantité de nourriture indispensable au maintien de la santé du soldat?

Quel choix doit-on faire comme valeur nutritive et comme digestibilité?

Quel intérêt y a-t-il à varier l'alimentation?

Dans quels cas la ration doit-elle comprendre une certaine quantité de boisson alcoolique[1]?

---

1. Toutes ces questions sont étudiées dans notre *Statistique de la Campagne d'Italie*, t. I, p. cxxiv.

Un homme adulte, occupé d'un travail intellectuel ou d'un travail manuel réguliers, peut réparer ses pertes avec une quantité d'aliments représentant 20 grammes d'azote et 310 grammes de carbone; mais le soldat en campagne, faisant une grande dépense de forces dans les marches, portant sur le dos un poids qui varie entre 32 et 35 kilogrammes et perdant journellement de 25 à 29 grammes d'azote, peut-il entretenir l'équilibre indispensable à la santé avec une ration qui ne contient que 19 grammes d'azote ?

Ce n'est pas tout : l'armée se compose en grande partie de jeunes soldats dont le développement physique, souvent encore incomplet, demande une alimentation qui réponde aux exigences de l'accroissement, exigences aussi impérieuses que celles de la réparation des pertes journalières par la fatigue. Si la ration est insuffisante pour maintenir l'équilibre entre la dépense et la recette pour la généralité des hommes, elle le devient donc bien davantage pour les jeunes soldats, dont l'arrêt de développement produit un trouble dont on ne calcule pas assez les effets.

« Voici la composition et le poids des différentes espèces de rations du soldat, sur *le pied de guerre:*

HYGIÈNE ET ALIMENTATION. 161

	Grammes.		Grammes.		Grammes.
Pain............	750	ou pain biscuité	750	ou biscuit......	500
Viande fraîche non désossée.	250	ou bœuf salé...	250	ou lard salé....	200
Riz............	30	ou légumes secs	60	»	»
Sel............	16	»	16	»	16
Café...........	16	»	16	»	16
Sucre..........	21	»	21	»	21

Représentant environ 19 grammes d'azote et de 310 à 350 grammes de carbone.

Très-exceptionnellement :

	Litre.		Litre.		Litre.
Vin............	1/4	ou eau-de-vie.	1/16	ou bière ou cidre	1/2

La ration de viande non désossée de 250 grammes est élevée parfois à 300 grammes et dans certaines circonstances très-exceptionnelles à 350 grammes. L'exception devrait être la règle, car que reste-t-il après défalcation des os ? La ration ordinaire est réduite à 200 grammes, la ration moyenne à 240 et la ration exceptionnelle à 280 grammes.

La ration du soldat de la marine est bien plus réparatrice et bien plus variée ; elle représente 29 grammes d'azote et plus de 400 grammes de carbone.

La variété, non la multiplicité, et l'association de certaines substances alimentaires doivent contribuer puissamment à l'assimilation. L'aliment

11

qui plaît double les aptitudes digestives de l'estomac ; l'uniformité les diminue, met cet organe en révolte et produit l'inappétence.

Pourquoi l'administration dans ses approvisionnements de vivres de campagne ne comprendrait-elle pas le poisson salé ou fumé, morue, hareng, maquereau, saumon, ressource des pauvres de certains pays du Nord ? Cela coûterait-il plus cher ; le transport, la conservation ou l'emploi seraient-ils plus difficiles que pour la viande salée ? La choucroute comme légume, le fromage comme digestif ne viendraient-ils pas détruire cette fâcheuse uniformité de l'alimentation du soldat ? Ce n'est pas l'usage, on ne l'a jamais fait, m'objecte-t-on ! On ne peut donc pas dire si l'on s'en est bien ou mal trouvé, et ne l'avoir jamais fait n'est pas une raison pour ne le pas faire.

Nous voudrions voir aussi les distributions de riz alterner régulièrement avec des distributions de haricots, pois, lentilles ; les hommes sont bientôt dégoûtés du riz, qui serait réservé spécialement pour les cas où le transport d'autres légumes présenterait des difficultés insurmontables. Quelques exemples entre mille sur la nourriture du soldat :

« C'est à partir du 28 mai, dès le début de la campagne, qu'un changement considérable s'opéra dans l'état sanitaire du 15ᵉ de ligne ; les distributions de vivres se firent trop tardivement, pendant la nuit ordinairement, de sorte que le soldat n'avait pas le temps de faire cuire sa viande et était obligé de se contenter d'une soupe au café. Après la fatigue de la journée, il faut un sommeil réparateur. Dès lors parurent les accidents intestinaux, la dyssenterie et l'influence palustre; les fortes chaleurs vinrent nous surprendre et ne rencontrèrent plus assez de force de résistance. Jusque-là nous n'avions encore que des maladies, mais l'état général dans lequel se trouvaient les hommes n'a pas été étranger à la marche lente ou insidieuse de leurs blessures. » — D⁺ REEB, médecin aide-major au 15ᵉ de ligne.

« Le 59ᵉ de ligne est entré en Italie au mois d'avril 1859. Il a pris une part active à cette glorieuse campagne, les soldats ont eu à supporter de grandes fatigues, alternativement mouillés par la pluie et brûlés par le soleil, souvent privés de la nourriture suffisante et bivouaquant dans des prairies, où ils s'endormaient mouillés par la pluie ou la sueur avec des nuits fraîches et humides. Tant que dura la campagne, la réaction morale se fit sentir et soutint la résistance physique; mais après la paix, lorsque le régiment vint camper dans le voisinage du Pô, les fièvres paludéennes se montrèrent, et après sa rentrée en France, loin des causes qui en ont amené le développement, le régiment continue à en subir tous les jours les effets. » — Dʳ Souhaut, médecin-major au 59ᵉ de ligne.

« A Solférino, le 65ᵉ régiment eut à occuper définitivement le plateau de Cavriana. Il y parvint glorieusement, mais en subissant des pertes considérables, moins grandes cependant qu'à Magenta. Le régiment a été abîmé par la diarrhée, les deux tiers des hommes étaient atteints, surtout dans les conditions d'alimentation qu'il a eu à subir. Toujours en avant, toujours couchés sur la terre nue, sans couverture et du biscuit trois fois sur quatre ; heureusement la viande n'a jamais manqué. Depuis notre rentrée en France, l'état sanitaire s'est avantageusement modifié, sous l'influence d'une alimentation meilleure et de l'usage du vin ; car il faut noter que pendant toute la campagne les soldats ont presque toujours été privés de cette boisson réparatrice. » Dʳ Jacquin, médecin aide-major au 65ᵉ de ligne.

« On ne peut pas dire que les fatigues aient été beaucoup plus grandes en Italie qu'en Afrique, car tous les ans le régiment est presque constamment en marche sous un ciel inclément, et il vit souvent sous la tente. Mais la nourriture a été quelquefois grossière et insuffisante. Nos cavaliers achetaient de quoi suppléer à ce qui pouvait manquer à la ration de l'administration. » —

D{sup}r{/sup} Cocud, médecin-major au 1{sup}er{/sup} chasseurs d'Afrique.

Du pain et du biscuit. — Le biscuit est au pain ce que la viande salée est à la viande fraîche, avec cette différence que l'estomac supporte mieux et plus longtemps l'usage exclusif de la viande salée que l'usage exclusif du biscuit. C'est dire assez que le biscuit est un aliment de précaution, de ressource, parce qu'il est d'un transport facile et peu encombrant; mais son emploi doit alterner avec celui du pain et ne peut, si l'on n'a soin d'y joindre un correctif, être prolongé au delà de trois ou quatre jours sans compromettre la santé, sans produire le dégoût, l'inappétence et la diarrhée.

« Il est à peu près convenu, dit l'intendant Vauchelle, que le biscuit ne se distribue aux troupes que lorsqu'elles sont enfermées dans des places assiégées ou employées à des expéditions lointaines ou aventureuses; et encore doit-on observer que, même dans ces situations, l'usage du biscuit n'est qu'éventuel et momentané, soit que les moyens de fabriquer du pain se trouvent épuisés, soit que, pour prolonger les ressources de ce genre de nourriture, il soit ordonné de faire alterner les distributions avec l'une et l'autre denrée. » — *Cours d'adm. milit.*, tome III, page 214.

Cette interprétation du professeur d'administration militaire est encore un *exemple de la différence entre ce qui se fait* et *ce qui devrait se faire*. Et elle confirme, comme on le voit, les appréhensions de l'hygiéniste, qui, de son côté, reconnaît l'immense avantage du biscuit, l'indispensable nécessité de son emploi et ne réclame nullement contre l'usage, mais seulement contre l'abus, non pas pour des expéditions lointaines et aventureuses, mais alors que, dans *les plus fertiles plaines du monde*, il serait possible de faire manger du pain.

« Lorsque des circonstances de guerre privent les hommes de pain frais et les forcent à faire constamment usage du biscuit, on remarque après deux ou trois jours de ce régime que la bouche se sèche, que la salive s'épaissit, que le corps maigrit peu à peu, que les digestions se font mal et que la diarrhée survient du 8ᵉ au 12ᵉ jour. Les hommes ont été trop longtemps privés de pain, notamment du 2 juillet au 10 août; ils étaient tellement dégoûtés du biscuit qu'ils le jetaient et que les Italiens venaient le ramasser avec des tombereaux. » — Dʳ BOYREAU, médecin-major au 26ᵉ de ligne.

« Si dans quelques moments de la campagne nous avons dû adresser des réclamations sur l'altération (moisissure), et sur la mauvaise manipulation du pain distribué à la troupe, nous devons dire, qu'autant que possible, l'administration s'est toujours empressée d'y faire droit et de remplacer le pain par du riz. Il serait à désirer que la ration de viande fût portée à 350 grammes et que l'alimentation du soldat fût un peu variée. » — Dr Carmouche, médecin-major au 100e de ligne.

« La diarrhée est fréquente en expédition quand les ravitaillements ne permettent pas de distribuer du pain à la troupe. Le biscuit, assez facilement digéré tant que l'organisme a encore toute sa puissance vitale, devient promptement une cause de diarrhée. Après la fatigue de quelques marches, les plus faibles sont d'abord éprouvés, et il faut peu de temps pour que son influence s'étende à tout le régiment. » — Dr Prieur, médecin-major au 3e chasseurs.

En Crimée. — « Enfin vers la fin de décembre on augmenta les rations réglementaires, particulièrement pour le service de tranchée; mais le pain fit longtemps défaut. Le 27 décembre le général Bosquet écrivait : « Les corvées pour le bois des fours sont parties d'autant plus gaiement que cela nous promet du pain, dont la 1re division n'a touché, pendant le mois de décembre, que les 7, 12 et 16, et la 2e division pas un seul jour, depuis la même époque. » — Fay, chef d'escadron d'état-major.

« Comme tous les pains sans levain, le biscuit est un aliment lourd, indigeste et même dangereux, si l'on en fait usage sans précaution. La pâte manque de légèreté parce qu'elle ne contient pas de ferment et parce qu'on s'est efforcé de la rendre compacte et anhydre. L'absence de sel est un obstacle à la digestion; car il est constaté que ce condiment, en contribuant à former dans l'estomac l'acide nécessaire à la dissolution des matières alimentaires, est un des agents les plus nécessaires à la conservation de la santé. Enfin, le danger de l'usage prolongé du biscuit tient à son avidité pour les liquides, dont l'absorption continue jusqu'à saturation complète de la pâte. Or, aucune substance alimentaire n'étant assimilable sans une dissolution préalable, il en résulte que le biscuit, dès qu'il s'est introduit dans l'estomac, s'empare d'abord du liquide qu'il y trouve; mais cela ne suffit pas, la membrane muqueuse sécrète alors des fluides qu'elle emprunte au sang; il en résulte immédiatement de la soif et la sécheresse de la bouche.

« Si la quantité du liquide fourni est encore insuffisante, une partie de l'aliment passe sans être digérée; de là amaigrissement, trouble des digestions, inflammation intestinale et diarrhée.

« En résumé, le biscuit produit dans l'estomac l'effet d'éponges sèches qu'on y introduirait; il s'empare de tout le liquide que cet organe peut fournir, trouble les fonctions digestives et empêche la digestion des autres aliments. » — D' SCOUTETTEN, médecin principal d'armée.

Si, comme on l'a remarqué en campagne, le soldat, après quelques jours de marche, jette parfois son pain ou son biscuit, l'on a donc trop facilement conclu que la ration réglementaire était suffisante. Comment se fait-il que des hommes, ayant dépensé une certaine somme de forces, aient l'idée de jeter les aliments qui doivent réparer ces forces? Là est la question; ces hommes jettent-ils leurs vivres parce qu'ils en ont trop ou bien est-ce l'appétit qui, faisant défaut, engage le soldat à diminuer une charge qui lui pèse? Jamais le soldat ne jette le pain non avarié et bien manutentionné, ni la bonne viande. D'ailleurs on comprendrait des caprices individuels, et, il faut en convenir, l'estomac est capricieux; les exemples qu'on pourrait citer ne sont pas rares; mais quand le caprice se généralise dans une division ou un corps d'armée, quand les monceaux de biscuit et de pain sont ramassés par tombereaux, par des indigents qui n'en mangeront certes pas quatre jours de suite, il faut bien voir autre chose qu'un caprice. — Se demande-t-on assez l'énormité des sommes dépensées ainsi en double perte, comme achat, manutention et transport?

En réalité, le biscuit, quoique de bonne qualité,

exige un effort digestif considérable, provoque la soif, et les hommes disposés à abuser boivent par provision ; la diarrhée survient inévitablement, et le soldat se plaint d'avoir la *diarrhée du biscuit*. Malgré les efforts incontestables du service administratif, il se présente souvent de nombreuses difficultés qui tiennent moins à l'absence de moyens d'exécution qu'à la trop grande multiplicité des attributions d'un seul fonctionnaire chargé de pourvoir à tout et ne pouvant y suffire. La critique est toujours facile et prompte, et si l'on a rencontré des stratégistes du lendemain, esprits nerveux et agités, qui au lieu de se féliciter de l'heureux résultat d'une bataille ne faisaient entendre que des MAIS plaintifs sur les circonstances qui auraient pu la faire perdre, nous avons aussi entendu critiquer amèrement les fonctionnaires de l'Intendance responsables de l'exécution du service des subsistances à l'occasion de la qualité et de la rareté des distributions de pain. Mais il en sera toujours ainsi, tant que le système administratif laissera dans les mêmes mains la direction et le contrôle, et nous ne cesserons de le répéter ; il ne faut pas accuser les hommes, ni exiger d'eux l'impossible avant d'avoir changé le système. On s'est félicité d'avoir mis des bouchers à la tête du service vivres-viande ; n'aurait-on pas eu à se féliciter du même succes, si des boulangers avaient eu la direction du service des vivres-pain et si chaque service avait son directeur spécial ?

On a critiqué, peut-être avec raison, l'établissement à Gênes et à Alexandrie de fours qui devaient fournir ensemble 80 000 rations de pain par jour, alors que ces deux villes du Piémont, ainsi que Suze et Turin, ne devaient servir que de lieu de passage aux troupes, et que la Lombardie, d'après le programme de l'Empereur, était évidemment le vaste champ des batailles à livrer. « On aurait dû, ajoute-t-on, à Gênes comme à Alexandrie, comme dans toutes les grandes villes, s'adresser d'abord et provisoirement aux boulangeries civiles qui auraient pu fournir au moins 50 000 rations de pain par jour (les boulangeries civiles de Gênes en fournirent à elles seules 30 000), ce qui aurait assuré alternativement aux divers corps de l'armée une distribution de pain, au moins tous les quatre jours. On a fait venir de France à Gênes des farines (du riz, comme si le Piémont et la Lombardie n'en produisaient pas assez pour toute l'Europe), du café, du sucre et l'on a encombré cette place de fourrages, d'orge, d'avoine et d'approvisionnements de toutes sortes, à ce point que cette abondance, forcément immobilisée dans les magasins par l'absence des moyens de transport, a renouvelé pour l'armée le supplice de Tantale, et n'a profité, après la conclusion de la paix, qu'aux divisions du corps d'occupation. »

Cette critique ne s'applique donc évidemment encore qu'au système qui assume trop de responsabilités diverses sur le même fonctionnaire, car elle constate le zèle et l'activité de ceux qui ont été chargés d'assurer en Italie l'alimentation d'une armée arrivant en même temps que la nouvelle de son départ.

On a fabriqué de grandes quantités de pain; mais le pain ne marchant pas, comme l'a fait observer l'intendant en chef, il n'a pu toujours arriver dans les délais de bonne conservation, et dans ce cas la troupe n'en a pas profité et la perte a été considérable. Ne serait-il donc pas possible de demander parfois à la viande qui marche de traîner une certaine quantité de pain? N'a-t-on pas des exemples de ce mode de ravitaillement dans les pays improductifs, soit en Russie, soit dans l'Amérique du Nord? On expédie des bœufs qui traînent en même temps que leur nourriture pour quelques jours des provisions pour les hommes. Arrivés à destination les bœufs sont abattus, les provisions consommées et les voitures même, construites assez grossièrement mais légèrement en forme de claies, sont débitées, corps, essieux et roues, comme rations de bois. Les habitants du Nord surmontent ainsi plus d'une difficulté : transporter de la viande, des provisions diverses pour les bœufs, pour les hommes et enfin du bois. Nous verrions, pour la plupart des cas, beaucoup moins de difficultés dans nos armées en Europe où il ne s'agirait que d'utiliser une force perdue. Il se présente naturellement des objections : 1° ce n'est pas l'usage ; 2° la viande de bœuf pour être de bonne qualité ne doit pas être échauffée ; 3° les bœufs libres passent partout, les bœufs attelés ne pourront suivre que les routes ; 4° que deviendront les voitures ? 5° le fournisseur de la viande s'accommodera-t-il de cette mesure, et les animaux travaillant ne perdront-ils pas de leur poids plus qu'en marchant en troupeau ?

1° Ce n'est pas l'usage : c'est vrai, mais ce n'est pas une objection. 2° La viande de bœuf pour être de bonne qualité ne doit pas être échauffée : le bœuf ne doit pas être pressé dans sa marche ; il est lent dans ses mouvements, ne supporte pas bien le travail pendant la forte chaleur et mange lentement. — D'après M. Dombasle, avec des bœufs bien entretenus et du poids moyen de 350 kilogrammes, on peut obtenir 9 heures de travail en deux attelées, et représentant les 4/5es du travail fourni par des chevaux de même taille. Ces bœufs traîneront un poids considérable de pain ; puisque les fourrages qu'ils consommeront peuvent être facilement assurés sur la route qu'ils doivent suivre et ils ne souffriront nullement. 3º Les bœufs attelés ne pourront passer partout et devront suivre les routes : c'est ce que font les autres attelages de l'armée, et il n'y a rien d'absolu dans nos propositions. Il n'est pas nécessaire que la viande qui doit être distribuée aujourd'hui soit comprise dans les attelages dont nous parlons, mais elle aura travaillé hier et rapproché les provisions du lieu où elles seront mises demain en distribution. 4º Que deviendront les voitures? Si ces voitures sont construites comme celles dont il vient d'être question, elles serviront de bois de cuisine et n'encombreront pas les routes par leur retour aux grands centres d'approvisionnement. 5º Cette mesure conviendra-t-elle au fournisseur de la viande? Le bœuf bien nourri, non surmené ne perd pas plus en travaillant qu'en marchant en troupeau, et cette question est d'un ordre tellement secondaire qu'elle ne peut avoir grande influence sur les clauses d'un marché à passer. Nous n'avons d'ailleurs pas la prétention d'avoir complétement résolu le problème, nous ne voyons que le moyen d'utiliser une force perdue et de faire traîner dans la plupart des cas une partie du pain par la viande.

De la viande. — L'intendant en chef de l'armée d'Italie pense non-seulement comme nous, mais encore comme beaucoup d'autres [1], que la ration de viande est insuffisante; il dit en effet : « De tous les aliments qui peuvent entrer dans la composition de la nourriture de l'homme de guerre, la viande de boucherie est celui qui entretient le mieux la santé et répare le mieux les forces. Aussi l'on peut affirmer que les dépenses faites pour améliorer cette partie du service des subsistances, se traduisent par des économies obtenues sur les journées d'hôpital, sans compter que les soldats bien portants, *parce qu'ils sont bien nourris*, restent dans les rangs à leur place de combat. » PARIS DE LA BOLLARDIÈRE, *Récit des opérations administratives*.... Voilà encore une vérité théorique qui devrait être admise dans la pratique.

« La soupe est, par excellence, l'aliment du soldat, mais la qualité de la soupe dépend beaucoup du cuisinier. La préparation laisse souvent à désirer, parfois le signal du clairon fait renverser la marmite et l'on ne peut attendre une cuisson complète; en campagne, ces jours néfastes sont assez communs. » — BAUDENS, inspecteur du service de santé.

---

1. « En temps de paix, la ration de viande n'est pas suffisante, elle devrait être de 300 grammes; cette quantité est surtout nécessaire aux jeunes soldats dont l'accroissement n'est pas terminé. » (Note ajoutée par le colonel PIERSON au rapport médical du 44ᵉ de ligne, 16 août 1860, camp de Châlons.)

Cette vérité n'est pas assez comprise par ceux qui prétendent que les soldats, avec les rations qui leur sont distribuées, sont mieux traités que les quatre cinquièmes de la population en France; cela pourrait être si l'art culinaire était connu dans l'armée, mais en campagne le soldat fait le plus souvent la soupe avec le même entrain qu'il fait ses deux heures de faction.

Pourquoi n'utiliserait-on pas plus généralement la viande des chevaux tués par l'ennemi? Nous avons mangé de la viande de chameau et de la viande de cheval, et véritablement, il n'y a pas de si grande différence entre ces animaux et le bœuf, que le préjugé ne puisse permettre au besoin de remplacer souvent l'une par l'autre[1].

---

1. Voir notre statistique, p. cxxxvi, pour les autres questions qui se rattachent à l'hygiène : salaisons, vin, eau-de-vie, café, propreté, chaussures, casernement, miasme humain.

DIRECTION, CONTROLE ET COMPÉTENCE

L'auteur de l'*Armée française en* 1867, rend hommage à la vérité en disant : « L'administration militaire française est parfaitement honorable, la plus honorable de toutes les administrations d'armée en Europe. Justice entière est due à son zèle et à ses efforts, mais elle n'a pas été constituée en vue des besoins de la guerre où, à quelques égards, elle fonctionne à contre-sens. Pendant la campagne d'Italie, nos divisions ont souvent manqué de pain, dans l'une des contrées qui en produisent le plus.... Le biscuit manquant également, on remplaçait l'un et l'autre par la farine de maïs (la Polenta), qu'apprécient les paysans indigènes, mais que repoussaient nos soldats et dont ils ne savaient pas tirer parti. »

Cette critique ne s'adresse toujours ici qu'au système administratif, puisqu'elle rend justice entière aux efforts de ceux qui sont chargés d'en faire l'application. Et après avoir reconnu « les difficultés sans nombre qu'entraîne une armée perpétuellement en marche, les besoins sans cesse renaissants et les nécessités inattendues de toutes sortes qu'il faut prévoir et auxquelles il faut obvier sans retard, » nous ne pouvons nous dissimuler que les impossibilités administratives dont on se plaint si souvent, dépendent précisément du système imposant des attributions réellement trop multiples, trop étrangères les unes aux autres à des fonctionnaires qui déploient tout ce qu'ils ont d'énergie pour faire face aux exigences impérieuses des moments difficiles et qui, contrairement aux principes administratifs, réunissent à une direction administrative déjà trop complexe le contrôle qui, à lui seul, réclamerait tout leur temps.

Des intendants blâment eux-mêmes la situation et reconnaissent les impossibilités qu'elle doit présenter à l'exécution bonne et prompte du service. Aussi ne saurions-nous invoquer une meilleure appréciation que celle des hommes les plus considérés de l'Intendance : « Il y a une anomalie qui nous a toujours frappé, dit l'intendant Vauchelle, c'est surtout dans les divisions actives qu'un directeur des services réunis vivres-pain, vivres de campagne et fourrages » (et il faudrait un directeur pour chaque service spécial),

« devrait être placé, pour seconder l'impulsion donnée par le sous-intendant, et soulager ce fonctionnaire d'une foule de détails de surveillance que la multiplicité de ses devoirs lui rend trop fatigants, ou l'oblige même quelquefois à négliger. »

L'intendant en chef de l'armée d'Italie est encore plus précis pour affirmer les bons résultats de la compétence et les facilités qu'une direction spéciale donne au contrôle. « Ces principes, dit-il, ont dirigé l'administration dans la constitution du service des vivres-viande de l'armée d'Italie. Un marché a été passé avec une compagnie de marchands bouchers, tous Français, et qui offraient toutes les garanties de *capacité pratique* et de solvabilité..... Par ces procédés TRÈS-SIMPLES, *le service a été bien fait et la troupe a été bien servie*. L'administration a été délivrée des mécomptes et des méfaits, conséquences regrettables de la gestion directe, en même temps qu'elle préparait, pour cette dépense qui ne s'est pas élevée à moins de trois millions par mois, une liquidation facile, rapide et exempte de difficultés et de soupçons. »

Pourquoi donc ces principes ne dirigeraient-ils pas l'administration dans la constitution de tous les services qui réclament la *capacité pratique*? On obtiendrait pour tous d'aussi bons résultats et l'on simplifierait singulièrement le travail des administrateurs. En effet, comme le dit encore un intendant : « Demander dans l'état de guerre et en campagne tout ce qui se demande dans l'état tranquille et commode de la paix, c'est ne vouloir rien d'exact ni de vrai. Demander moins, beaucoup moins, demander seulement le possible, et faire que ce peu suffise, non-seulement pour donner les renseignements nécessaires, mais pour les donner sincères et réguliers : voilà un problème qui est encore à résoudre et dont la solution nous paraît partout susceptible d'être obtenue par des combinaisons fort simples.

« .... Nous nous serions étrangement abusé, si nos propositions n'obtenaient pas quelque faveur auprès des fonctionnaires qui ont l'expérience du service en campagne, car elles auraient, à notre avis, pour effet certain : de réduire au plus strict nécessaire le travail de bureau que l'administration emploie dans les armées; de faire que la partie active de l'exécution matérielle des services profiterait de tout le temps qu'on a jusqu'ici dépensé à écrire en ronde et en bâtarde, pour remplir des colonnes de registres, et dresser des bordereaux et des comptes plus ou moins inexacts ; de faire cesser cet état de fatigue, et quelquefois même de mensonge, pour substituer des justifications plus vraies, plus commodes et régulières.

« C'est dans les divisions actives que se rencontrent et se renouvellent à tout instant toutes les difficultés, toutes les exigences du service actif, et plus particulièrement de celui des subsistances : — réquisitions à faire rentrer, — réceptions, — manutentions, — distributions, — expéditions; toutes ces choses veulent être ordonnées, faites et surveillées à la fois, et combien d'autres à côté d'elles, en même temps qu'elles, réclament la présence et le travail personnel du sous-intendant militaire ! Ce sont, en effet, les hôpitaux et les ambulances à surveiller, les convois et les évacuations à organiser, les faits ou accidents de toute sorte à constater; ce sont des ordres urgents à recevoir et à transmettre, des revues à passer, des inventaires à faire; c'est le général de division à accompagner dans ses marches et jusque sur le champ de bataille, pour veiller aux soins et à l'enlèvement des blessés, etc. Où et quand ce fonctionnaire trouvera-t-il le temps matériel nécessaire pour suffire à tant de devoirs, même avec le secours de son adjoint [1] ?»

S'agit-il de la réunion de la direction et du contrôle dans les mains du même fonctionnaire ? On trouvera tout naturel que nous ne reproduisions pas les principes les plus vulgaires d'une sage

---

1. Vauchelle, *Cours d'administration*, tome III, pages 36, 136 et 139.

administration, ni les appréciations d'un intendant à ce sujet (voir page 64 de nos Considérations générales).

Est-il question de la compétence ou de l'aptitude administrative? Ne peut-on se demander si le mobile qui pousse un officier à renoncer à ses épaulettes pour entrer dans l'Intendance est toujours « l'expression d'une aptitude spéciale, d'études spéciales, changeant ou faisant naître la vocation, et s'il n'y a peut-être pas les convenances personnelles, une carrière plus commode, aboutissant à des positions plus élevées auxquelles on peut arriver plus sûrement et plus promptement. » Ne peut-on dire ensuite, toujours avec l'intendant Vauchelle, que « lorsqu'on aura considéré l'étendue, l'importance et les difficultés des devoirs imposés à l'Intendance militaire dans l'état de paix et plus encore dans l'état de guerre, on ne pourra persister de bonne foi à méconnaître, à contester la nécessité d'une éducation spéciale, d'une instruction forte et variée, dans les sujets destinés à recruter ce corps? »

On comprend, en effet, qu'on n'est pas administrateur parce qu'on a le désir de l'être. Ces changements subits de vocation qui, d'un officier, font du jour au lendemain un administrateur, nous conduisent à parler d'une situation dont un intendant général a cru devoir entretenir le Corps législatif. « On reproche au corps de l'Intendance, a-t-il dit, sa forte hiérarchie, ses attributions, sa compétence.... Messieurs, ces clameurs sont inévitables; on se plaindra toujours des corps du contrôle. Il n'y a pas de nécessité, d'ailleurs, à ce que les corps du contrôle soient aimés; mais il est nécessaire qu'ils soient estimés ou qu'ils disparaissent. » Cette interprétation est-elle complétement exacte? Ne serait-on pas plus près de la vérité en supposant qu'il en est du contrôle pour l'armée en général, comme de la direction pour le service médical et divers services administratifs? — Pour l'armée, est-ce réellement le contrôle qui produit l'effet dont on exagère la signification? n'est-ce pas plutôt la position hiérarchique du contrôleur, d'un grade assimilé souvent inférieur à celui de l'officier contrôlé; de même que pour le corps médical, ce n'est pas la direction qui froisse, c'est le directeur étranger au métier et aussi presque toujours d'un grade assimilé inférieur à celui du médecin qui reçoit ses ordres? — Au point de vue militaire, la discipline de l'armée reposant sur la subordination absolue des grades, n'est-ce pas une infraction hiérarchique que ne justifie pas suffisamment *la délégation du ministre*, et qui, à tous les degrés, peut donner lieu à des conflits que fait prévoir le parallélisme des deux hiérarchies établies pour le combattant et l'administrateur? Un général de division fait porter ses ordres aux généraux de brigade par un aide de camp, ou un officier d'ordonnance d'un grade même très-inférieur, mais il ne délègue pas ses pouvoirs, tandis que « l'intendant de l'armée, comme *délégué du ministre*, peut déléguer aux adjoints à l'intendance les fonctions de sous-intendant militaire, et leur confier, à ce titre, certains postes secondaires qui exigeraient la présence d'un fonctionnaire de l'Intendance. — Ainsi, de délégation en subdélégation, le ministre peut se trouver représenté par un adjoint à l'Intendance, c'est-à-dire par un officier du grade de chef de bataillon ou de capitaine. Ce qui, malgré des froissements, paraît possible pour le fonctionnement administratif civil qui ne présente d'ailleurs pas autant de degrés de subdélégations, ne peut être que défavorable aux exigences impérieuses de la discipline militaire. — Au point de vue médical, l'infraction n'est-elle pas, de plus, une faute qui enlève tous les droits à la compétence et fait disparaître les avantages qui résulteraient de son action et de son initiative.

Que chaque service spécial ait un directeur compétent, présentant toutes les garanties de capacité pratique, recevant les ordres du général par son chef d'état-major, les transmettant à toute sa hiérarchie et soumis à un contrôle sévère. —

Si ce directeur n'est pas honnête, que les conseils de guerre en fassent justice. — Que tous les services soient contrôlés, comme exécution, par des intendants subordonnés au commandement, et toujours d'un grade assez élevé pour que le contrôle ne soit pas blessant, et, comme comptabilité, par des inspecteurs de l'ordre civil, nommés par le ministre de la guerre, sur la proposition du ministre des finances. — Devant cette délégation, plus de froissements, plus de conflits, plus d'infractions hiérarchiques.

En définitive, le malaise dont on parle pourrait bien n'être que de la jalousie motivée ou non parmi les officiers de l'armée et même aussi parmi les fonctionnaires civils du ministère de la guerre. Les uns apprécient désagréablement l'avancement rapide ou même la préséance de leurs anciens collègues ou de leurs subordonnés d'hier; les autres se croient lésés en voyant de hauts emplois échapper à leurs espérances et à leur expérience administrative. Les uns prétendent « que l'opinion de l'armée sur l'Intendance est que ceux qui se tuent ont su se faire une position bien supérieure à celle de ceux qui se font tuer. » Les autres disent avec le général Bardin « que les intendants, sortis du commissariat et de l'inspection aux revues, ont, en naissant, achevé de tuer leurs parents. Mais que comme le phénix renaît plus jeune et plus vigoureux de ses cendres, ils sont arrivés au monde mieux conformés, plus puissants, mieux dotés; leur habitation a été meilleure; ce sont eux qui l'ont construite; leurs fonctions ont été plus prépondérantes; ce sont eux qui en ont tracé les règles; le ministère de la guerre est devenu leur quartier-général : ils en ont fait leur métropole; l'administration est devenue une alchimie dont ils peuvent seuls manier les alambics. »

Si le contrôle, comme on le voit, reste bien étranger à ces récriminations, est-ce lui qui provoque le désaccord bien connu du corps médical avec l'Intendance? Non; la situation ne peut être attribuée au contrôle puisque le médecin n'a, jusqu'ici du moins, à justifier d'aucune dépense, et d'ailleurs, c'est Percy, c'est Larrey qui ont fait entendre les premières réclamations. C'est Larrey, auquel l'empereur Napoléon Ier a légué 100 000 francs, comme à l'homme le plus vertueux et le plus honnête qu'il ait connu. — Cette mésintelligence presque séculaire ne mérite-t-elle pas d'être prise en considération? Larrey était-il un ambitieux? Qu'avait-il à désirer comme considération! Son nom, aussi illustre que celui de nos plus illustres généraux, se rattache à tous nos triomphes comme à tous nos glorieux revers; sa sollicitude pour les blessés est gravée en lettres d'or. Que réclamait-il donc? Était-ce l'indépendance? Pas le moins du monde; dans une armée personne ne doit et ne peut être indépendant. Il ne réclamait et, aujourd'hui encore, personne ne réclame que les droits légitimes et si profitables pour tous de la compétence.

Pour faire trancher la question, il n'a manqué à LARREY que des chiffres à opposer aux théories, et, il faut bien le dire à sa justification, il n'avait ni le temps ni les moyens de rassembler ces chiffres. Les mouvements des armées étaient incessants, les besoins impérieux du moment ne laissaient aucun loisir aux médecins d'armées et enfin la statistique médicale militaire n'avait pas encore fait ses premiers essais. Les médecins pouvaient bien faire entendre leurs voix, mais le bruit du canon, le retentissement de la victoire, l'importance et la gravité des situations, les idées trop facilement admises sur l'*impossibilité* d'éviter les pertes énormes que devait fatalement entraîner la guerre, ont détourné les meilleurs esprits des études économiques appliquées à la conservation d'une armée; le système a survécu, le contrôle a été placé dans les mêmes mains que la direction, et le médecin militaire est resté classé parmi les agents d'exécution.

Aujourd'hui, la comparaison des pertes de l'armée française avec celles des armées étrangères qui ont confié la direction des ambulances et des hôpitaux et l'hygiène générale à la compétence incontestable du médecin, ne laisse aucun doute sur les résultats qu'on devra désormais obtenir suivant la réglementation qui prévaudra pour l'organisation du service de santé militaire.

BLESSURES EN GÉNÉRAL [1]

> « Il faut que la science qui peut sauver les hommes soit aussi avancée que celle qui s'ingénie à les détruire. »

Les blessures de guerre présentent tous les degrés de gravité, depuis la plaie superficielle qui, loin d'arrêter le combattant, l'enivre et l'excite, jusqu'aux lacérations les plus profondes et les plus étendues, jusqu'aux lésions qui foudroient ou qui sont presque immédiatement mortelles. — Le champ de bataille, pendant et après l'action, présente un tableau émouvant qui échappe à toute description, aussi n'en parlerons-nous qu'au point de vue qui nous occupe : — çà et là, des hommes seuls ou soutenus par un camarade s'éloignent du rang ; d'autres, assis dans un repli de terrain, au bord d'un fossé, essuient le sang qui sort de leurs blessures et cherchent à en reconnaître la gravité. Quelques-uns, atteints aux

---

1. Voir pour plus de détails, notre *Statistique médico-chirurgicale de la Campagne d'Italie*, t. II, p. 287 à 846.

membres supérieurs, au cuir chevelu, à la face, se dirigent vers une ambulance; tandis que ceux qui sont blessés aux membres inférieurs sont forcés d'attendre l'arrivée des secours. On aperçoit quelques hommes étendus immobiles sur le sol, quelquefois la face au ciel et les yeux ouverts; le sang inonde la figure des uns frappés au crâne, et rougit le terrain; d'autres, atteints au cœur, ne présentent aucune souillure de sang, Bientôt les blessés et les tués apparaissent plus nombreux; on les compte par groupes plus ou moins rapprochés, plus ou moins compactes, suivant l'énergie de l'effort ou de la résistance. — La ligne de combat s'avance, veut-on la suivre? Des uniformes étrangers sont mêlés en plus ou moins grand nombre à ceux qu'on avait remarqués jusque-là. — Les proportions et les émotions du tableau changent comme celles des combattants: des mourants se tordent dans les angoisses de l'asphyxie par hémorrhagie interne, ou dans les convulsions de l'agonie; quelques-uns crient, demandent qu'on s'occupe d'eux, et si le blasphème, provoqué par la douleur, l'impatience ou l'inquiétude, est dans quelques bouches, le courage résigné ou exalté du plus grand nombre impose l'admiration. — L'aspect des morts, des mourants et des blessés, l'ordre dans lequel ils sont tombés, indiquent, à ne s'y pas tromper, l'importance des épisodes du combat, la succession des mouvements et les obstacles surmontés. Là, une ligne de tirailleurs a engagé à distance un feu peu meurtrier; ici il y a eu rencontre à la baïonnette, mêlée, lutte corps à corps; plus loin, l'entassement des victimes donne l'idée de l'acharnement et du temps employé pour s'emparer de la position. A droite, des chevaux et des cavaliers abattus, mêlés à des fantassins, marquent le passage d'une charge de cavalerie. Les côtés d'un carré ou une ligne d'infanterie restent indiqués sur le terrain; et, sur plusieurs points, des hommes coupés en deux ou présentant d'horribles mutilations, les uns sans tête, les autres la poitrine ou le ventre largement ouverts; des membres épars, des chevaux éventrés, un désordre plus apparent dans le désordre général, racontent un combat d'artillerie et permettent même de distinguer les effets des boulets et ceux de la mitraille. — Partout, les phases diverses de la journée restent écrites en blessés ou en cadavres, et l'on peut recueillir des renseignements certains pour l'histoire, car la position exacte des régiments, des brigades et des divisions se retrouve partout où ils ont combattu.

C'est au milieu du tumulte, du bruit, de la fumée et sous le feu de l'ennemi que le médecin de régiment donne les premiers soins à quelques hommes qui se trouvent à sa portée; mais pour suivre son régiment, il est obligé de laisser beaucoup de blessés qui attendent pendant de longues heures qu'on vienne les relever : car quelques-uns seulement peuvent se rendre aux ambulances qui s'approchent aussi rapidement que possible le plus près du lieu du combat en suivant à distance les mouvements des divisions. Malheureusement, le personnel médical des premiers secours est notoirement plus qu'insuffisant. « Apportés à l'ambulance, les blessés attendent là encore trop longtemps des secours, et il en est qui succombent avant qu'il ait été possible de s'occuper d'eux, ainsi que le signale le médecin en chef de l'ambulance du quartier-général du 1er corps, à Montebello. « Que peuvent en effet trois ou quatre médecins en présence de 7 ou 800 blessés gravement atteints, et d'un nombre aussi considérable d'autres blessés qui ne réclament qu'un simple pansement pour rejoindre aussitôt leur drapeau? Parmi ceux qui restent aux ambulances, beaucoup ont des plaies compliquées de fractures qui exigent un examen sérieux, l'extraction de balles ou de corps étrangers, quelques-uns une amputation immédiate, une opération plus ou moins longue, nécessitant le concours de deux aides momentanément enlevés aux autres blessés qui attendent : tous ont besoin d'un pansement qui, *bien ou mal fait, assurera ou compromettra* leur existence ou la conservation de leurs membres mutilés. L'humanité, la charité, les intérêts du pays, ceux du Trésor sont engagés dans cette question.

Ici, c'est Cafte, du 1er zouaves, qui, dans les angoisses d'une asphyxie imminente, retient longtemps occupés près de lui les médecins de l'ambulance; il s'agissait d'une balle logée dans le cartilage thyroïde et qu'il fallait extraire sans délai pour sauver la vie du blessé.

Là, c'est Sauron, du 17e bataillon de chasseurs à pied, qui va mourir étouffé dans d'atroces convulsions, si l'on ne vient immédiatement à son secours. Une balle lui a fracturé comminutivement le maxillaire inférieur, et de nombreuses esquilles enfoncées sous la langue doivent être extraites sur le champ pour mettre un terme à la suffocation.

Les blessures les plus nombreuses sont, comme il est facile de le comprendre, celles produites par les balles; viennent ensuite, dans l'ordre de fréquence, celles de la mitraille, boîtes à balles, éclats de projectiles creux; les plaies par coups de baïonnette, de sabre, de lance; les blessures par boulet, généralement les plus graves, offrent néanmoins, comme nous le verrons, des exemples d'innocuité. Nous parlerons des blessures par fusées de guerre et des blessures accidentelles indépendantes du feu de l'ennemi; enfin, pour tâcher de ne rien omettre, nous dirons de suite et pour n'y plus revenir ce que nous savons des blessures volontaires, tout à fait exceptionnelles, et qu'on ne peut citer heureusement que comme un exemple des aberrations dues aux émotions chez certains esprits faibles. Nous n'avons qu'un seul fait à produire d'après le rapport médical du 15ᵉ de ligne : le nommé B...., soldat de ce régiment, s'est tiré volontairement un coup de pistolet dans le mollet droit, à Pozzolengo, et prétendit avoir été blessé pendant une attaque par quatre Autrichiens. Le fait étant reconnu faux, cet homme, après guérison, a été envoyé à une compagnie de discipline en Afrique.

Si les blessures observées sur les Autrichiens dans nos ambulances ou nos hôpitaux ont généralement paru plus graves que celles que présentaient les Français, cela tient : 1° surtout à ce que nos ambulances n'ont reçu en réalité que ceux des blessés autrichiens qui, gravement atteints, n'ont pu se retirer du champ de bataille, ou n'ont pu être relevés par les ambulances autrichiennes ; 2° à la puissance plus considérable de nos projectiles.

Le grand nombre de mutilations des mains s'explique par la nature des combats ; partout, la défense abritée dans des maisons, des fermes, des cimetières, derrière des murs, des retranchements, exigeait, de la part des assaillants, des escalades, des bris de portes, et les mains ont été plus exposées à l'action des projectiles.

Dans les feux à distance, les parties inférieures du corps sont plus souvent atteintes que les supérieures, parce que indépendamment des projectiles directs, elles sont particulièrement frappées par des balles ou boulets de ricochet. Dans les mêlées, ce sont au contraire les parties supérieures et centrales qui sont touchées.

Dans l'entraînement du combat, quelques hommes n'ont pas conscience de leurs blessures et continuent à marcher; d'autres éprouvent dans les premiers moments des sensations diverses sans se rendre bien exactement compte de la cause qui les produit; les uns, atteints par une balle, croient avoir été heurtés par un voisin; d'autres supposent avoir fait un faux pas; il en est qui disent avoir cru recevoir un coup de pied :

Ainsi, Valat, du 8ᵉ d'artillerie, au moment où il chargeait sa pièce, le poids du corps portant sur le membre inférieur gauche fléchi, reçoit une balle qui lui fracture le col du fémur et ne produit sur lui que la sensation d'un choc violent; il continue le mouvement commencé, et, ce n'est qu'en voulant se redresser qu'il chancelle et évite une chute en prenant un point d'appui sur un arbre.

Une balle peut pénétrer assez profondément dans les tissus sans percer le vêtement ou la chaussure, et elle tombe en exerçant une légère traction sur le drap ou le cuir poussé devant elle.

Dans la plupart des régiments, on compte beaucoup d'officiers et quelques sous-officiers ou soldats en activité de service quoique ayant été atteints de blessures plus ou moins graves ; la perte d'un ou plusieurs doigts, d'honorables cicatrices, n'apportent le plus souvent qu'une gêne momentanée ; c'est ainsi qu'on voit, dans certains régiments, quelques hommes que d'anciennes blessures rendent respectables aux yeux de tous ; mais après la campagne d'Italie, il s'est présenté un cas assez rare que nous croyons devoir signaler :

Le nommé LABBÉ, Alphonse-François, caporal au 6e de ligne, a reçu, à Solférino, un coup de feu au bras droit. L'humérus a été fracturé. Après consolidation de la fracture, le blessé souffrait encore ; il est rentré dans la vie civile, avec une gratification renouvelable ; bientôt un travail inflammatoire a favorisé l'extraction d'une esquille ; la guérison a été prompte et complète, et Labbé est rentré au service.

Quelques officiers blessés, les uns ne pouvant suffire aux exigences du service actif, les autres ayant perdu un membre ou l'usage d'un membre, sont placés dans des positions sédentaires ; d'autres obtiennent des bontés de l'Empereur des recettes, des perceptions qui améliorent leur position de retraite.

SIÉGE ET FRÉQUENCE DES BLESSURES.

Nous ne citerons dans ces extraits qu'un seul régiment comme exemple.

BLESSURES EN GÉNÉRAL. 197

72ᵉ RÉGIMENT DE LIGNE.

486 blessés : 19 officiers, 32 sous-officiers, 345 caporaux ou soldats.

115 tués : 5 officiers, 8 sous-officiers, 102 caporaux ou soldats.

72ᵉ RÉGIMENT DE LIGNE.

SIÉGE DES LÉSIONS.	Blessés.	Tués.	Morts ultérieurement.	Retraités.	Réformés avec gratification.
Crâne	35	62	7	1	»
Face	14	»	1	4	»
Région cervicale	8	3	»	»	»
Thorax	48	34	10	3	1
Abdomen	22	15	4	1	»
Bassin	9	»	»	»	1
Région scapulo-humérale	24	»	2	1	»
Bras	40	»	6	4	2
Région huméro-cubitale	»	»	»	1	»
Avant-Bras	32	»	1	10	2
Main	41	»	1	10	11
Cuisse	95	1	15	5	6
Région fémoro-tibiale	»	»	»	2	»
Jambe	84	»	9	12	5
Région tibio-tarsienne	24	»	»	»	»
Pied		»	»	4	1
Indéterminées	10	»	»	»	»
	486	115	56	58	29

Indépendamment de ces 486 blessés hospitalisés, 73 hommes légèrement atteints sont restés au régiment avec une interruption de service d'un jour ou deux, quelques-uns sans interruption; dans ce cas se trouvent : 2 officiers, 10 sous-officiers et 61 caporaux et soldats.

Blessures multiples. — Un assez grand nombre d'hommes présentent des blessures multiples par balles ou mitraille et surtout par coups de sabre. Il n'est pas rare de voir le même homme avec deux ou trois blessures reçues à la même affaire; nous ne citerons que quelques exemples parmi les survivants :

CHAUZI, François, des zouaves de la garde, présente six blessures reçues à Melegnano : 1 coup de feu à l'avant-bras gauche, fracture comminutive du cubitus; — 1 second au côté droit de la poitrine, la balle n'a pas pénétré et a contourné le thorax; — 1 troisième à la cuisse gauche, séton; — 1 quatrième à la cuisse droite, plaie grave; — et 2 coups de baïonnette à la cuisse gauche.

DEBRUINE, Philippe, du 23e de ligne, est atteint de cinq blessures : 1 coup de feu à la cuisse gauche, fracture du col du fémur; — 1 second à la main gauche, plaie déchirée; — et 3 coups de sabre, à la tête, à la main et à l'épaule.

POUNT, Laurent, sergent-major au 98e de ligne : 1 coup de feu à la cuisse gauche, séton; — 2 autres à la cuisse droite, sétons; — 1 quatrième au flanc droit, séton; — et 3 coups de baïonnette à l'épaule droite, au bras et au coude droits.

MÉNAGE, Victor, capitaine au 72e de ligne : 1 coup de feu au bras gauche, fracture comminutive; — 2 autres à la face et au cou; — 1 quatrième à la jambe gauche; — et 1 cinquième à la cuisse droite, fracture du fémur, amputé.

CHIGOT, Jean, du 15ᵉ de ligne : 2 coups de feu à la jambe gauche, fractures du tibia et du péroné au tiers supérieur et au tiers moyen ; — et 5 plaies contuses au bras droit et à la cuisse droite, par mitraille.

THÉPAUT, Gabriel, du 15ᵉ de ligne : 1 coup de feu à la jambe gauche, fracture comminutive au tiers moyen ; — 1 second à la même jambe, séton à la partie supérieure ; — 1 troisième au mollet droit, séton profond ; — 1 quatrième à la cuisse droite, séton ; — et 1 cinquième au talon droit, plaie contuse.

DECRÉ, Louis, du 73ᵉ de ligne : 9 coups de sabre : — 4 à la tête, lésion du pariétal ; — 1 à la main droite ; — 1 à la main gauche ; — 2 aux épaules ; — et 1 au genou.

LOISEAU, Jules, du 3ᵉ chasseurs d'Afrique : 6 coups de sabre : — 4 à la tête ; — 1 au coude ; — et 1 à la main.

CHARBONNEAU, François, du 15ᵉ de ligne : 1 coup de feu à la main gauche, fracture du médius ; — 1 second à l'aisselle droite et au bras avec fracture de l'humérus ; — 1 troisième à la partie inférieure du bras droit ; — 1 quatrième au coude, sortant à la partie moyenne de l'avant-bras gauche ; — 1 cinquième à l'épaule droite, avec fracture de l'omoplate ; — et 1 coup de baïonnette à l'avant bras droit.

✴ BESLOIN, Auguste, du 4ᵉ chasseurs à cheval, compte neuf blessures reçues à Magenta : 1 coup de sabre sur l'arcade sourcilière droite ; — 7 coups de sabre à la face, aux cuisses, au dos et aux lombes ; — et 1 coup de feu à la main droite.

FATY, Bruno, capitaine au 52ᵉ, a reçu à Magenta : 1 coup de feu à la jambe gauche ; — 1 contusion au dos, par la chute d'un tronc d'arbre abattu par un boulet ; — 1 coup de sabre au côté gauche de la tête ; — 1 coup de baïonnette traversant l'œil gauche, de la partie externe à la partie interne et fracturant l'orbite.

Sans, Félix, musicien au 71ᵉ, est atteint à Magenta de blessures diverses : — 1 coup de feu à l'avant-bras droit, plaie contuse ; — 1 coup de sabre à l'avant-bras gauche ; — 1 autre coup de sabre à la main gauche ; — et 1 coup de lance à la partie supérieure de la poitrine.

Lebigre, Alphonse-Albert, du 3ᵉ chasseurs d'Afrique : 15 coups de sabre : — 6 à la tête ; — 6 à la main droite ; — 2 à la main gauche ; — et 1 au cou. Fait prisonnier. (Pour plus de détails voir notre *Statistique*.)

Blessures remarquables. — Il est de la plus grande importance que ce soit le médecin, muni de tous les moyens de soulagement, qui porte, sur le champ de bataille, des secours immédiats aux blessés, qui préside à l'enlèvement des victimes, et non le sous-intendant conduisant une compagnie légère du train ; le simple bon sens le dit, et personne ne fera au médecin militaire l'injure de croire qu'un sous-intendant, *par sa présence, peut exalter le dévouement médical, peut l'animer par son zèle et encore moins le diriger par son intelligence*, c'est prêter réglementairement[1] à l'un le prestige qu'il n'a pas, qu'il ne peut avoir, pour refuser à l'autre l'initiative, le zèle et l'intelligence que toute l'armée proclame. Cela se peut-il, cela ne froisse-t-il

---

1. Art. 136 du *Règlement sur le service en campagne*. — Discours de M. l'intendant général Darricau au Corps législatif, 15 juin 1865.

pas la dignité du corps médical tout entier ? Mais laissant de côté la question d'humanité et le but qu'on se propose, ne faut-il pas être compétent pour distinguer la mort *réelle* de la mort *apparente*, reconnaître l'homme évanoui qui reprendra peut-être ses sens au milieu de la nuit, ne sachant où il est, et se croyant abandonné à côté des cadavres qu'il appelle vainement à son secours ? Ne faut-il pas souvent, pour sauver la vie, arrêter sans délai une hémorragie, faire une opération pour éviter l'asphyxie ? Ne faut-il pas combattre un évanouissement dont la prolongation peut être funeste ? Ne faut-il pas enfin donner des instructions du métier pour rendre le transport des blessés moins douloureux et moins compromettant ? Le blessé ne fait pas partie du matériel ; il ne peut être relevé comme on relève les sacs, les shakos, les armes, et les effets que l'administration est chargée de faire enlever du champ de bataille pour les mettre en magasin.

Profitons de cette occasion pour dire un mot de la stupeur qui s'observe assez généralement après les blessures par armes à feu. La stupeur, effet de l'ébranlement, de la commotion, se dissipe plus ou moins promptement ; mais en se prolongeant elle peut amener la mort lorsque ses effets se généralisent. Il y a immédiatement trouble des sens, prostration générale, décoloration des tissus, sueurs froides, relâchement des sphyncters, diminution de la force d'impulsion du cœur, et par suite suspension d'une hémorragie jusqu'au moment de la réaction. En effet, de gros vaisseaux lésés peuvent momentanément ne pas donner lieu à une hémorragie, comme cela arrive le plus souvent tant que dure la stupeur ; l'attrition commune à tous les tissus et aux artères produit sur ces dernières une sorte de rétraction ; les tuniques internes se renversent en dedans, rétrécissent le calibre du vaisseau et permettent la formation d'un caillot obturateur qui suffit pendant un temps pour résister à l'impulsion amoindrie de la circulation. Mais, que la stupeur se dissipe, que la réaction survienne et que des mouvements convulsifs, des efforts de vomissement se présentent comme cela a souvent lieu, ou d'autres mouvements tels que ceux que nécessite le transport des blessés, soit pour les placer sur un brancart, sur un cacolet ou sur une voiture, le caillot obturateur cède à l'impulsion plus vive du sang, l'hémorragie apparaît et enlève le blessé sous les yeux impuissants d'un fonctionnaire de l'Intendance et de soldats du train. Où sont ces ambulances volantes créées par Percy et Larrey? où sont ces quarante médecins par ambulance divisionnaire accourant sur le champ de bataille, du temps de Ravaton, se répandant derrière les colonnes et portant leurs secours empressés ? elles se réduisent à une section d'ambulance composée d'un ou deux médecins, détachés momentanément de l'ambulance qui reste pour son fonctionnement laborieux réduite elle-même à un ou deux médecins au plus.

Nous n'insisterons pas sur l'urgence d'une réforme radicale, il nous faudrait rappeler de tristes souvenirs et dire combien d'hommes considérés comme morts, sont restés sur le terrain et ont succombé avant de recevoir les soins qui les auraient conservés au pays. On objecte que le personnel médical des ambulances, trop restreint, ne permet pas de l'engager à la suite immédiate des colonnes et qu'il ne suffit même pas à l'ambulance, aux soins à donner aux blessés un jour de bataille. La réponse est bien simple : il faut doubler, tripler ce personnel, et faire que le recrutement du corps médical s'opère avec le même empressement que celui des écoles militaires. Le secret n'est pas à trouver, il suffit de vouloir.

Nous pourrions parler ici des blessures de la tête, de celles de la poitrine, des effets plus ou moins prolongés de la commotion, mais nous croyons avoir suffisamment indiqué la nécessité de l'intervention compétente du médecin d'armée, et l'inutilité flagrante de celle d'un fonctionnaire incompétent. Aussi sans aborder, en ce moment, la question des nombreuses blessures qui exigent des soins prompts, immédiats, et sans chercher à accumuler les preuves, citons sans commentaires quelques faits inscrits dans le rapport d'un médecin, d'un seul médecin du 17e bataillon de chasseurs à pied, et faisons-les suivre par quelques exemples remarquables de lésions de la face et du cou, pris dans la série des blessures les plus rares et seulement parmi ceux qui ont échappé miraculeusement à la mort.

« Pendant la campagne d'Italie, en 1859, dans les différentes affaires auxquelles j'ai assisté avec mon régiment, comme médecin-major, j'ai eu plusieurs fois occasion de remarquer que beaucoup de blessés avaient succombé sur le champ de bataille à la suite d'hémorragies artérielles résultant de blessures peu graves :

« Ainsi, à Montebello, pendant que je pansais le commandant Lacretelle, atteint d'un coup de feu qui, en lésant une branche de l'artère fémorale, avait déterminé une hémorragie abondante, à quelques pas de moi mourait un soldat près duquel j'étais appelé aussi et qui avait reçu une balle faisant simplement séton au tiers supérieur et postérieur de la jambe droite. J'arrivai trop tard près de lui, il expirait par suite d'une lésion de l'artère tibiale postérieure.

« A Melegnano, j'ai encore trouvé des blessés,

morts d'hémorragies artérielles, et dont les lésions très-simples n'auraient certainement pas dû entraîner une terminaison funeste, si l'on avait pu parer à temps aux accidents hémorrhagiques.

« A Solférino, enfin, j'ai observé une dizaine de cas semblables. C'est là aussi que j'ai rencontré par hasard à Cavriana, sur un sous-officier autrichien, un appareil hémostatique très-simple par lui-même et d'une application très-facile. Ce sous-officier avait été atteint d'un coup de feu au tiers inférieur et interne de la cuisse droite. L'appareil, auquel je donnerai le nom de compresseur hémostatique (ressemblant du reste à la pelote compressive des boîtes à amputation), était appliqué à 7 ou 8 centimètres au-dessus de la blessure, et la pelote parfaitement bien placée sur le trajet de l'artère fémorale, de manière à intercepter complètement le cours du sang artériel.

« Ce sous-officier avait été tué par un second coup de feu au cœur; cette circonstance m'a empêché de savoir si une main chirurgicale avait appliqué le compresseur, ou si c'était le blessé lui-même, en raison de la simplicité même de l'instrument.

« Cette dernière supposition me fit penser qu'il serait utile de proposer l'adoption de ce compresseur hémostatique dans l'armée française, en temps de guerre, vu son peu de volume, la facilité de son application sur le champ de bataille, et les heureux et nombreux résultats qu'on pourrait en obtenir. » D¨ RICHEPIN, médecin-major au 82ᵉ de ligne.

LAUSSUCQ, Jean, caporal au 44ᵉ de ligne, est atteint à la face par une balle et laissé pour mort dans la plaine de Médole. Ce n'est que le lendemain, au moment où l'on s'occupe de l'inhumation des morts, qu'on reconnaît quelques signes de vie. Laussucq est retraité.

LECIEUX, Jean-Paul-Édouard, du 85ᵉ de ligne, est aussi atteint à la face, devant Magenta, par un éclat d'obus; un long évanouissement le fixe à la place où il est tombé; un médecin passe près de lui, surprend un mouvement; Lecieux reprend connaissance et il est sauvé.

DRUILHET, Jean, du 73ᵉ de ligne, reçoit une balle à la tête; il tombe sans connaissance; on le laisse pour mort sur le champ de bataille. Le lendemain, reconnu existant encore, il est porté à l'ambulance de la 1ʳᵉ division du 4ᵉ corps.

ALBERTINI, caporal au 72ᵉ de ligne, reçoit une balle qui entre sous le lobule de l'oreille gauche, passe derrière le voile du palais, rase la langue, déchire les amygdales et sort sous le lobule de l'oreille droite. La sonde introduite passe d'un côté à l'autre; il n'y a pas d'hémorragie, pas d'esquilles, dans ce parcours vraiment extraordinaire, eu égard aux organes importants que le projectile pouvait entamer, mais une syncope le laisse inanimé sur le terrain. Après guérison, il est nommé sergent, et il était présent au 72ᵉ en 1865.

BONAFÉ, du 15ᵉ de ligne, est frappé à Solférino par une balle qui pénètre près des apophyses épineuses des quatrième et cinquième vertèbres cervicales, se dirige sous la base du crâne et sort à l'orbite droit en lésant l'articulation temporo-maxillaire et les muscles ptérygoïdiens; immédiatement, perte du sentiment; il est relevé par deux camarades, et après 48 jours de traitement, Bonafé sort de l'hôpital; il a perdu l'œil droit et il accuse de la gêne dans les mouvements de mastication. Pensionné.

Chalvidan, du 17ᵉ bataillon de chasseurs à pied, est blessé à la face à Montebello. La balle s'introduit à la partie supérieure de l'os malaire, côté gauche, fracture l'extrémité inférieure de l'apophyse ptérygoïde gauche, la voûte palatine, traverse l'arrière-bouche, déchire la langue, perce la paroi droite du pharynx vers sa partie inférieure et sort au côté droit du cou, au bord postérieur du sterno mastoïdien. Chalvidan est retraité pour affaiblissement de la vue et pour semi-ankylose de l'articulation temporo-maxillaire droite.

Chatelet, du 98ᵉ de ligne, est atteint d'un coup de feu à Solférino. La balle, entrée à la partie antérieure du conduit auditif gauche, sort au côté diamétralement opposé près du lobule de l'oreille droite; après cicatrisation, il accuse de la gêne dans la mastication et la déglutition. Il obtient une gratification renouvelable.

Dans tous ces cas, quelle est l'importance des soins immédiats; ceux-là seuls qui ont succombé pourraient l'indiquer bien mieux encore!

Corps étrangers dans les plaies. — Parfois en examinant à la hâte, il est vrai, mais comme on est le plus souvent forcé de le faire, les ouvertures d'entrée et de sortie des projectiles, les chirurgiens des ambulances, malgré leur expérience, ne soupçonnent pas toujours la présence de corps étrangers qui plus tard sont extraits. Dans certains cas une balle se divise et l'ouverture de sortie est produite par un fragment de balle, tandis qu'un autre fragment est resté dans les tissus. Parfois aussi deux projectiles entrés par une même ouverture s'écartent en pénétrant dans les tissus et parcourent des trajets différents. Plus souvent encore les projectiles entraînent avec eux des corps étrangers de diverse nature, mais surtout des portions de linge, de vêtement ou d'équipement.

Doudon, Pierre, du 10ᵉ bataillon de chasseurs à pieds, reçut un coup de feu dont la balle entra vers le milieu du pli de l'aine, du côté droit, et sortit après avoir fracturé l'os coxal, au-dessus de l'épine iliaque inférieure, en dehors de l'articulation coxo-fémorale. Par l'ouverture de sortie, plusieurs esquilles furent extraites. Le blessé ayant été pris de dysurie et de péritonite partielle, l'exploration du trajet de la blessure ne fut sans doute pas poussée très-loin. Une circonstance que le blessé n'avait d'abord pas fait connaître rendit compte de la persistance de la suppuration par des trajets fistuleux, après la cessation des accidents inflammatoires. Doudon se rappela que la monnaie qu'il avait dans la poche de son pantalon avait été dispersée par le coup. Après un mois de séjour dans la blessure, deux fragments de balle furent extraits avec une médaille de cuivre argenté qui avait été entraînée dans les chairs. Enfin, après trois mois, un sou, qui porte également la trace du projectile qu'il coiffait, fut encore extrait de la blessure. Après cette dernière extraction, la guérison fut assurée et Doudon a obtenu une pension de retraite. — Le sou et la médaille, que nous avons conservés, sont fortement déprimés; les deux fragments de la balle, qui ont séjourné dans la blessure, sont aplatis, contournés et déformés par les obstacles rencontrés. (*Voir* planches de projectiles déformés, atlas de notre *Statistique de la campagne d'Italie*.)

Balles perdues. — Nous ne dirons qu'un mot des balles perdues et restées sans grand inconvénient dans la poitrine, l'abdomen, le bassin et les membres. Les exemples sont nombreux; et si quelques-uns des blessés éprouvent parfois des douleurs provoquées par la présence d'une balle qui n'a pu être extraite, ou parce que l'extraction aurait ajouté aux dangers de la situation, il en est beaucoup d'autres, comme on peut le voir dans la série des blessures par régions, qui n'éprouvent aucune gêne et qui sont rentrés dans leurs foyers ou sont encore à l'activité. (Voir notre *Statistique*.)

Durand, Charles, sergent-fourrier au 15e de ligne, reçoit, à Solférino, une balle à la cuisse gauche. Le projectile entre à quatre travers de doigt au-dessous de l'arcade crurale, en dehors de l'artère, se dirige en dedans, sort à la partie interne et supérieure de la cuisse, traverse le scrotum, et va se loger à la partie postérieure de la cuisse droite, près du pli de la fesse, où le blessé prétend la sentir encore profondément placée dans la masse musculaire. Durand a repris son service après un traitement de deux mois.

Cette tolérance des tissus pour les projectiles de plomb est parfaitement connue ; nous pourrions citer des officiers de tous grades, qui portent des balles depuis longtemps et continuent à faire un excellent service. Nous avons quelquefois entendu dans nos hôpitaux des soldats, dans leur langage familier, consoler un camarade inquiet du séjour d'une balle, en lui disant : « Ce n'est rien, le plomb est l'ami de l'homme ! »

Si nos tissus tolèrent aussi facilement le plomb, il y a intolérance manifeste pour les débris des vêtements, les boutons, la bourre du fusil, les pièces d'équipement, les éclats de pierre, etc., que les balles entraînent très-fréquemment avec elles et qui donnent lieu à des complications sérieuses souvent prolongées, et parfois après cicatrisation complète.

Blessures par armes blanches, baïonnette, sabre et lance. — Les blessures par armes blanches sont généralement sans gravité, quand elles ne pénètrent pas dans une cavité splanchnique ou articulaire et quand il n'y a pas de lésion artérielle ou nerveuse. Les blessures par baïonnette ont été assez nombreuses surtout parmi les Autrichiens restés sur le champ de bataille ou amenés à nos ambulances. D'après quelques rapports, on a constaté, parmi les Autrichiens morts, plusieurs cas d'éventration et un plus grand nombre de plaies pénétrantes de poitrine, ainsi que des plaies au cou suivies de mort immédiate.

On compte si peu de coups de lance parmi les blessés français, qu'il est à croire que les régiments de lanciers autrichiens ont été rarement engagés.

Il n'en est pas de même des blessures par coups de sabre ; elles sont nombreuses dans l'infanterie comme dans la cavalerie, chez les Français, comme chez les Autrichiens prisonniers ; quelques hussards hongrois en particulier présentent des blessures multiples, jusqu'à dix sur le même individu.

Les parties plus fréquemment atteintes sont la tête, la face, l'avant-bras, la main et le cou.

Blessures par boulet. — Le boulet tue sur le coup s'il frappe la tête ou le tronc, emporte ce qu'il atteint, renverse tout ce qui se trouve sur son passage, hommes et chevaux, jusqu'à ce qu'il ait épuisé sa force d'impulsion et même après avoir touché le sol ou ricoché. Roule-t-il encore, il brise et peut produire des plaies et d'énormes contusions qui entraînent parfois une morte immédiate. Nous ne dirons ici qu'un mot des différences que présentent les mouvements de rotation des boulets sphériques lancés par les pièces ordinaires et ceux des boulets allongés ou cylindro-coniques lancés par les pièces rayées ; il est facile de comprendre que les premiers ont un mouvement de rotation sur eux-mêmes, tandis que les seconds ont un mouvement spiral communiqué par les rayures intérieures de la pièce, ce qui leur donne l'immense avantage d'une plus longue portée; mais, envisagés au point de vue des désordres qu'ils produisent sur les combattants, les effets sont les mêmes.

Les boulets se divisent très-rarement en éclats, mais cela arrive cependant lorsque leur homogénéité n'étant pas parfaite, ils rencontrent un corps dur, tel que certaines pierres siliceuses encadrées dans des matériaux résistants. Dans ce cas, les éclats du projectile peuvent encore être projetés avec force, mais le choc du boulet produit aussi des éclats de pierres qui irradient dans toutes les directions et agissent comme la mitraille ou les éclats de projectiles creux dont nous parlerons plus loin.

Dans certains cas de lésions produites par de gros projectiles qui touchaient obliquement une des surfaces du corps, les désordres pouvaient être énormes dans les organes sous-jacents, sans que la peau fût entamée; on sentait au-dessous de l'amincissement du tissu cutané le broiement en bouillie des muscles et de os. C'est à la suite d'une blessure de ce genre qu'a succombé en Crimée le général M... sur la poitrine duquel un boulet de petit calibre a porté obliquement, en affaissant la peau qui a résisté, mais en brisant plusieurs côtes et en déchirant le poumon.

Un effet assez fréquent des gros projectiles creux tombant en bombe était de rouler sur le corps qu'ils atteignaient sans déterminer autre chose que d'énormes bosses sanguines sur le dos des hommes qui, penchés sur le parapet des tranchées, présentaient une inclinaison parallèle à la trajectoire du projectile.

La plupart des plaies résultant des projectiles lancés par le canon sont hideuses à voir; presque tous les blessés meurent avant d'avoir pu recevoir les premiers secours. C'est alors que j'ai pu remarquer la stupeur des malheureux atteints par la mitraille. Plus la plaie est vaste et profonde, moins elle provoque de plaintes de la part de la victime qui survit quelque temps. Tantôt c'est un boulet qui, effleurant la poitrine, a enlevé les tissus, chair et os, et mis à nu les poumons; ou bien c'est une épaule qui n'offre plus de moignon; l'omoplate est enlevée près de son bord supérieur; les tissus, désorganisés au niveau du triangle susclaviculaire, offrent une plaie dont on hésite à sonder la profondeur. Un pauvre zouave, à Palestro, m'a particulièrement frappé: il avait été atteint par un boulet qui lui avait enlevé la partie supérieure du crâne. Sa tête, noircie, offrait une oscillation régulière, pendant que des deux mains il soutenait son genou droit pour maintenir sa cuisse, atteinte d'un frémissement spasmodique. Il n'offrait de lésion qu'au crâne; mais elle était vaste, profonde et au-dessus des ressources de l'art. Il est mort peu de temps après. Voir tome Ier, p. 553 de notre Statistique.

Les hommes qui ont eu des membres emportés par un boulet ont dû subir immédiatement l'amputation, ou sont morts par stupeur ou hémorragie, et les observations qui concernent les premiers sont consignées aux chapitres des diverses amputations; mais les boulets, comme nous l'avons déjà dit, produisent quelquefois des lésions moins graves. Ainsi nous citerons :

OLLIER, du 55e de ligne, qui a le fémur gauche fracturé, sans plaie, par un boulet à fin de course ; MARTINET, du 98e, une fracture de la jambe droite, et BURLOT, du 86e, une luxation de la main aussi par choc de boulet; WORTELLE, du 86e, BERNOVILLE, du 5e hussards, ont eu de fortes contusions à la jambe; MM. DE CASTELNAU D'ESSENAULT, capitaine du 2e hussards, et LOOS, capitaine du train, ont été atteints aussi de contusions à la cuisse par boulets.

Blessures par mitraille et éclats de projectiles creux. — Toutes les parties du corps ont été atteintes par la mitraille et par des éclats d'obus, et les blessures ont présenté tous les degrés de gravité suivant la dimension de ces projectiles, leur forme, leur poids, leur pénétration, les organes lésés et l'étendue des lésions. Quelquefois la boîte en tôle contenant la mitraille est projetée assez fortement pour entamer les tissus. Beaucoup de ces blessures, généralement très-irrégulières, comme les corps qui les produisent, ont été suivies de mort plus ou moins prompte, soit par les désordres profonds dus aux projectiles, soit par hémorragie due au mode d'action des angles saillants des éclats. Plusieurs ont nécessité des amputations; la plupart ont donné lieu à des infirmités, à d'énormes cicatrices qui s'ulcèrent au moindre contact et mettent sans cesse la vie en danger; mais il en est aussi qui ont été guéries sans infirmités.

M. Côte, lieutenant au 73e, a été atteint, à Solférino, par un obus à la région précordiale. Le projectile, à fin de course, a enlevé une large portion de la tunique, fait une plaie superficielle à la poitrine, et donné immédiatement lieu et pendant près d'une demi-heure, à des accidents très-inquiétants de suffocation.

Guyon, du 76e, a reçu au ventre un gros éclat d'obus qui n'a produit qu'une forte contusion, tandis que Lemaire, du 45e, a eu la cuisse gauche fracturée comminutivement, quoique sans plaie, à sa partie supérieure, aussi par un éclat d'obus.

M. Thore, capitaine au 21e, a présenté à la cuisse gauche une forte contusion par biscaïen.

Les éclats de bombe ou d'obus traversent rarement tout à fait l'épaisseur d'un membre. Doués d'une force d'impulsion moindre que les balles, ils s'arrêtent dans les tissus qui leur résistent. Il est nécessaire de ne pas tarder à les extraire; car, après quelques heures de séjour, il se développe, dans la plaie, de l'hydrogène sulfuré très-nuisible aux suites de ces blessures. Après l'extraction, les tissus affaissés, fortement contus et privés de vie dans leurs points de contact avec le corps étranger, ne reviennent pas sur eux-mêmes, de sorte que l'excavation produite par le projectile persiste.

« Nous avons eu occasion d'observer plusieurs fois les effets de la persistance du mouvement de rotation des projectiles, alors que leur mouvement de translation avait cessé : un des exemples les plus remarquables de ce genre fut offert par la blessure d'un soldat d'infanterie qui reçut dans le dos un gros biscaïen ; ce projectile, après avoir épuisé son mouvement de translation, en suivant sous la peau, d'arrière en avant, la dépression d'un espace intercostal, s'arrêta sous le sein, où le mouvement de rotation se continuant, usa la peau jusqu'à la percer et mit à découvert une portion de projectile coiffé d'un cercle de peau amincie; il fallut faire de chaque côté du cercle cutané une incision de quatre centimètres pour extraire facilement ce biscaïen. » Scrive.

Blessures par fusée de guerre. — Les fusées de guerre ont été souvent employées par les Autrichiens, notamment à la bataille de Magenta, mais elles ont généralement produit peu d'effet, dit-on, parce que l'élan de nos troupes n'a pas permis à l'ennemi de s'en servir avec calme et justesse.

Cependant nous avons pu constater quelques blessures graves par baguette de fusée à Magenta et à Solférino.

Siret, du 2ᵉ chasseurs d'Afrique, qui a été atteint à l'œil gauche par une baguette de fusée et a perdu cet organe ; Manceau, du 85ᵉ, qui a eu le côté droit de la face brisé aussi par une baguette ; Mahieu, du 6ᵉ de ligne qui a eu la jambe traversée toujours par une baguette, et enfin un caporal du 74ᵉ, qui est mort après une amputation du bras, nécessitée par une plaie pénétrante du coude ; la baguette de la fusée avait traversé l'articulation ; le blessé l'a arrachée lui-même et s'en est servi comme d'une canne pour se rendre à l'ambulance.

Situation morale des blessés. — On sait l'influence énorme de l'état moral sur la guérison des blessures et des maladies ; on sait aussi combien des soins empressés, affectueux, une récompense donnée, un congé accordé à propos, peuvent contribuer au rétablissement des blessés et des malades ; et si dans des cas désespérés l'on a vu souvent s'opérer des miracles, on pourrait citer des déceptions funestes dans des cas de moindre gravité. « Nous voulons parler de la thérapeutique morale, ce remède de l'âme qui enfante des prodiges, opère des résurrections ; qui console quand l'art ne peut plus guérir et donne même des espérances à ceux qui ne doivent plus en avoir. »

Une préoccupation pénible vient-elle tourmenter l'esprit du blessé, elle est à l'instant détournée par les paroles consolantes du médecin, que le soldat affectionne et qu'il considère à la guerre, en raison des soins dévoués et affectueux qu'il en reçoit, comme le représentant des sentiments de la famille. Dans cette alliance cordiale du blessé et du médecin compatissant, la chirurgie française a souvent trouvé le plus puissant des éléments de ses succès.

Un de nos confrères de l'armée d'Italie, M. le docteur Sonrier, médecin-major, a, dans un mémoire très-intéressant[1], étudié comparativement le degré de résistance que les blessés, suivant leur race, opposent au traumatisme et aux maladies : nous croyons devoir ajouter une page de ce mémoire aux observations déjà produites dans la correspondance de chaque jour, tome Ier.

« *Tirailleurs algériens.* — Indépendamment de la trempe énergique de sa constitution, l'Arabe oppose à son mal la force d'inertie, l'impassibilité du destin, et trouve dans le dogme de la fatalité une force de résistance morale qui le soutient et la résignation qui le sauve.

« *Autrichiens.* — Chez les Autrichiens, au con-

---

1. *Campagne d'Italie. Plaies d'armes à feu.* Paris, 1863. V. Rozier, éditeur.

traire, l'affaissement physique et moral se traduisait par un silence sombre, mêlé de craintes et d'angoisses, sur le sort qui leur était réservé. Attristés par les jours de souffrances passées, découragés par l'aggravation de leurs blessures, ils n'apercevaient plus la patrie qu'à travers les périls d'une guérison lointaine, douteuse même peut-être, après avoir enduré les tourments d'une longue captivité. Aussi ne pouvaient-ils comprendre, du moins quelques jours après la bataille, qu'eux, les ennemis de la veille, étaient le lendemain tous égaux et frères dans la douleur, confondus dans un même sentiment de charité. Malgré les soins incessants qui leur étaient prodigués, ils avaient conservé cet air de crainte farouche d'un prisonnier qui, pris les armes à la main, s'attend à de cruelles représailles... ne soyons donc plus étonnés si, dans ces dispositions morales, la mortalité a été plus forte que chez les blessés arabes ou français.

« *Français.* — Combien, chez les soldats de notre armée, les dispositions morales étaient différentes! L'ennemi vaincu, le sentiment du devoir accompli, le traité de Villafranca, l'espoir de rentrer en France au sein d'une famille pleine d'angoisses, la joie de raconter cette iliade héroïque, électrisaient leur âme, toute gonflée d'orgueil national, et leur rendaient ces mutilations, titres sanglants de noblesse, bien plus chères encore. Cette réaction morale, thérapeutique glorieuse, les soutenait dans cette lutte acharnée, sans trêve ni repos, qui durait depuis deux mois et les sauva en grand nombre. Car ce fut presque un prodige physiologique de voir ces corps se fondre par la chaleur, les privations et les fatigues, mais sans succomber. Il semblait que leur âme grandissait avec les obstacles ; que le fluide des batailles galvanisait cette fibre française qui vibre toujours aux sentiments d'honneur et de patrie.

« C'est dans ces heureuses conditions que nos soldats nous arrivaient de Solférino ; et longtemps après la bataille, les enivrements de la victoire les agitaient encore, comme si les joies du triomphe n'eussent pu assouvir cette soif de gloire. Nous dirons plus, c'est que dans l'anesthésie, sous le couteau de l'opérateur, dans les divagations de leurs rêves, dans les hallucinations du délire, c'était toujours sur le champ de bataille qu'ils se retrouvaient, toujours face à l'ennemi, toujours vainqueurs. Puis, quand la mort impitoyable venait enfin glacer cette bouillante ardeur, ces pensées glorieuses, répandues sur leur mâle figure empreinte d'une fière énergie, semblaient les animer toujours, comme s'ils eussent encore voulu menacer l'ennemi. »

Un sous-officier crie : *au drapeau!* un soldat,

aux armes! un officier commande *feu* ou *en avant*. Beaucoup parlent *de leurs armes, de leurs chevaux, des coups qu'ils ont portés ou reçus;* il en est cependant qui expriment la tristesse, qui pensent à la famille absente, d'autres qui demandent à manger, mais c'est le plus petit nombre.

On comprend combien, sur des organisations aussi bien trempées, sont infinies les ressources d'une thérapeutique bien dirigée. Aussi le médecin doit-il étudier avec soin cette psychologie, toucher tous ces ressorts cachés et puiser là les remèdes qui lui font défaut. Qu'il s'applique donc à inspirer de la confiance, en grandissant son savoir, par un savoir-faire habilement étudié. Que, dominant la destinée de son malade, il sache faire passer dans son esprit inquiet, troublé, la conviction d'un succès qu'il n'entrevoit peut-être pas lui-même. Quand il propose, ou pour mieux dire, quand il impose une opération grave comme extrême médication, que son front s'illumine de sécurité, et que dans son sourire passent des espérances de guérison. S'il frémit sur tant de nobles infortunes, qu'aussitôt sa volonté enchaîne les battements de son cœur, et que jamais une émotion inopportune ne vienne empourprer son visage, troubler sa raison, faire trembler sa main. Qu'il soit pour ces pauvres mutilés le représentant de la famille absente, résigné, mais espérant toujours; qu'il soit enfin le génie de la science et de l'humanité.... Et quand les feux du bivac s'éteignent, quand le sommeil s'étend sur l'armée, le médecin seul veille encore : voyez plutôt l'ambulance qui jette ses clartés sinistres, au milieu des ténèbres ; écoutez les plaintes lugubres des amputés dans le silence de la nuit : c'est la besogne sanglante qui recommence dans ce laboratoire de la mort. Pour lui donc, pas de repos ; il tombera peut-être, mais qu'importe, s'il trouve dans son ardente charité la consolation d'avoir sauvé la vie d'un homme !

Voir pour détails et compléments nos *Statistiques des campagnes de Crimée et d'Italie* et les tables de ces ouvrages, page 417 de ce volume.

LA MÉDECINE MILITAIRE EN FRANCE ET AUX ÉTATS-UNIS

par M. Éd. Laboulaye, membre de l'Institut

Extrait de la *Revue des Deux-Mondes*, n° du 15 décembre 1869.

I

Quand on lit à tête reposée les historiens anciens ou modernes, et qu'on a le courage de réfléchir sur ce qu'on a lu, on est tenté de se demander si les hommes ne sont pas une race d'animaux cruels qu'un instinct fatal pousse à s'entre-tuer. Batailles, pillage, incendie, sac des villes, égorgement des femmes et des enfants, voilà les hauts faits que l'histoire exalte et célèbre sous le titre pompeux de victoires et conquêtes. Les grands hommes qu'on offre à notre admiration sont ceux qui ont fait périr des millions de leurs semblables, Alexandre, César, Napoléon. Peuples et princes n'ont rien de plus cher que la gloire, et la gloire ce n'est pas l'art de faire vivre les hommes et de les rendre heureux, c'est l'art de les exterminer. Quand ils ne sont pas menacés par le grand roi, les Grecs ne songent qu'à se détruire les uns les autres, les Romains se croient nés pour asservir le monde; ils portent partout le fer et le feu. Les Germains ne connaissent que les combats; la féodalité est la guerre en permanence; les grandes monarchies qui lui succèdent ne sont pas plus pacifiques : le seul titre qu'ambitionnent les rois est celui de conquérant. Protéger les lettres, les arts, l'industrie, c'est pour Louis XIV l'amusement des heures perdues; sa vraie, sa seule passion, c'est d'envahir et d'écraser ses voisins. Napoléon est resté fidèle à la tradition romaine; c'est un César égaré dans la société moderne, dont il ne comprend ni les besoins ni les idées. Sur une chance de victoire jouer la vie de 100 000 hommes, le sort de la France et sa propre fortune, voilà pour l'empereur le plus sublime effort de l'esprit humain. Combien dans le monde n'y a-t-il pas encore de gens qui partagent cette illusion sanglante! combien d'hommes d'État et d'historiens qui sont à genoux devant ce génie de la destruction! Si demain une guerre éclatait, juste ou injuste, je crois, n'en déplaise aux amis de la paix, qu'après un premier moment d'hésitation la France tout entière s'enlèverait comme un cheval de guerre au son des trompettes, au bruit des tambours.

Et cependant il ne faut pas désespérer qu'un jour les hommes ne deviennent raisonnables. Depuis cinquante ans, il se fait un grand travail dans les esprits. On commence à sentir que la civilisation n'est autre chose que le règne de la paix et de la liberté; c'est la victoire du droit sur la violence, le triomphe de l'esprit sur la force et le hasard. A mesure que le commerce et l'industrie rapprochent et unissent toutes les nations, sans distinction de gouvernement, de religion ni de langage, les peuples, éclairés par leur intérêt, se défient de cette vieille politique qui trop longtemps a désolé la terre. Autrefois, sous Louis XIV et même sous Napoléon Ier, les communications étaient lentes et difficiles ; ce qu'on appelait le théâtre des événements était circonscrit en d'étroites limites. En outre, les peuples vivaient sur eux-mêmes, l'industrie ne fournissait qu'à la consommation locale ; la masse de la nation ne souffrait donc de la guerre qu'indirectement et par contre-coup. Aujourd'hui la guerre est un incendie qui dévore en peu de temps toutes les ressources du pays et porte au loin le chômage et la misère. Cent mille ouvriers français, anglais, suisses, allemands, ruinés par la disette du coton, victimes des passions qui déchiraient les États-Unis, sont là pour prouver aux plus incrédules qu'aujourd'hui le monde est solidaire.

15.

La paix n'est plus seulement le rêve de quelques bonnes âmes qui ont horreur du sang versé ; c'est le cri des populations, qui ne veulent pas mourir de faim. Ce cri, répété dans toute l'Europe par la presse et par la tribune, personne ne peut ni l'étouffer ni le dédaigner. Plus que jamais l'opinion est la reine du monde ; il faut compter avec elle. Il le faut d'autant plus qu'on accuse l'ambition des rois d'amener ces boucheries inutiles. Que ce soit sagesse ou calcul, les princes aujourd'hui sont forcés de se montrer pacifiques. A braver le sentiment public, ils risqueraient leurs couronnes. Un avenir assuré est la première condition du travail, et dans notre siècle le travail est le plus grand des intérêts politiques. De là ces projets de fédération, ces États-Unis d'Europe que demandent les esprits ardents, minorité aujourd'hui, majorité demain. De là cet éloge de la république, présentée à l'opinion comme garantie de paix universelle, quoiqu'à vrai dire on ne voie pas dans l'histoire que les peuples aient été plus sages ou moins égoïstes que les rois.

Ce n'est pas seulement un désir légitime, un besoin impérieux qui pousse les peuples à vouloir la paix ; les faits démontrent que la guerre est tout ensemble le plus cruel des fléaux et souvent la plus désastreuse des folies. Trop longtemps l'histoire indifférente n'a vu dans les récits de batailles qu'un moyen d'amuser la curiosité des lecteurs. Aujourd'hui on raisonne la guerre, on veut savoir ce qu'elle coûte en hommes et en argent. Les peuples n'ignorent pas qu'ils payent de leur sueur et de leur sang toutes ces belles tragédies; ils exigent des comptes qu'on ne peut plus leur refuser. Ces comptes sont effrayants. Déclamer contre les cruautés et les malheurs de la guerre, c'est aujourd'hui peine inutile; il n'y a point d'éloquence qui ne pâlisse auprès des chiffres, — témoins incorruptibles qu'on ne peut accuser ni de mensonge ni d'erreur. — Qu'ils nous disent les pertes que l'Europe a subies depuis que l'imprudence et l'ambition ont tiré la guerre du tombeau où nos pères l'avaient scellée en 1815, heureux de penser que, s'ils avaient chèrement payé leur expérience, du moins elle profiterait à leurs enfants.

Un jeune publiciste qui n'a rien négligé pour découvrir la vérité, M. Paul Leroy-Beaulieu, calcule que, de 1853 à 1866, c'est-à-dire de l'expédition de Crimée à la bataille de Sadowa, les dépenses de guerre chez les peuples soi-disant chrétiens ont monté à près de 48 milliards de francs[1]. Il est vrai que dans cette somme monstrueuse la

---

1. Paul Leroy-Beaulieu, *Recherches économiques sur les guerres contemporaines*; Paris 1869, p. 181.

guerre civile des États-Unis, guerre sans exemple dans les annales du monde, figure seule pour 35 milliards. La part de la France est de 3 milliards environ; c'est à ce prix que nous reviennent les victoires de Crimée, d'Italie, du Mexique, de Chine ou de Cochinchine. Quand on songe à ce qu'on aurait pu construire de chemins de fer, de canaux, de routes et d'écoles avec un pareil budget, il est permis de trouver que 3 milliards c'est beaucoup, même pour des lauriers; mais, si gros que soit ce chiffre, il est loin de donner la perte totale. Sans parler des ravages et des ruines que la guerre sème sous ses pas, il faut ajouter à la dépense le remplacement du matériel qu'on a usé, et les pensions trop méritées qu'il faut payer aux soldats blessés ou décorés. La paix la plus glorieuse amène toujours à sa suite l'augmentation du budget normal de la guerre et de la marine. Nous en savons quelque chose. Ce n'est pas tout. « La guerre, a dit justement Jean-Baptiste Say, coûte plus que ses frais, elle coûte tout ce qu'elle empêche de gagner. » C'est le travail brusquement interrompu et le commerce paralysé; c'est, après la victoire comme après la défaite, un surcroît de dette publique, c'est-à-dire un impôt perpétuel qui grève l'industrie, renchérit la production et diminue d'autant la consommation. Depuis un demi-siècle, nous payons chaque année la rançon de 1815, et dans cinquante ans le budget de la dette publique ne permettra pas à nos enfants d'oublier nos victoires. Enfin, c'est la sécurité publique pour longtemps ébranlée, c'est-à-dire la diminution du travail, grande cause de misère. Voilà ce que coûte la gloire ! Trop heureux les peuples s'ils en étaient quittes à ce prix, et si la guerre, qui vit de leurs dépouilles, ne leur prenait pas le plus pur de leur sang !

Quand on emploie tant d'argent à perfectionner l'art de détruire les peuples, il est difficile qu'on n'en arrive pas au résultat désiré. M. Leroy-Beaulieu estime à près de 1 million 800 000 le nombre d'hommes que, de 1853 à 1866, la guerre a emportés par le fer, le plomb ou la maladie. Dans ce chiffre, les Américains comptent pour 800 000 hommes, le million restant est à la charge de l'Europe. La Crimée nous a coûté plus de 95 000 soldats ; l'Italie près de 8000 ; ajoutons-y ceux qui sont tombés au Mexique et dans les autres expéditions d'outre-mer, nous serons modérés en n'évaluant qu'à 120 000 hommes les pertes de l'armée française en quatorze ans. Cent vingt mille jeunes gens, la fleur et la richesse du pays, morts non pour défendre la patrie menacée, mais pour servir des combinaisons politiques plus ou moins heureuses ! — Sans être ni un mécontent ni un philanthrope, on peut regretter tant de sang versé.

Les princes qui de notre temps font si facilement la guerre pour agrandir leurs États ou ajouter à la gloire de leur nom s'enfoncent dans l'ornière du passé. Ils ne se doutent pas combien les idées ont changé; autrement ils n'appelleraient pas sur leur tête une responsabilité terrible. Autrefois, sans remonter plus haut que le règne de Louis XIV, le peuple ne comptait pas; on n'avait point à s'inquiéter de l'opinion, ou, pour mieux dire, l'opinion était complice de la guerre et du pouvoir absolu. Prenez les écrits les plus sérieux du dix-septième et du dix-huitième siècle, lisez les prédicateurs, les moralistes, les jurisconsultes, — écoutez l'avocat-général Séguier repoussant, en 1776, au nom du Parlement, l'édit de Turgot qui abolissait la corvée; partout vous retrouverez la maxime fondamentale de la vieille constitution monarchique. Le clergé sert l'État par ses prières, le noble le sert de son épée, le peuple est fait pour travailler et pour payer l'impôt; le service militaire ne figure pas au nombre de ses devoirs. N'y avait-il donc que des gentilshommes dans les armées de Louis XIV et de Louis XV? Non, l'officier seul était noble; mais lui seul était quelque chose. De quoi se composait le gros de l'armée? De cavaliers allemands ou hongrois, de régiments suisses, de troupes françaises enrôlées à prix d'argent; tout cela, sauf les miliciens, c'était des mercenaires qu'on payait pour se battre et pour se faire tuer au besoin. S'ils mouraient, la perte était pour le roi ; le pays n'était pas frappé au cœur comme il l'est aujourd'hui.

Tout a changé depuis la Révolution ; nos armées ne ressemblent en rien aux armées de l'ancien régime ; elles ont un caractère plus noble et plus grand. Le soldat n'est plus un enfant perdu, racolé au quai de la Ferraille ; c'est un citoyen qui paye le plus lourd des impôts, l'impôt du sang, et cela quand de plus heureux ou de plus riches ont le privilége d'échapper à cette loterie de la mort.

Le soldat est un capital. Qu'on ne se récrie point sur ce mot. Les Anglais, qui l'ont inventé, ne l'ont pas fait par dureté de cœur, mais au contraire pour appeler sur le soldat l'attention du pays qui calcule. Aujourd'hui, avec le progrès de la mécanique et de la chimie, la guerre est une industrie. Qu'on maudisse cet art de la destruction, peu importe, il n'en est pas moins visible que le succès final appartient à celui qui peut le dernier amener en ligne le plus grand nombre de canons et de vaisseaux, armer et nourrir le plus grand nombre de soldats. La guerre de Crimée nous montre la Russie hors d'état de lutter contre les ressources de l'Angleterre et de la France et réduite à implorer la paix quand elle a épuisé son capital d'hommes et d'argent. Un soldat de vingt à vingt-cinq ans, choisi parmi les plus robustes de sa génération, dressé au métier des armes et transporté chez l'ennemi, est une force, une valeur. Mort ou malade, il faut le remplacer, c'est une perte pour le pays tout entier. Or, aujourd'hui qu'avec les chemins de fer et la puissance du crédit on concentre et l'on met en bataille tout ce qu'un peuple peut armer de soldats, aucune nation, et la France moins qu'aucune autre, ne peut impunément gaspiller ce capital vivant. On sait que chez nous le nombre des habitants s'accroît beaucoup moins vite que chez nos voisins. Bien des causes expliquent ce phénomène : la population est serrée, les professions sont encombrées, la vie est chère, nous n'avons pas de colonies qui, en ouvrant un débouché à l'activité humaine, invitent au mariage; mais, quelle qu'en soit la cause, ce ralentissement affaiblit notre puissance militaire. Nos rivaux grandissent en nombre, et, dans un temps où les peuples se ruent les uns sur les autres, le nombre est un élément de force et de succès. Le seul intérêt de sa grandeur et de son salut devrait donc pousser la France à ne pas prodiguer le sang de ses soldats.

Ce changement dans la constitution des armées explique comment aujourd'hui l'opinion s'occupe non-seulement des soldats qui tombent sur le champ de bataille, mais encore des blessés et des malades qui encombrent les hôpitaux. On a besoin de connaître exactement le nombre et le caractère des blessures, la nature des maladies; on veut s'assurer que les soins n'ont pas manqué à ceux qui se dévouent pour la patrie : nobles inquiétudes que n'avaient point nos pères, et qui sont l'honneur de notre civilisation !

C'est à ce sentiment général que répondent les deux publications du docteur Chenu, publications qui font le plus grand honneur non-seulement à l'auteur, mais au gouvernement qui les a encouragées et facilitées. On a quelquefois accusé le gouvernement de suivre les errements de l'ancien régime et de cacher au pays ce qu'il avait intérêt à savoir. Cette fois on ne lui fera pas un pareil reproche. Toutes les pièces ont été remises au docteur Chenu ; il suffira de dire que pour la seule guerre de Crimée 18 sous-officiers, employés pendant dix mois, ont dressé 1 150 000 fiches ou bulletins disposés par ordre alphabétique, qui ont permis d'établir pour chaque blessé ou malade le nom, les prénoms, l'âge, le lieu de naissance, le grade, l'arme, la date de la blessure ou de la maladie, l'ambulance ou l'hôpital sur lequel le sujet a été dirigé, les opérations pratiquées, les circonstances principales et le dénoûment de la maladie, évacuation ou sortie, mort ou guérison.

Il a fallu cinq années d'un labeur assidu pour mettre en ordre ces matériaux et en tirer la leçon qu'ils renferment. Aussi est-il naturel qu'en 1866 l'Académie des Sciences, décernant le prix de statistique au *Rapport sur la campagne de Crimée*, se soit félicitée de couronner un si grand et si beau travail. La *Statistique médico-chirurgicale de la campagne d'Italie*, statistique entreprise à la demande du Conseil de santé des armées, n'est pas une œuvre moins complète. Pour la première fois, on a dit toute la vérité à la France sur la condition et le traitement de ses soldats. C'est au pays maintenant à faire son devoir.

Ce devoir est considérable, car ces statistiques impitoyables nous apportent une révélation douloureuse. Avec un courage civique qu'on ne saurait trop louer, M. Chenu a déchiré tous les voiles ; notre amour-propre national ne peut plus se bercer de ses illusions ordinaires. S'il est vrai que le soldat français n'a pas son pareil sur un champ de bataille, il ne l'est pas que l'administration de notre armée soit un objet d'envie pour nos rivaux. Ni en paix ni en guerre, le soldat français ne reçoit les soins auxquels il a droit. Il est moins bien traité que le soldat anglais ou américain.

En temps de paix, la nourriture que reçoivent nos soldats est insuffisante ; il y faudrait ajouter

50 ou 100 grammes de viande pour répondre aux besoins d'un estomac de vingt ans. Tandis que nos marins sont largement nourris, nos soldats en sont réduits à une ration des plus maigres. En outre cette nourriture n'est point assez variée. Magendie a depuis longtemps démontré que la santé s'altère quand l'alimentation est uniforme. Ici encore, il suffirait de prendre exemple sur la marine, et d'introduire dans l'ordinaire de nos soldats le fromage, la choucroute, le poisson fumé ou salé, les haricots, les pois, les lentilles. La vigueur de nos matelots tient à des causes diverses, mais la nourriture y entre pour quelque chose; c'est une leçon dont l'armée pourrait profiter. Une autre condition de la santé, c'est la propreté du corps. Je ne dirai pas qu'en France l'administration militaire la néglige, elle ne la connaît pas. Nos soldats ont de l'eau pour se laver la figure et les mains, mais ils n'ont pas de serviette pour s'essuyer, et d'ordinaire, malgré toutes les défenses, ils s'essuient avec leur drap de lit, leur chemise ou leur mouchoir. Les Romains ne bâtissaient pas une caserne sans y installer des bains chauds; nos soldats n'en ont jamais vu, on ne les habitue même pas à se laver les pieds. Quel peut être l'air des chambrées où couchent ces pauvres gens? Qui peut résister à cette atmosphère infecte? Ajoutez qu'un grand

nombre de casernes sont étroites, qu'il n'y a pas même l'espace voulu pour fournir la quantité nécessaire d'air respirable, et vous comprendrez alors les ravages que la phthisie et la fièvre typhoïde font parmi nos jeunes soldats. La nature se venge du mépris qu'on fait de ses lois. Tandis que la population française prise en masse, jeunes et vieux, ne perd annuellement que 5 pour 100 de ses membres, l'armée, la partie la plus robuste du pays, perd annuellement 10 pour 100.

Quand la mortalité est aussi grande en temps de paix, que doit-elle être en temps de guerre! L'expédition de Crimée nous répondra : nous avons perdu 95 615 hommes; combien en est-il resté sur le champ de bataille? 10 240; on évalue à un chiffre à peu près égal ceux qui sont morts des suites de leurs blessures : c'est un total de 20 000 hommes environ. La maladie en a emporté 75 000. En calculant sur l'effectif moyen pendant la guerre, la mortalité par blessures a été de 34 pour 1000, et la mortalité par maladie a été de 121. Chez les Anglais, placés dans les mêmes conditions, mais fort éprouvés la première année, la mortalité annuelle a été par blessures de 23 pour 1000, et par maladie de 93. Dans l'hiver 1856-1857, en un temps où il n'y avait plus d'hostilités régulières, et où nous n'avons eu que 323 blessés, il est entré dans les hôpitaux français 12 872 scorbutiques, sur lesquels il en est mort 964, et 19303 typhiques, sur lesquels il en est mort 10278. A la même époque, l'armée anglaise, évaluée au tiers de la nôtre, avait 209 scorbutiques et 31 typhiques, sur lesquels il en est mort 17[1]. D'où vient cette énorme différence? Nos paysans, sobres, endurcis, habitués aux privations, sont plus résistants que le soldat anglais. — C'est que le scorbut est une altération, un appauvrissement du sang, qui tient à la mauvaise nourriture et à la misère. C'est que le typhus est sinon engendré, au moins entretenu et propagé par l'infection qui suit l'encombrement. Avec des précautions et des soins, on pouvait prévenir ou arrêter dès le début ces terribles épidémies, et conserver à la France un grand nombre de ses enfants.

Eh quoi! dira-t-on, n'avons-nous pas des médecins? Oui, sans doute, nous en avons qui ne le cèdent à personne pour la science ni pour le dévouement. Les noms de Scrive et de Baudens soutiennent aisément la comparaison avec ceux des meilleurs médecins militaires de l'Angleterre et des États-Unis. M. Larrey fils, le médecin en chef de l'armée d'Italie, n'est pas indigne de son glorieux père. Quant au dévouement, il suffira de dire qu'en Crimée, tandis que l'armée anglaise

---

1. Chenu, *Statistique de la campagne d'Italie*, t. I, p. xciv.

n'a pas perdu un seul médecin, l'armée française, sur un effectif de 450 médecins, en a perdu 82; 58 sont morts du typhus au lit de leurs malades, les autres ont succombé à la suite de leurs blessures, ou ont été emportés par le choléra et la dyssenterie; proportionnellement il est mort deux fois plus de médecins que de soldats. Sans être accusé de chauvinisme, on peut dire qu'en Crimée nos médecins se sont conduits en héros, héros d'autant plus admirables qu'ils ne peuvent même pas compter sur la gloire pour prix de leur dévouement. L'histoire ne s'occupe guère de ces martyrs de la charité.

Mais le nombre de nos médecins est d'une insuffisance déplorable. En Crimée, avec un effectif qui n'était que le tiers du nôtre, les Anglais avaient autant de médecins que nous. L'usage anglais et américain, c'est qu'un médecin d'hôpital ne doit pas avoir plus de 100 malades à visiter; à Constantinople, les nôtres avaient à soigner chacun plus de 300 fiévreux ou blessés, presque tous gravement atteints. C'est demander aux forces humaines plus qu'elles ne peuvent donner. En campagne, c'est bien pis encore. La guerre était à peine commencée en Italie, que déjà de toutes parts les médecins manquaient. A Magenta, chaque médecin d'ambulance avait en moyenne 175 hommes à soigner, à Solferino 500, ce qui, en supposant qu'un chirurgien soit capable de travailler vingt heures de suite, donne trois minutes par blessé. Étonnez-vous après cela si tant de malheureux restent sans secours, si des blessés qu'une amputation faite à propos eût sauvés sont obligés d'attendre plusieurs jours avant qu'on puisse les opérer ! Dans la campagne de 1866, la Prusse, bonne ménagère du sang de ses soldats, faisait accompagner son armée de 1953 médecins. En 1869, tout le corps de santé dont nous disposons comprend 996 médecins. Vienne une grande guerre, où en serions-nous?

L'impuissance de nos médecins est plus fâcheuse encore que leur petit nombre. Le grand service rendu par M. Chenu, c'est de mettre en pleine lumière un régime que la France ignore, et qu'il faut changer à tout prix. Nous supposons qu'un médecin d'armée est un personnage considérable, un chef de service; nous imaginons que, responsable de la vie de nos soldats, il dirige les ambulances, il est maître de son hôpital. C'est mal connaître l'administration française et l'esprit de centralisation. Le médecin est tout-puissant au lit du malade; il peut saigner, purger, tailler, autant que bon lui semblera; hors de là, quel que soit son grade, il n'a aucune autorité; ce n'est qu'un agent d'administration, et un agent subalterne ! Celui qui dirige les ambulances et relève les blessés, celui qui décide du choix et de l'emplacement de l'hôpital, celui qui règle la nourriture et les médicaments, celui enfin qui décide en dernier ressort de l'hygiène de l'armée, ce n'est pas le médecin, qui a fait de cette science l'étude de toute sa vie, c'est l'intendant, qui n'y connaît rien. Ainsi le veut l'harmonie du système; tout ce qui n'est pas commandement appartient à l'administration.

Comment en est-on arrivé à cette prodigieuse aberration? Deux idées, qui sont vraies dans certaines limites, ont été poussées à l'extrême, et sont ainsi devenues des erreurs funestes. L'une est l'idée d'économie, l'autre est l'idée d'unité. En concentrant tous les services dans les mains de l'intendant, on a obtenu un résultat remarquable. Il n'y a pas de pays où l'armée soit administrée avec plus d'honnêteté et d'économie qu'en France. Nous sommes peu frappés de ce mérite, parce que nous trouvons très-lourd le budget de la guerre, et nous n'avons pas tort. Il n'en est pas moins vrai que, ni en Angleterre ni en Amérique, on n'entretiendrait le même nombre de soldats avec le même chiffre de dépenses. Le soldat français est un de ceux qui coûtent le moins cher. De ce côté, je rends pleine justice à l'administration; cependant n'a-t-elle pas dépassé le but? N'a-t-elle pas oublié la judicieuse maxime du général de Bell-Isle, que *toute parcimonie à la guerre est un assassinat?* Économiser l'argent du pays est chose louable; mais n'est-il pas beaucoup plus important d'économiser les hommes? N'y a-t-il pas là un plus grand intérêt? n'y a-t-il pas un devoir qui passe avant tout? Un fermier qui économiserait son foin et sa paille en risquant la vie de ses chevaux nous paraîtrait un insensé. Sommes-nous plus sages quand nous pouvons montrer en Orient des journées d'hôpital à 2 francs 60 cent. avec une perte de 29 pour 100 sur le nombre des malades, tandis que les Anglais, avec des journées de 4 francs 80 cent., ne perdent que 13 pour 100 de leurs hommes? De quel côté est la véritable économie?

Prenez-vous-en au pays, dira-t-on, qui ne veut pas payer trop de dépenses. — Je réponds que le pays ne connaît pas le fond des choses. Dites à la nation toute la vérité, demandez largement tout ce dont vous avez besoin; quelle que soit la somme, vous l'aurez. Ce que la France repousse, ce sont les gros contingents et les dépenses inutiles; mais assurément elle n'entend pas qu'on sacrifie la vie de ses enfants pour ne pas grossir un chiffre du budget. Éclairez donc l'opinion, elle vous soutiendra; il n'y a pas de député qui puisse vous refuser l'argent nécessaire pour donner à nos soldats les soins auxquels ils ont droit.

Si le goût de l'économie, poussé à l'excès, nous a égarés, la passion de l'unité ne nous a pas été moins funeste. Assurément, si l'unité a le droit de régner quelque part, c'est à la guerre. Ce qui fait non-seulement le succès, mais le salut d'une armée, c'est l'unité de commandement et d'action. Il faut qu'une volonté unique et partout présente dirige ce grand corps; mais cette unité, on le sent bien, n'est pas chose mécanique, ce doit être une harmonie. On sait comment l'armée française est organisée en guerre. En tête est le général, qui prévoit, qui ordonne, qui tient tous les fils dans sa main. Auprès de lui, au grand quartier-général, sont les chefs de l'infanterie, de la cavalerie, du génie, de l'artillerie. Cet ensemble on le nomme d'un mot, le commandement. Ce n'est pas tout cependant que d'aligner des troupes un jour de bataille; il faut, durant toute la guerre, les nourrir, les habiller, les coucher, les transporter, les solder. A l'heure du combat, il faut relever les blessés, les mener à l'ambulance et les soigner. Si une épidémie éclate, il faut ouvrir des hôpitaux pour les malades. Il faut enfin contrôler toutes les dépenses pour éviter les vols et les abus. A côté de l'armée qui se bat, il y a donc une seconde armée qui ne se bat pas, et dont l'ensemble constitue ce qu'on appelle l'administration; mais à la différence du commandement, les divers services de l'administration n'ont point chacun un chef particulier qui travaille directement avec le général. L'administration se personnifie dans un seul homme, l'intendant en chef. Approvisionnements, transports, argent, ambulances, hôpitaux, contrôle, tout est dans sa main. Lui seul voit le général, lui seul reçoit directement les instructions et les ordres; il dirige tout, il est responsable de tout.

Sur le papier, ce système est d'une simplicité parfaite ; mais dans la pratique il n'est pas seulement insuffisant, il est dangereux. « Vouloir tout diriger, dit avec raison M. Chenu, vouloir être présent partout, c'est vouloir être nul partout. Le sous-intendant ne peut être en effet, dans les marches ou pendant le combat, près du général, *sa place réglementaire*, en même temps qu'à l'ambulance, aux subsistances, aux fourrages, etc. Il ne peut, comme le prescrit le règlement, s'occuper de l'enlèvement des blessés du champ de bataille, des distributions de vivres, assurer le campement et surveiller le parc aux bestiaux, faire des réquisitions, correspondre avec l'intendant, explorer les granges, les magasins, les fours existants dans la localité et ses alentours, saisir les denrées abandonnées par l'ennemi, faire manutentionner pour donner du pain à sa division, etc. [1] »

1. *Statistique de la campagne d'Italie*, t. I, p. xxxvii.

Non, sans doute, on ne crée pas l'ubiquité par un règlement; mais quel est le résultat de ce système ambitieux? La misère du soldat. Le service de santé est sans cesse gêné ou compromis. En théorie, l'intendant est le directeur des ambulances, et des hôpitaux; mais comment surveillerait-il vingt ambulances, ou, comme on l'a vu à Milan, vingt-cinq hôpitaux à la fois? Y a-t-il au moins une hiérarchie constituée? A défaut de l'intendant, y a-t-il un chef qui prenne la direction de l'hôpital, comme il y a un capitaine pour prendre le commandement du bataillon en cas de nécessité? Non.

Quand l'intendant n'est pas là, l'hôpital a trois chefs indépendants : le comptable, le médecin et le pharmacien. A l'ambulance, la confusion est plus grande encore. Sans parler des aumôniers, il y a des médecins, des chirurgiens, des comptables qui conduisent les infirmiers, des officiers et des soldats du train. Dans cette anarchie chacun tire de son côté. A Medole, au lendemain de la bataille de Solférino, on a vu, par l'effet d'une panique, les infirmiers et les soldats du train prêts à partir, tandis que les médecins fidèles à leur devoir, refusaient d'abandonner leurs blessés. L'effet le plus certain de cette centralisation à outrance, c'est un désordre complet.

Quand l'intendant est à même d'intervenir, les

choses vont-elles mieux? Non, c'est une lutte perpétuelle. Un décret peut établir l'omnipotence de l'intendant, mais il ne peut pas faire que le chirurgien qui soigne les blessés, que le médecin qui répond de la santé de l'armée, laissent un administrateur organiser à sa guise des hôpitaux, véritables foyers d'infection qui engendrent la maladie et la mort. De là des conflits misérables; l'autorité triomphe, c'est l'usage en France; mais nos soldats payent de leur vie cette triste victoire du règlement. Sont-ce là de vaines accusations? J'ouvre au hasard le livre de M. Chenu, j'y trouve des lettres comme celle-ci :

« Constantinople, 23 novembre 1854.

« A M. le maréchal, ministre de la guerre.

« L'hôpital de Gulhané a reçu les 21, 22 et 23 de ce mois, trois évacuations de blessés, de fiévreux et de marins scorbutiques de la Crimée, même quelques cholériques.

« Ni M. l'intendant de l'armée, ni M. l'intendant de Constantinople ne m'ont donné avis de ces évacuations; je n'ai eu connaissance de celle du 23 qu'en me rendant à Gulhané.

« Je n'ai pas été consulté sur le choix des locaux à occuper, ni sur la répartition des malades; aussi blessés, scorbutiques, fiévreux, etc., ont été portés pêle-mêle à Gulhané comme l'autre jour à Péra[1].

« MICHEL LÉVY,
« Inspecteur du service de santé. »

« Constantinople, 29 novembre 1854.

« Au même.

« Dès le mois de juillet dernier, j'ai eu l'honneur de signaler à Votre Excellence, ainsi qu'à M. le commandant en chef et à M. l'intendant de l'armée, le danger des grandes agglomérations de malades à l'occasion de l'installation à l'hôpital de Péra, qu'il s'agissait de porter à 1.800 ou même 2 100 lits. Depuis que cet hôpital compte plus de 1 200 malades, l'infection purulente s'y multiplie chez les blessés, les opérations y sont entourées de plus de risques, la mortalité augmente ; quatre officiers ont succombé en trois jours.... et pour achever la démonstration de la cause réelle de cette insalubrité croissante, l'hôpital de Dolma-Batché, placé à 400 mètres de celui de Péra, sur la même hauteur, mais limité à un effectif de 500 malades, continue ses succès et ses guérisons.

« Des deux côtés mêmes talents, mêmes soins, même propreté, même régime, mêmes malades ; une seule différence, le chiffre des malades, mais

---

1. *Statistique de la campagne d'Italie*, t. I, p. 733.

l'expérience a depuis longtemps démontré qu'au-dessus de 800 malades les hôpitaux s'infectent malgré toutes les précautions avec nos blessés et nos opérés en suppuration, avec nos dyssentériques et les scorbutiques de la marine. Cette accumulation de malades peut, d'un moment à l'autre, engendrer des affections contagieuses et meurtrières.

« Si je n'étais pas ici un directeur purement nominal du service de santé, j'aurais les droits et l'initiative nécessaires pour prévenir de pareils dangers; mais j'ai dû me borner à les notifier à M. l'intendant, qui me répond placidement : « Je les déplore avec vous ; mais le moment ne me paraît pas venu d'y apporter le remède que vous indiquez. »

« Gulhané et Dolma-Batché existent, parce qu'à Constantinople, en l'absence d'un intendant divisionnaire, j'ai pris au commencement de septembre l'initiative des demandes et démarches. Aujourd'hui, relégué derrière un intendant et un général de brigade, réduit à discuter leurs idées, à réfuter leurs vues, à bégayer les miennes par une interminable et fastidieuse correspondance, quand il leur plaît de me consulter..., je n'ai plus qu'à repousser toute responsabilité dans les effets ultérieurs d'une direction incompétente qui réduit la mienne à néant.

« Votre Excellence m'écrit : « Votre mission consiste à organiser et à diriger. » En réalité, ma mission a consisté le plus souvent.... à m'épuiser en communications latérales, en suggestions officieuses, en avis consultatifs, en prévisions presque toujours contestées et écartées, et presque toujours justifiées ; mais quand il s'est agi de direction, je me suis trouvé à la suite de MM. les sous-intendants, paralysé par les revendications d'autorité administrative ; M. l'intendant m'a en outre signifié sa supériorité de grade, à moi fonctionnaire sans grade assimilé, et notifié très-explicitement ses prétentions disciplinaires.

« MICHEL LÉVY,

« Inspecteur du service de santé[1]. »

Après dix mois de luttes où sa santé s'est épuisée, M. Michel Lévy obtient la faculté de rentrer en France. Jusqu'au dernier moment, il appelle l'attention du général en chef et de l'intendant sur les dangers qui menacent l'armée ; le 12 mars 1855, il écrit de Constantinople au président du Conseil de santé à Paris :

« J'ai la douleur de vous annoncer de nouvelles et regrettables pertes dans notre corps médical d'Orient. Voilà 26 médecins morts depuis l'ouver-

---

1. *Statistique de la campagne d'Italie*, t. I, p. 734.

ture de la campagne! Aucun corps d'officiers n'a fait de pareilles pertes.... Mais à cause même du beau temps, des foyers de putréfaction multiples, jusqu'alors arrêtés par le froid, entrent en activité. Je ne cesse d'exciter par des lettres motivées l'attention du général en chef et de l'intendant. J'ai recommandé l'abandon des taupinières ou excavations, que j'ai prédit devoir être autant de nids à typhus et à scorbut; j'ai demandé avec instance le rétablissement des tentes sur le niveau du sol, l'ensevelissement des cadavres d'animaux sous une couche de chaux, etc.; j'ai rédigé une instruction hygiénique sur le scorbut, je réclame l'évacuation immédiate des scorbutiques sur Constantinople; j'ai pressé auprès de l'intendant en mission ici l'envoi en Crimée de pommes de terre, oignons, citrons, huile et vinaigre, moutarde, etc.[1].»

On ne tient pas compte de ces avertissements prophétiques. Au mois d'octobre 1855, M. Baudens, qui remplace M. Michel Lévy, essaye de mettre l'administration en garde contre les menaces du typhus; il n'est ni plus écouté ni plus heureux que son devancier. Je ne sais rien de plus honorable pour la médecine militaire que ces lettres de Baudens; je ne sais rien de plus écrasant pour notre système d'administration.

1. *Statistique de la campagne d'Italie*, t. I, p. 742.

Le 26 février 1856, Baudens écrit de Constantinople au ministre de la guerre :

« La marche du typhus continue à être ascendante. Il se déclare en moyenne cent cinquante nouveaux cas par jour dans les hôpitaux de Constantinople. Il y a dans certains hôpitaux une situation grave, tendue; il y faut apporter un prompt remède. Le meilleur est simple : de l'air, toujours de l'air, encore de l'air pur et renouvelé! Pour cela, il nous faut plus d'espace; il faut bien vite transporter la moitié de notre population hospitalière sous les baraques inoccupées de Maslak, y faire un grand campement, un grand bivouac. Voilà ce que je dis et écris du matin au soir à qui de droit.

« On me promet pour le 1er mars trois mille places sous baraque (j'en avais demandé cinq mille); ce sera très-insuffisant, d'autant plus qu'il nous vient de Crimée de nombreuses évacuations.

« Une erreur qui se propage parmi nos autorités, et que je m'efforce de détruire parce qu'elle pourrait avoir de déplorables conséquences, c'est de comparer le typhus au choléra, et de croire que le mal disparaîtra de lui-même. Le choléra, dont on ignore la cause, a une marche ascendante que rien n'a encore pu arrêter; arrivé à son maximum d'intensité, il décroît et s'éloigne rapidement. Le typhus, au contraire, dont on connaît la cause productrice, la misère, persiste jusqu'à ce que celle-ci ait disparu. Son élément est le miasme humain, devenu contagieux, et dont le foyer a d'autant plus d'intensité qu'un plus grand nombre de typhiques sont accumulés sur un même point....

« Nous avons des baraques pour loger 25 000 soldats ; elles attendent une population ! Hâtons-nous de les occuper.

« Ouvrir des baraques au fur et à mesure que les malades nous arrivent de la Crimée, c'est se laisser envahir tout doucement par les flots de la marée montante.

« Pourquoi n'allons-nous pas plus vite ? C'est apparemment qu'il y a dans l'exécution des difficultés dont je ne me rends pas un compte exact. Ainsi j'ai entendu, dans une de nos conférences, M. l'intendant objecter à mon projet la « défense ministérielle » de faire des ambulances hors de la Crimée.

« Le conseil est facile à qui n'a pas de responsabilité ; aussi je n'ose pas me plaindre, tout en déplorant la situation qui m'est faite[1]. »

Au moment où l'intendant, esclave de la consi-

---

1. *Statistique de la campagne d'Italie*, t. I, p. 757.

gne, fait cette réponse mémorable, « il y a une défense ministérielle de faire des ambulances hors de Crimée, » sait-on quelle est la misère de nos soldats? En février, il est entré dans les hôpitaux de Crimée et de Constantinople 7834 typhiques; il en est mort plus de la moitié. Dans les trois mois janvier-mars 1856, le respect du règlement nous a valu 20 000 malades et 10 000 morts. Comme le dit Baudens, « le soldat seul avec les médecins a fait tous les frais du typhus. » Heureusement pour ce qui reste de l'armée le cri de Baudens est enfin entendu. Le 15 mars 1856, l'empereur dit au maréchal Vaillant : « Il est essentiel d'établir le plus vite possible les ambulances sous baraques que réclame M. Baudens; donnez des ordres pressants en conséquence. » Aussitôt tout change, le ministre télégraphie au général qui commande à Constantinople : « Faites tout ce que demande M. Baudens. Réglez avec les médecins, et en dehors de toutes les prescriptions écrites, l'alimentation des malades. Vous avez pleins pouvoirs, j'approuverai tout ce que vous ferez. » Cette fois les médecins triomphent, le règlement est vaincu, l'armée est sauvée.

Quand on suit ces événements à la distance où nous sommes, quand on voit Michel Lévy et Baudens prédire à coup sûr l'épidémie, prier et supplier pour qu'on ne livre pas à la maladie et à la mort nos pauvres soldats, on se sent pris d'indignation. Malgré soi, on accuse l'incapacité et l'incurie des intendants. Cependant ce reproche est injuste ; eux aussi, ils ont fait leur devoir sans ménager leur personne. Blanchot, l'intendant en chef de l'armée d'Orient, est mort d'épuisement après la campagne de Crimée ; Paris de la Bollardière, intendant en chef de l'armée d'Italie, n'a pas survécu longtemps aux fatigues sans nombre qui l'ont écrasé ; le vice n'est pas dans les hommes, il est dans le système. Il est dans ces règlements insensés qui chargent un seul corps d'attributions innombrables ; il est dans ce régime de centralisation qui, en détruisant toute liberté, détruit toute responsabilité, et fait décider par les bureaux, à Paris, des questions qui ne peuvent être jugées que sur place et par des hommes spéciaux. « On ne veut pas d'ambulances hors de Crimée ; » qui a dit ce mot ? Aujourd'hui peut-être on n'en trouverait pas l'auteur, et cependant cette prescription, donnée à la légère, nous a coûté plus de sang qu'une bataille rangée.

Maintenant le mal est connu et la cause du mal est visible. Comme l'écrivait en 1854, longtemps avant l'invasion du typhus, l'inspecteur Michel Lévy, « l'expérience de l'armée d'Orient démontrera à tout jamais, et avec une invincible évidence, qu'en temps de guerre au moins les immenses questions de subsistances, de transports, de campement et d'habillement, de solde et de contrôle, de matériel et d'approvisionnement des hôpitaux et des ambulances, suffisent à toute l'activité du corps si distingué de l'intendance, et qu'il lui est impossible de cumuler utilement avec ces attributions si difficiles et si complexes la direction du service de santé et le commandement du corps spécial qui en a la conception et l'exécution professionnelle[1]. »

Quel est le remède? Il est indiqué par l'expérience; il ressort de la cruelle leçon que les événements nous ont infligée. Puisque la subordination et l'impuissance des médecins les ont empêchés de prévenir des fléaux qu'on pouvait aisément conjurer, il faut faire cesser cette impuissance et cette condition subalterne; il faut que la médecine militaire devienne un service distinct et qu'elle ait son représentant au grand quartier-général. Il faut qu'il y ait un corps de médecine et d'hygiène, comme il y a un corps d'artillerie et un corps du génie. « Il n'est pas difficile de conduire les troupes au feu, mais bien de les faire vivre et de les conserver, » a dit avec raison le maréchal Bugeaud. Pourquoi le service qui a pour objet de conserver et de faire durer le soldat n'aurait-il pas

---

1. *Statistique de la campagne d'Italie*, t. I, p. 735.

une organisation indépendante et des chefs admis à travailler directement avec le commandant de l'armée? Est-ce qu'un avis donné à propos sur la nature du terrain, des eaux, de l'alimentation, ne peut pas sauver la vie ou la santé de milliers d'hommes, et contribuer à la victoire tout autant que les sages conseils d'un chef d'artillerie?

C'est une innovation, diront les administrateurs de la vieille école, ces prétendus sages qui tournent le dos au progrès et ne regardent que le passé. Cela ne s'est fait ni sous la Révolution ni sous le premier Empire, et cependant nous avons vaincu toute l'Europe. Non, sans doute, cela ne s'est fait ni sous la Révolution ni sous l'Empire; mais combien de milliers d'hommes n'ont-ils pas payé de leur vie l'ignorance et l'incurie de leurs chefs? Qu'on songe au typhus de Mayence et à ces épidémies formidables qui suivaient les armées et dévoraient les populations. Si l'on avait la statistique médicale de 1792 à 1815, on reculerait d'horreur. Aujourd'hui il est né une science nouvelle, l'hygiène, qui prévient aisément des maladies que la médecine est impuissante à guérir. Si cette science de la santé est à sa place quelque part, c'est au milieu de ces rassemblements d'hommes qui forment les armées. On ne se fera jamais une trop haute idée des services qu'elle peut rendre aux troupes en campagne, de l'influence décisive qu'elle peut avoir sur l'issue de la guerre. Les maladies tuent dix fois plus d'hommes que le fer et le plomb. On calcule qu'en Crimée il y a eu 30 000 Russes tués par l'ennemi, et qu'il en est mort 600 000 de maladie et de misère. Que faut-il cependant pour éviter le scorbut, le typhus et la fièvre? Une alimentation tonique et variée, un air pur, un campement sec, un bon drainage, quelques précautions pour éviter le froid du soir ou l'humidité du sol, et enfin une grande propreté. Obtenir cela n'est pas au-dessus des forces humaines; encore y faut-il le double concours du soldat et de l'administration. Le soldat obéit volontiers quand on l'éclaire sur son propre intérêt; mais vous n'aurez jamais une administration active et vigilante tant que vous ne la composerez pas de ceux-là seulement qui font de la santé humaine l'étude de toute leur vie.

Une dernière réflexion. S'il est un lieu-commun qui traîne dans toutes les histoires, c'est que le premier choc des Français est irrésistible, mais que bientôt cette première pointe s'émousse et que, faute de persévérance, nous perdons toujours nos conquêtes. Cette observation, que les événements ont trop souvent justifiée, pourrait bien avoir un tout autre sens que celui qu'on lui donne. Elle signifierait simplement qu'à la seconde année de guerre une armée française, épuisée par la mauvaise nourriture, ruinée par le scorbut et le typhus, n'a plus l'énergie des premiers jours. Ce ne serait pas notre légèreté nationale qu'il faudrait accuser, c'est la mauvaise administration de nos troupes. S'en est-il fallu de beaucoup que notre armée ne fondît devant Sébastopol? Est-ce le courage, cependant, qui manquait à nos soldats? Non; ce qui ruinait nos troupes, ce qui pouvait compromettre l'honneur de la France, c'est le détestable système que M. Chenu dénonce à l'opinion publique; système qui, malgré l'expérience de la Crimée et de l'Italie, règne encore aujourd'hui, et nous exposerait aux dangers les plus grands si la guerre éclatait demain.

Nous avons dit comment, dans la première année de la guerre de Crimée, tandis que nos soldats opposaient une certaine résistance au climat et à la maladie, l'armée anglaise était éprouvée de la façon la plus cruelle. De novembre 1854 au mois d'avril 1855, les Anglais eurent 47749 malades et blessés, sur lesquels il en mourut 10889. C'était une perte de 5,79 sur l'effectif, de 22,83 sur le nombre des malades. Notre armée était le triple de l'armée anglaise, nous avions eu 8000 blessés, et cependant on ne comptait dans nos rangs que 10934 morts. La perte était de 2,31 sur l'effectif, de 12,60 sur le nombre des malades. Ce dernier chiffre était considérable; mais il disparaissait devant l'énorme total de la mortalité anglaise. Aussi à cette époque y eut-il dans les journaux français un concert de louanges pour célébrer l'excellence de notre administration militaire. Hélas! cette admiration ne devait pas durer longtemps. Tandis qu'on nous berçait de ces éloges qui flattent notre vanité, un simple journaliste qui s'était établi dans le camp anglais, M. Russel, correspondant du *Times*, dénonçait à l'Angleterre toutes les souffrances de l'armée, et en rendait l'administration responsable. Si M. Russel avait été Français, et s'il s'était permis de faire sur notre système le quart des critiques qu'il adressait au commissariat anglais, il n'est pas douteux qu'après la première lettre on eût chassé du camp, comme un calomniateur, cet homme sans mandat qui avait l'audace de dire la vérité. Heureusement pour lui, plus heureusement pour l'Angleterre, M. Russel était citoyen d'un pays qui aime à connaître et à faire lui-même ses affaires. A la lecture de ces lettres, pénibles pour l'orgueil national, mais salutaires pour l'armée, l'opinion s'émut; on demanda une réforme immédiate, et le ministère, suivant l'habitude anglaise, s'empressa de déférer au vœu de l'opinion. En d'autres pays, il aurait mis sa gloire à lui résister. Que fallait-il faire? On l'ignorait; mais, pour ne pas perdre un instant, le ministère envoya en Crimée une commission sanitaire, composée du docteur Sutherland, du docteur Milroy et de M. Rawlinson. En nommant cette commission, le ministre de la guerre, lord Panmure, lui donna pleins pouvoirs, non-seulement pour inspecter, mais pour agir. « Vous ne vous contenterez pas de donner des ordres, disait la lettre du ministre, *vous vous assurerez que vos instructions sont exécutées.* » C'est de cette façon seulement qu'on pouvait en finir avec la routine administrative et sauver les restes de l'armée.

A côté de la commission figurait une personne à qui le gouvernement et l'opinion accordaient par avance tout ce qu'elle voudrait demander d'autorité et d'argent. Cette personne, entre les mains de laquelle l'Angleterre remettait la vie de ses enfants; ce n'était ni un fonctionnaire, ni même un médecin, c'était une femme, miss Nightingale. Dès son arrivée en Orient, miss Nightingale, entourée de médecins éclairés par l'expérience, n'hésita pas à déclarer que 96 pour 100 des morts constatées dans les hôpitaux, du 5 mai au 14 juillet 1855, étaient le résultat de maladies infectieuses, en d'autres termes de maladies qu'avec des soins hygiéniques il eût été aisé de prévenir. Une fois la cause du mal signalée, le remède ne se fit pas attendre. On émancipa le service médical, on écouta les médecins, miss Nightingale organisa un corps d'infirmiers, tous bien instruits, tous bien payés, tandis que chez nous ce corps se recrute parmi les soldats, et pas toujours parmi les plus capables ; enfin chacun s'inclina devant les lois de l'hygiène, sans qu'il vint à l'idée de personne de subordonner le salut de l'armée à des règlements surannés. Avec cette organisation nouvelle, on fit des miracles. Durant les années 1854-1855, l'imprévoyance administrative, l'insuffisance des vêtements et des abris, la mauvaise qualité des aliments, l'occupation prolongée du même sol, l'absence totale d'égouts et de ventilation, avaient déchaîné le typhus, le scorbut, la dyssenterie, la fièvre sur l'armée anglaise. En novembre et en décembre 1855, grâce aux précautions hygiéniques, à l'abondance, à la variété, à la qualité des aliments et des boissons, la mortalité était descendue de 23 à 4 pour 100 du nombre des malades. Un peu plus tard, quand la ventilation des abris et le drainage du sol furent établis partout, quand la propreté fut maintenue dans le camp et sur les hommes avec une sévérité judicieuse, du mois de janvier au mois de mai 1856, la mortalité descendit à 1,7 et même à 1,1 pour 100 du nombre des malades. Dans ce second hiver passé devant Sébastopol, la moyenne des pertes de l'armée anglaise a été de 0,20 sur l'effectif, de 2,21 sur le nombre des malades. Celle de notre armée a été de 2,69 sur l'effectif, de 19,87 sur le nombre des malades. En d'autres termes nous avons perdu neuf fois plus de monde que les Anglais.

Peut-être dira-t-on que nos soldats n'étaient pas placés dans des conditions aussi favorables que nos alliés, qu'ils soutenaient l'effort de la guerre; mais les pertes de notre armée ne s'expliquent point par la fatigue et le danger. Cette opinion du moins serait difficile à soutenir en présence du chiffre des scorbutiqués et des typhiques, et la correspondance du médecin en chef de l'armée, le docteur Scrive, ne permet pas de garder cette illusion. C'est notre système qui est la cause du mal, M. Scrive le dit sans violence, sans colère, et j'ajouterai avec la résignation d'un homme qui sait d'avance que tout effort est inutile, et que, dût périr l'armée, l'administration ne cédera pas. Je ne sais rien de plus triste que les lettres de ce médecin, qui est mort à la peine; je ne connais rien qui jette un jour plus sinistre sur l'organisation médicale de notre armée. La citation est longue, mais je me ferais scrupule de rien retrancher. C'est la pièce décisive du procès.

« Il me reste à répondre au dernier paragraphe de la lettre du Conseil de santé relativement à l'appréciation comparative de l'état sanitaire de nos alliés et du nôtre. Il est parfaitement évident que les Anglais ont une situation sanitaire bien meilleure que la nôtre; mais cette différence s'explique facilement, d'abord par la proportion du concours de chaque armée à l'œuvre commune. Pendant que nous manœuvrions de Sébastopol aux sources du Belbeck pour couper la retraite aux Russes, et que nos troupes suffisaient à peine à la défense d'une ligne de quatorze lieues, les Anglais s'organisaient sans s'inquiéter d'attaques nouvelles; Sébastopol était en ruines, nous étions maîtres de la situation : c'était tout pour eux. En vue de l'hiver à passer en Crimée, nos alliés établissaient des baraquements pour la troupe, amélioraient leurs chemins de fer, qui apportaient rapidement et constamment l'abondance dans leur camp, tandis que nos soldats se sont misérablement installés en tenant le fusil d'une main et la pioche de l'autre.

« Le service hospitalier des Anglais profita de l'influence favorable d'une direction absolue par le corps médical, qui a le droit d'exprimer les besoins éprouvés en même temps que celui d'y satisfaire largement, sous sa responsabilité. Aussi devons-nous convenir que, réduits au strict nécessaire, nous sommes bien pauvres dans notre hospitalisation devant le luxe et le confort des établissements de nos voisins et alliés [1].

---

1. *Statistique de la guerre d'Italie*, t. I, p. xcii.

« Dans les camps anglais, l'alimentation, dont nous avons pu juger, ne laisse rien à désirer aux points de vue de la qualité, de la variété et de la quantité.... Était-il possible de faire jouir l'armée française de si magnifiques avantages ? Je réponds négativement, parce que *les règles fondamentales du système que la France a adopté s'y opposent formellement;* mais l'expérience qui est acquise par ces cruelles épreuves ne peut être perdue, j'en suis certain.... *Ne pas profiter de ces enseignements serait un crime de lèse-humanité.*

«.... Avec de pareilles conditions qui sont *faites pour favoriser la contagion*, est-il possible, même avec les soins les plus éclairés, les mieux entendus et les plus dévoués, est-il possible, dis-je, d'obtenir des résultats comparables à ceux de nos voisins, *où tout vient en aide au médecin?*

« En quatre mois, 47 000 hommes d'une armée de 145 000 sont entrés dans nos ambulances pour maladies; 9 000 sont morts; un nombre égal parmi les malades qui ont été évacués a peut-être succombé dans les hôpitaux de Constantinople et de France.

« En présence de ces faits, on éprouve une impression pénible, et l'on est en droit de s'étonner qu'au dix-neuvième siècle on n'emploie pas les moyens certains de prévenir l'exagération de semblables pertes dans l'armée, ou au moins de les réduire à des proportions normales.

« Le climat de Crimée est salubre, et aucune influence spéciale des divers points du territoire occupé par nos troupes n'a produit de maladie sérieuse. *Il n'y a pas d'officiers malades, et s'ils ne sont pas atteints des maladies des soldats, c'est qu'ils sont convenablement abrités et bien nourris.* Actuellement nous sommes encore une fois et plus fortement éprouvés que par le passé, parce que l'hiver a été rigoureux, parce que l'état de guerre ne comporte pas de protection complétement efficace à l'égard de nos soldats contre le froid, parce que le séjour prolongé dans des abris insalubres et une alimentation non variée, grossière et de médiocre qualité, ont fortement ébranlé ou compromis la constitution du plus grand nombre.

« A l'égard du traitement général du typhus, qu'on soit bien persuadé que ce n'est pas de la médecine qu'il y a seulement à faire, mais de l'hygiène, beaucoup d'hygiène, toujours de l'hygiène sur une vaste échelle[1]. »

« Ne pas profiter des enseignements que donne la guerre de Crimée, ce serait un crime de lèse-

---

1. *Statistique de la guerre d'Italie*, t. I, p. 766-768.

humanité. » Quand Scrive poussait ce cri d'honnête homme, il oubliait que la vie de nos soldats est dans les mains de l'administration, c'est-à-dire d'un corps excellent pour appliquer un règlement, mais incapable de se réformer lui-même. Certes tous les gouvernements qui se sont succédé en France depuis cinquante ans ont eu à cœur le bien-être du soldat. Je ne crois pas qu'il y ait eu un seul ministre de la guerre qui ne se soit occupé d'améliorer la condition de l'armée, et je suis convaincu que l'intendance a toujours eu les meilleures intentions. Avec ce bon vouloir général, comment expliquer que les erreurs et les abus s'éternisent en France? Pourquoi se refuse-t-on aux améliorations les plus évidentes? C'est que l'administration n'est pas une personne; c'est une machine qui, une fois montée, va d'elle-même. Il n'y a nulle part ni liberté, ni responsabilité. Avouer qu'on s'est trompé, exciter l'opinion, provoquer l'intervention des Chambres; leur demander de l'argent, beaucoup d'argent, soulever l'opposition de bureaux, blesser dans son amour-propre et ses prérogatives un corps laborieux et puissant, c'est là un travail d'Hercule; nos ministres ne sont pas des demi-dieux. En Angleterre, une pareille entreprise n'est pas au-dessus des forces humaines, parce que le ministère se fait gloire d'être le serviteur de l'opinion: il prend pour point d'appui la presse, seule puissance que personne n'intimide, seule voix que rien n'empêche de dire la vérité; mais en France, où le gouvernement a peur des journaux et n'aime que le silence, toute réforme avorte misérablement devant la résistance des intérêts menacés. Voilà pourquoi on se croit politique en cachant à tous les yeux les plaies qu'on guérirait en les étalant au grand jour. Reconnaître une erreur est contraire aux règles fondamentales de notre système; l'administration française ne se trompe jamais; elle le croit sincèrement, et ne voit pas que le châtiment de toute autorité infaillible, c'est l'impuissance et l'immobilité.

Si l'on trouve ce jugement sévère, qu'on lise la *Statistique médico-chirurgicale de la campagne d'Italie;* on verra si les pièces officielles ne nous donnent pas raison. La guerre d'Italie éclate au mois de mai 1859; mais elle est prévue tout au moins depuis le 1er janvier. On se rappelle les paroles menaçantes adressées par l'empereur à l'envoyé d'Autriche. L'administration militaire n'a rien négligé pour préparer la victoire : les canons rayés sont prêts, l'armement de nos soldats est supérieur à celui des Autrichiens, on a dirigé vers la côte des approvisionnements considérables; qu'à-t-on fait pour l'hygiène de l'armée? Les souvenirs du siége de Sébastopol sont encore tout récents; l'expérience faite par les Anglais a prouvé aux plus incrédules qu'avec une nourriture abondante et tonique, de bons abris, de l'air et des soins, on pouvait prévenir le typhus et le scorbut, et cependant l'intendance n'a pas changé ses traditions. La nourriture n'a pas été améliorée. Dans un pays ami et plein de ressources, dans la contrée la plus riche et la plus fertile de l'Europe, l'alimentation a été mauvaise et presque toujours insuffisante. Souvent, nos divisions ont manqué de pain; on l'a remplacé par la farine de maïs que les soldats ne savaient ou ne pouvaient accommoder. La nourriture la plus usuelle a été du biscuit, la boisson la plus ordinaire de l'eau avec un peu de café de mauvaise qualité. Aussi dès le mois de juin voit-on les hôpitaux envahis par des malades, atteints d'affections peu graves sans doute, mais qui laissent après elles une profonde débilité. Ces affections, les médecins n'hésitent pas à les attribuer *au manque suffisant d'abri et surtout à l'insuffisance de la nourriture*[1]..

Si l'on n'a rien fait pour les soldats valides, s'est-on du moins inquiété des blessés et des malades? A-t-on réorganisé les ambulances? A-t-on suivi l'exemple des Anglais en établissant un corps d'infirmiers capables de seconder les médecins?

1. *Statistique de la campagne d'Italie*, t. I, p. 171.

— Le 20 mai a lieu le combat de Montebello, qui donne un assez grand nombre de blessés; on en transporte une partie à Voghera, d'où, après les premiers soins, on les évacue sur Alexandrie. Le 22, le médecin-major écrit de Voghera au baron Larrey :

« Demain il nous restera 180 blessés des plus graves, sans comprendre les entrants du jour. Je n'ai que 3 aides-majors avec moi, nous sommes sur les dents.... Le service est mal organisé; nous n'avons pas d'infirmiers; quelques musiciens que personne ne commande ont été désignés pour remplacer les infirmiers absents, et ne nous sont pas utiles, parce qu'ils ne savent rien. Les malades sont mal couchés, mal nourris, mal soignés.... Il faudrait au moins 8 médecins, 30 infirmiers, et un matériel suffisant [1]. »

Le 24 mai, le docteur Champouillon, médecin en chef du 1er corps, écrit de Montebello qu'il a fait garnir de paille les cloîtres et l'église, car on manque absolument de couchage; il ajoute :

« J'ai prié M. l'intendant de se procurer 2000 couvertures de laine pour le service des ambulances du 1er corps. Afin d'économiser le peu de linge

1. *Statistique de la campagne d'Italie*, t. I, p. 41.

dont nous disposons, j'ai fait requérir des habitants une certaine quantité de mousse destinée aux fomentations d'eau froide.

« Je vous informe avec regret que, par suite de l'inexpérience ou des préoccupations nombreuses de l'intendance, plus de 800 *blessés ont été nourris pendant quatre jours par la commisération publique*.

« Les régiments et les ambulances continuent à manquer de médicaments, de même que nous sommes dépourvus d'infirmiers militaires. »

Dira-t-on que c'est là le désordre inséparable du premier moment? Ce serait une pauvre excuse pour une administration qui se glorifie de suffire à tout; mais cette excuse même ne vaut rien. Le 24 juin, on rencontre l'ennemi à Solférino; il y a plusieurs jours qu'on le cherche; cette bataille qui va décider du sort de l'Italie, elle est prévue, elle est attendue; tout doit être prêt. Comment a-t-on soigné nos blessés? Écoutons l'intendant en chef de l'armée. « A Solférino, dit-il, des ambulances volantes, composées de mulets à cacolets, auxquels on joignit des caissons du train, furent dirigées sur les points où l'action était engagée pour relever les blessés et les porter aux ambulances. Il en fut ainsi amené 10 212 du 25 au 30 juin; mais un petit nombre pendant les journées du 29 et du 30[1]. » Dans ce simple récit, songe-t-on à ce qu'il y a de souffrances accumulées et de souffrances inutiles? Se figure-t-on le désespoir d'un malheureux qui meurt sans secours? Y a-t-il rien de plus poignant que la misère du soldat blessé à qui on fait attendre trois ou quatre jours les soins qui, donnés à propos, lui auraient conservé un membre et souvent même la vie? Toutes ces victimes n'ont-elles pas le droit de nous reprocher notre ingratitude?

La cause principale de toutes ces souffrances, c'est le défaut de médecins. Il n'y avait point en Italie le quart de ce qu'il eût fallu de médecins et de chirurgiens pour soigner nos blessés et nos malades. — En 1830, sous la Restauration, l'armée qui fit la conquête d'Alger comptait 30 000 hommes; elle menait avec elle 180 médecins d'ambulances et hôpitaux de première ligne, — 6 médecins pour 1000 hommes d'effectif. En Crimée, au mois de mai 1855, pour une armée de 108 000 hommes, on ne comptait plus que 78 médecins d'ambulances et hôpitaux de première ligne, — 0,72 médecins pour 1000 hommes d'effectif. En Italie, au mois de juin 1859, l'armée est de 160 000 hommes; il y a 132 médecins d'ambulances et d'hôpitaux de première ligne, — 0,82 médecins par 1000 hom-

---

1. *Statistique de la campagne d'Italie*, t. I, p. XVI.

mes d'effectif[1]. C'est un chiffre tout à fait insuffisant. Sous le premier empire, qu'on n'accusera pas d'une sensibilité exagérée, les ambulances comptaient quatre ou cinq fois plus de chirurgiens que les nôtres. Est-ce donc que la guerre a changé de caractère? Y a-t-il moins de soldats sous les armes, les rencontres sont-elles moins formidables, les moyens de destruction moins meurtriers? Tout au contraire, les batailles sont des massacres, les engins nouveaux fauchent d'un seul coup des régiments entiers. Du jour au lendemain, il faut relever, transporter, amputer, panser 10 ou 20 000 blessés.... Dans une armée moderne, le service de santé est un des besoins les plus grands et les plus pressants; il ne paraît pas qu'en 1859 l'administration française s'en soit inquiétée. A peine a-t-on passé les Alpes que les médecins en chef de tous les corps se plaignent de l'insuffisance du personnel et du matériel. Qu'est-ce qu'une ambulance de 4 médecins par division? Comment suffiront-ils aux amputations et aux pansements? Le médecin en chef de l'armée, le baron Larrey, qui a au plus haut degré le sentiment de la responsabilité qui pèse sur lui, se hâte d'agir auprès du ministre de la guerre; il lui fait demander par le général Roguet un supplément de 300 médecins.

---

1. *Statistique de la campagne d'Italie*, t. I, p. XVII.

Le ministre trouve ce chiffre si considérable, qu'il écrit à l'empereur pour lui déclarer que l'administration de la guerre est hors d'état de satisfaire à de pareilles exigences. Il faut se réduire, on se contente de 150 ou 160 médecins auxquels on adjoindra 150 sous-aides, c'est-à-dire des jeunes gens qui auront plus de bonne volonté que de science. Voilà tout ce que peut obtenir le médecin en chef de l'armée, appuyé par le Conseil de santé. Aussi est-il obligé de recourir aux médecins et aux étudiants sardes, dont un assez grand nombre n'entendent pas où ne parlent pas le français. Ce n'est là que le moindre mal. Les médecins italiens sont zélés, mais ils appartiennent encore à la terrible école de Broussais. Saigner et mettre des sangsues, c'est toute la pratique italienne; fièvre typhoïde, résorption purulente, diarrhée, toutes ces affections que le médecin moderne traite en soutenant le malade, ne sont pour les docteurs italiens que des cas de typhus ou de gastro-entérite qu'il faut combattre à coups de lancette. « Après les canons rayés, écrit un médecin français, je ne connais rien de plus dangereux que les médecins de Turin, qui pratiquent la médecine antiphlogistique sans mesure et sans intelligence[1]. » Je ne sais si la critique est fondée, mais elle est unanime chez nos médecins.

1. *Statistique de la campagne d'Italie*, t. I, p. 521.

Insuffisants par leur petit nombre, les médecins de l'armée d'Italie le sont bien plus encore par le peu d'action qu'on leur laisse. Il semble que l'administration ne les connaisse pas; on les regarde comme des agents inférieurs, des infirmiers dont la place est à l'hôpital, sous la direction de l'intendant. Quand l'armée française descend en Italie, un grand nombre de médecins n'ont aucun moyen de transport. Le nouveau règlement a oublié de s'occuper de leur bagage; il ne leur concède qu'un cheval de selle, qu'on ne leur a pas fourni. Au grand quartier-général, on voit des médecins arriver en tenue perchés sur des caissons d'ambulance. Au 17 juin, après six semaines de campagne, le médecin en chef est obligé d'écrire à l'intendant-général que, malgré toutes leurs démarches pour obtenir des chevaux, et toutes les promesses qu'on leur a faites, plusieurs médecins de l'ambulance du grand quartier-général sont obligés de faire les étapes à pied ou sur des caissons. « Quelle assistance, dit-il, peut-on attendre, aux stations d'arrivée, d'un personnel harassé par la chaleur et la fatigue de la marche, ou arrêté en arrière, tantôt sur les voitures, tantôt sur des véhicules d'emprunt?... Ne serait-il pas possible d'obvier à cet inconvénient par telle mesure qu'il ne m'appartient pas d'indiquer[1]? »

1 .*Statistique de la campagne d'Italie*, t. I, p. 201.

Remarquez la timidité, je dirais presque l'humilité de ces dernières paroles. C'est qu'en effet le médecin n'est rien, non, pas même le médecin en chef. Qui croirait, par exemple, que le fils de Larrey, l'homme qui répond de la santé et de la vie de 160000 hommes, en est réduit à écrire le 20 mai à l'intendant-général : « Je n'ai personne auprès de moi, pas même un planton ou un soldat d'ordonnance, et je suis obligé de suffire seul à l'expédition des dépêches que je fais passer « par un domestique civil[1]. » Il faut la permission de l'intendant-général pour que le médecin en chef de l'armée d'Italie puisse attacher à son service officiel un sergent infirmier !

Rien n'est triste comme cette correspondance de M. Larrey et de l'intendant-général. Les rôles naturels sont renversés ; ce n'est pas l'administration qui sur l'ordre du médecin fournit les secours dont nos soldats ont besoin, c'est le médecin qui supplie l'administration de vouloir bien constituer l'ambulance du grand quartier-général, ou même d'établir, soit à Gênes, soit à Alexandrie, « un approvisionnement d'appareils ou bandages, de gouttières, de planchettes, de fanons de paille et de lamelles de carton, pour les éventualités les plus nombreuses des fractures[2]. » En

1. *Statistique de la campagne d'Italie*, p. 35.
2. *Ibid.*, p. 36.

d'autres termes, il faut l'intervention d'un intendant pour qu'un pharmacien ou un infirmier obéisse aux ordres d'un chirurgien. C'est une belle chose que la hiérarchie administrative; mais la pousser à ce degré, c'est plus que du ridicule, c'est de la folie qui touche à la cruauté. Le malheur de tous les mécanismes, quand on les applique aux hommes, c'est qu'ils ne répondent jamais ni aux progrès de la science ni aux besoins du moment. Il y a une hygiène officielle et réglementaire, les intendants y sont fidèles, et c'est par cela même qu'avec les meilleures intentions, et en toute sûreté de conscience, ils font le mal, croyant faire le bien. Jamais intendant et médecin ne s'entendront sur le sens du mot encombrement. Pour un intendant, dès que chaque malade a 20 mètres cubes d'air à respirer, la règle est observée, il n'y a pas d'encombrement. Le médecin s'inquiète peu de ces prescriptions artificielles; pour lui, il y a encombrement dès que l'air cesse d'être pur et que le bâtiment est empesté; l'infection se traduit par l'aggravation des maladies et l'accroissement de la mortalité. On ne fait que commencer à se rendre compte de ces éléments morbides qui peu à peu s'accumulent dans les hôpitaux. Les Américains, éclairés par l'expérience, déclarent qu'après dix ans de service tout hôpital est empoisonné et qu'il faut le détruire. Nos médecins n'en sont pas encore là, je crois qu'ils y viendront; mais dès aujourd'hui les meilleurs hygiénistes regardent nos grands hôpitaux civils comme des foyers d'infection, comme des temples élevés à la fièvre et à la mort. C'est bien pis en guerre avec le cortége de maladies que toute une armée traîne après elle. Disséminer les blessés et les malades, les plonger en quelque façon dans un bain d'air pur, afin d'assurer à chacun d'eux les meilleures conditions de guérison, c'est l'ambition de tous nos médecins; mais l'intendance n'en est pas là, et, quand elle y sera parvenue, la science aura fait un nouveau pas, l'administration sera arriérée comme toujours.

La guerre d'Italie n'a duré que deux mois, l'armée n'a pas tardé à rentrer en France, et néanmoins, dans le court espace de temps que nos troupes ont passé de l'autre côté des Alpes, nous avons perdu presque autant de soldats par la maladie que par le feu de l'ennemi. Je crois que nous en aurions perdu davantage, si nous n'avions eu au grand quartier-général un homme que je suis heureux de signaler à la reconnaissance publique, c'est le médecin en chef de l'armée, le baron Larrey. Avec une douceur inaltérable et un dévouement qui ne s'est jamais lassé, le baron Larrey a desserré autant que possible le nœud administratif qui gêne nos médecins et paralyse leur activité. On voit qu'il a toujours devant les yeux l'exemple de la Crimée. Sa pensée constante, c'est de prévenir à tout prix l'encombrement, d'abord pour conjurer l'épidémie, ensuite pour faire de la chirurgie conservatrice, c'est-à-dire pour épargner aux blessés ces mutilations qui font de la vie un supplice. Personne n'aurait fait plus que M. Larrey, j'oserai dire que personne n'aurait fait autant que lui ; mais, qu'il le sache ou non, sa correspondance est la condamnation de notre administration militaire. Elle démontre au plus ignorant et au plus aveugle qu'en France le service de santé militaire est organisé de la façon la plus fausse et la plus désastreuse. En dépit de notre énorme budget militaire, nous ne sommes pas en état de faire la guerre deux mois, sans semer nos hommes dans les hôpitaux, tout le long du chemin. La France a des soldats héroïques, mais elle ne sait ni les soigner, ni les conserver. C'est la conclusion à laquelle arrive forcément quiconque lira sans prévention les révélations du docteur Chenu.

II

Passons maintenant de France aux États-Unis. Nous savons ce que fait une administration que rien ne gêne et ne contrôle; voyons ce que produit la liberté chez un peuple qui surveille tout de ses propres yeux, qui s'occupe lui-même et directement du soin de son armée. La différence est si grande, elle est si triste pour notre amour-propre, qu'en vérité je craindrais que mon goût pour les institutions américaines ne me rendît le jouet d'une illusion, si je n'avais pour moi l'autorité des médecins français. En 1861, lorsque la guerre civile éclata en Amérique, les États-Unis n'avaient pour toute armée que quelques milliers d'hommes disséminés sur une immense frontière et n'ayant d'autre exercice que d'empêcher de loin en loin une incursion d'Indiens. Il n'y avait donc rien de prêt pour soutenir la lutte gigantesque où le pays se trouvait engagé par surprise. On n'avait que des cadres insignifiants, une poignée d'officiers, une administration sans expérience, un service médical qui n'aurait pas suffi à une armée de 20 000 hommes. Du reste, cet embryon d'administration était formé sur le modèle français, les médecins étaient dans la main du commissariat. Voilà avec quelles ressources on commençait une guerre qui, dans l'armée fédérale seulement, devait dévorer 280 000 hommes.

Après la prise du fort Sumter, on fit un premier appel de volontaires; les États-Unis n'ont pas de conscription. Le noyau des nouveaux régiments fut formé par les compagnies de milices, c'est-à-dire de gardes nationales, qui, en temps de paix, jouaient au soldat dans les grandes villes. C'étaient des artisans, des commis, des étudiants, des jeunes gens habitués à une vie sédentaire, peu en état de résister aux rudes épreuves de la guerre. Les officiers, choisis par camaraderie, n'avaient en général aucune connaissance militaire ; ils ne se doutaient même pas que le premier soin et le premier devoir des chefs est de veiller à la santé et au bien-être des soldats. Il fallait l'enthousiasme du premier moment, cette insouciance du danger que donne l'ignorance, pour ne point sentir qu'on marchait au-devant d'une mort certaine. Les anciens officiers, et il en restait un certain nombre qui avaient fait la guerre du Mexique, hochèrent la tête en voyant ces nouvelles levées, et dirent qu'après quinze jours de fatigues et de mauvais temps toute cette armée de recrues fondrait comme la neige au soleil. Ils ne se trompaient pas ; mais c'est le bonheur et la gloire de l'Amérique que toute crise y éveille l'opinion, et qu'il se trouve aussitôt des hommes capables et dévoués qui s'organisent pour lutter contre le mal. Dès le premier appel des troupes, il s'était formé dans tout le nord un nombre infini de comités et d'associations : comités de charpie, comités de médecins et de chirurgiens, comités de secours de toute espèce. Il n'y avait pas un village où les femmes ne se réunissent pour s'occuper de leurs enfants, de leurs frères, de leurs maris, qui étaient sous les drapeaux. Les encourager à combattre, leur fournir des vêtements et des provisions, des livres et des journaux; leur envoyer des garde-malades, les ramener au pays quand ils seraient malades ou blessés, c'était là l'objet d'un zèle plus ardent qu'éclairé. Pour que tous ces efforts et ces sacrifices ne fussent pas perdus, il fallait les réunir et leur donner une direction commune; ce fut la première pensée d'un homme que l'Amérique peut mettre au nombre de ses grands citoyens, M. Henri Bellows, pasteur d'une église unitaire à New-York, et aussi célèbre par son éloquence que par sa charité. Secondé par le docteur Élisée Harris, médecin de la quarantaine de New-York, M. Bellows organisa l'*Association centrale des femmes pour les secours des malades et des blessés de l'armée*, association qui devait enrôler toutes les femmes du nord au service de la cause commune, et recueillir près de 400 millions de francs. Je ne crois pas qu'on trouve dans l'histoire l'exemple d'un patriotisme plus ardent, ni d'un dévouement plus actif et plus éclairé.

Ce fut de ce premier germe que sortit la commission sanitaire. Il ne suffisait pas d'associer toutes les femmes d'Amérique, encore fallait-il savoir ce que le gouvernement voulait et pouvait faire, afin que l'association secondât le gouvernement et au besoin le suppléât. Accompagné des docteurs É. Harris, J. Harsen et W. H. Van Buren, M. Bellows se rendit à Washington. Dès le premier jour, on reconnut la déplorable insuffisance du service médical. Pour sauver l'armée, il fallait une réforme radicale; les quatre amis se chargèrent de l'obtenir. Dès le 18 mai, ces hommes sans mandat, qui n'avaient d'autre titre que leur droit de citoyen, adressèrent au ministre de la guerre une lettre dont la hardiesse fera rougir tout Français nourri dans le giron maternel de l'administration.

« La guerre actuelle, disent-ils au ministre, est toute populaire. La nation entière, hommes et femmes, y est engagée de cœur et d'esprit, de corps et d'âme. De toutes parts se forment des associations qui entendent veiller au bien-être et au salut de l'armée. Ces associations, il faut que l'État les encourage et les utilise; mais pour cela il faut qu'il leur donne un caractère public et qu'il les mette en rapport avec le département de la guerre et surtout avec le bureau médical. Le meilleur moyen d'assurer cette intervention du peuple, c'est d'instituer une commission sanitaire composée de simples citoyens, de médecins et d'officiers. Cette commission, nommée par le gouvernement, s'occupera de prévenir les maladies et d'alléger les souffrances des troupes, en même temps qu'elle recherchera et indiquera les meilleurs moyens de régulariser et d'utiliser tout ce que fera la nation pour le confort, la sécurité et la santé de l'armée:

« Le département de la guerre, ajoutent les signataires de la lettre, ne doit pas ignorer que des commissions semblables ont été réunies *après* la guerre de Crimée et la guerre de l'Inde. La civilisation présente et l'humanité du peuple américain demandent qu'une commission semblable agisse *avant* notre seconde guerre de l'indépendance, guerre non moins sacrée que la première. Nous voulons prévenir les maux que l'Angleterre et la France n'ont pu que constater et déplorer. Dans la conduite de la guerre, on doit faire pour la santé, le bien-être et le salut de nos braves soldats tout ce que réclament la science, l'humanité, l'affection la plus tendre. Toute mesure prise en ce sens par le gouvernement sera éminemment populaire, elle le justifiera, elle ajoutera à sa gloire en Amérique et au dehors[1]. »

La lettre est appuyée par le chirurgien en chef

---

1. *History of the sanitary Commission*, p. 528.

de l'armée. Il sait que la vieille organisation ne peut suffire aux besoins nouveaux, et qu'une armée de volontaires exige des ménagements particuliers. Le ministre de la guerre demande qu'on lui soumette le programme des pouvoirs réclamés par la future commission sanitaire; ce programme est remis le 23 mai. Il est à la fois très-modéré et très-hardi. La commission ne veut point une place dans l'administration, elle décline tout pouvoir légal, elle ne se croit appelée qu'à examiner l'état des choses et à donner son avis. Ce qu'il lui faut, c'est la reconnaissance officielle et l'appui moral du gouvernement, afin que rien ne gêne ses enquêtes, et qu'elle puisse correspondre et conférer confidentiellement avec le bureau médical. Encore moins demande-t-elle une indemnité pécuniaire, elle ne veut d'autre récompense que l'honneur de servir la patrie et l'humanité. Qu'on lui donne un local à Washington, dans un édifice public, avec quatre chaises et un bureau, elle se tient pour satisfaite. Sa seule ambition, c'est d'étudier la condition sanitaire de l'armée et de mettre au service de l'Amérique toute l'expérience acquise en Crimée, dans l'Inde et en Italie.

Mais, si elle ne réclame ni autorité ni rémunération, la commission veut connaître toute la vérité. Elle examinera à fond le régime et la cuisine des soldats, elle s'inquiétera de l'habillement, des tentes, du campement, des transports, de la police sanitaire; en deux mots, elle recherchera, elle indiquera tout ce qu'on peut faire pour prévenir les causes d'affaiblissement, d'infection et d'épidémie. La commission s'occupera également des ambulances, des hôpitaux militaires de toute classe, des garde-malades, des soins à donner aux blessés, de tous les moyens de faire parvenir aux soldats les secours que la générosité du pays leur envoie[1]. A vrai dire, si son action officielle est nulle, son influence sera illimitée; elle sera la nation elle-même veillant au salut de ses enfants.

Quinze jours après la présentation de ce programme, la commission sanitaire est reconnue et instituée par le président Lincoln sous le nom de *Commission d'enquête et d'avis pour tout ce qui touche l'intérêt sanitaire des armées de l'Union*. Elle se composait d'un pasteur, M. Bellows, d'un ingénieur hydrographe, le professeur A. Dallas Bache, de quatre médecins et de deux officiers. On lui reconnaît le droit de s'adjoindre de nouveaux membres, et le ministre de la guerre ordonne à toute personne au service des États-Unis de seconder, dans la mesure de son pouvoir, les enquêtes que

---

1. *The United-States sanitary Commission*, Boston, 1863, p. 12-15.

fera la commission. C'est à ce comité, sans caractère officiel, et qui n'a jamais compté plus d'une vingtaine de membres titulaires, que le gouvernement remet le contrôle médical de l'armée et la direction de l'opinion.

Est-ce à dire qu'aux États-Unis l'administration n'ait ni jalousie ni défiance, et qu'elle voie sans regret de simples particuliers se mêler de ses affaires? Non, les administrateurs américains ne sont pas des anges; ils ont toutes les faiblesses des hommes en général et des fonctionnaires en particulier. Dans le premier moment, ils ont regardé la proposition de M. Bellows et de ses amis comme un projet chimérique, un rêve de femmes sensibles, de tendres pasteurs et de médecins philanthropes. Lincoln lui-même, le bon Lincoln, ne se fit nul scrupule de dire à M. Bellows que la commission lui faisait l'effet d'une cinquième roue à un carrosse, *the fifth wheel of the coach;* il croyait qu'elle ne servirait à rien, si même elle n'était un embarras. Pourquoi donc l'acceptait-on? C'est que le sentiment national poussait à quelque institution de cette espèce, et qu'aux États-Unis le gouvernement se fait gloire d'être, non pas le maître, mais le serviteur de l'opinion.

Quoi qu'il en soit, la nation adopta dès le premier jour ce comité, qui se faisait l'organe des inquiétudes et des tendresses du pays pour les soldats. L'armée fit comme la nation ; les généraux, et à leur tête le général Grant, mirent plus d'une fois la commission à l'ordre du jour, et ne lui marchandèrent jamais l'autorité. Les soldats prirent l'habitude de compter sur elle, sans trop savoir ce qu'elle était. La *sanitaire*, comme ils la baptisèrent, fut une divinité protectrice qu'on trouvait toujours au moment du besoin. Jusqu'à la fin de la guerre, la commission resta « la grande artère qui porta l'amour du peuple à l'armée du peuple. » C'est, à ma connaissance, le plus remarquable succès que la démocratie ait obtenu de nos jours. Avant cette expérience, qui se serait douté que dans cette organisation artificielle et unitaire qu'on nomme l'armée le peuple pouvait intervenir, et qu'il y avait place pour son contrôle et pour son action? Il est vrai que la commission montra autant de sagesse que de patriotisme. Jamais elle ne sortit de son rôle, jamais elle n'eut de couleur politique, jamais elle ne se fit l'instrument d'ambitions ou de visées particulières. A l'armée, loin d'affaiblir la discipline, elle se fit l'humble servante des généraux et des médecins ; à Washington, elle donna des conseils, mais ne s'imposa point. Jusqu'à la fin, elle resta fidèle à sa devise : *suppléer le gouvernement et non point le supplanter.* C'est de cette façon que sans être un embarras pour personne, elle exerça une action d'autant plus puissante qu'elle était plus désintéressée.

Le premier soin de la commission fut de se rendre compte de la condition sanitaire de l'armée. Une inspection faite sur une grande échelle et par des hommes compétents montra que cette condition était déplorable. Les officiers n'y connaissaient pas les premières lois de l'hygiène, les capitaines de volontaires étaient étonnés quand on leur demandait quelles mesures ils avaient prises pour s'assurer journellement de la propreté des soldats, de l'aération des chambrées, de la bonne qualité et de la cuisson des aliments. Il en est plus d'un qui répondit en jurant qu'il était venu à l'armée pour se battre, et non pour y tenir un *boarding-house* ou y faire le métier de bonne d'enfant. La ventilation des tentes, le drainage du sol, le choix et l'orientation du campement étaient choses toutes nouvelles pour ces officiers improvisés; c'est la première fois qu'on leur disait qu'ils étaient responsables de la santé de leurs hommes. Les ambulances étaient composées de soldats grossiers et sans expérience; les médecins, pris à la hâte dans la vie civile, n'avaient aucune notion de chirurgie ni de médecine militaire. Quant aux hôpitaux, on les avait établis au hasard, dans les premiers bâtiments qu'on avait trouvés; puis on y avait installé des comptables, des infirmiers, des garde-malades pris de toutes mains. « Un hôpital civil ainsi constitué, dit M. Stillé, eût été une honte pour la science et l'humanité[1]. » Telles étaient les ressources sanitaires dont le gouvernement des États-Unis disposait en juin 1861, au moment où il appelait 800 000 hommes sous les drapeaux. C'est de cet abîme de misères que la commission entreprit de tirer l'armée, et à force de dévouement elle y réussit.

Elle courut d'abord au plus pressé. Il fallait combattre l'ignorance des officiers et des médecins. Tandis que des inspecteurs répandus partout faisaient l'éducation des généraux aussi bien que des capitaines, la commission imprimait et distribuait à grand nombre des monographies médicales et chirurgicales sur l'hygiène militaire, la dyssenterie, le scorbut, les fièvres miasmatiques, les amputations, le traitement des fractures, etc., excellents petits traités où l'on avait largement mis à profit l'expérience des chirurgiens anglais et français. A la fin de l'année, le secrétaire de la commission, un patriote dont on ne saurait trop louer le talent et le zèle, M. Frederick Law Olmsted, présentait au ministre de la guerre un rapport général, tiré de quatre cents rapports

---

1. *History of the sanitary Commission*, p. 93.

particuliers; il y signalait tous les vices du système régnant, et demandait qu'on y apportât un prompt remède. Pour en arriver là, il fallait une réforme radicale; la commission n'hésita point à la réclamer. Prenant modèle sur l'Angleterre, elle demanda qu'on affranchît les médecins de toute subordination au commissariat, et qu'on fît de la médecine et de la chirurgie un service distinct, ne relevant que du chef d'armée et ayant pour directeur un chirurgien général avec rang d'officier supérieur. C'était le seul moyen d'en finir avec la routine administrative et de donner enfin sa place légitime à l'art de conserver les hommes. La commission proposait en outre d'établir une inspection permanente et un corps spécial d'inspecteurs chargés d'assurer l'unité du service. Elle demandait qu'on établît des hôpitaux généraux, disposés suivant les meilleurs modèles, et que la construction de ces asiles comme le commandement des ambulances et la direction des hôpitaux fussent retirés au quartier-maître et confiés aux médecins; c'était sous leurs ordres que la commission plaçait les infirmiers de tout grade et de toute espèce. En deux mots, c'est entre les mains du médecin, et du médecin seul, qu'elle remettait tout ce qui concerne la santé de l'armée.

Cette proposition hardie excita l'opposition de

tous ceux que contrariait la réforme; mais la commission, soutenue par l'opinion et secondée par les journaux, finit par l'emporter. Le 18 avril 1862, une loi du congrès réorganisa le département médical, et donna raison à M. Henri Bellows et à ses amis. La loi rendue, la commission ne se tint pas pour satisfaite. En France, nous nous imaginons trop souvent qu'une réforme est accomplie parce qu'on a mis en articles et inséré au *Bulletin des Lois* le programme que nous défendons. Les Américains et les Anglais ne croient à l'efficacité d'une mesure que lorsqu'ils en ont confié l'exécution à l'homme le plus capable. *The right man in the right place* est leur devise. C'est ainsi, par exemple, que les Anglais chargèrent de la réforme postale un simple employé, M. Rowland Hill, qui le premier avait eu l'idée du tarif unique. La commission sanitaire s'inspira du même esprit. En dépit de tous les obstacles, au mépris de tous les préjugés, elle proposa et fit nommer chirurgien en chef, avec rang de général de brigade, un simple chirurgien-major qui n'avait d'autre titre que sa capacité et son énergie, le docteur William A. Hammond. Ce fut lui qui organisa le nouveau service militaire, avec un talent et une fermeté qu'on ne peut contester.

Il fallut d'abord constituer le personnel médical, ce qui n'était pas aisé dans un pays qui n'avait que des médecins civils. Plusieurs fois on fut obligé de procéder à de larges épurations ; mais peu à peu on en arriva à organiser un corps de médecins et de chirurgiens qui suffît à tous les besoins. L'armée américaine, qui ne dépassa guère 800 000 hommes, eut 6057 médecins pour le service de ses ambulances et de ses hôpitaux ; ce chiffre de 6000 médecins est bon à noter. En 1794, la République française, avec des armées à peu près aussi nombreuses que celles de l'Union, eut un corps de santé composé de 8000 médecins de tout grade[1]. Aujourd'hui la France dispose d'à peu près 1000 médecins et chirurgiens militaires. Nous avons vu qu'en Italie, dès le premier jour, il a fallu requérir des secours étrangers. Vienne la guerre, viennent ces armées de 1 200 000 hommes dont on nous menace, qui donc soignera nos soldats?

Les ambulances américaines furent réorganisées sur le modèle anglais, et mises sous la direction d'un chirurgien. Avec un matériel suffisant et un personnel mieux préparé, on parvint à éviter le triste désordre des premiers temps. Depuis la bataille de Fredericksburg, en décembre 1862, on ne vit plus de blessés abandonnés des jours entiers sur le champ de bataille. Il est vrai de dire

---

1. Goze, *la Médecine militaire*, etc., p. 19.

que la commission sanitaire, partout présente, avait aussi ses infirmiers (*field relief corps*), qui aidaient à relever les blessés et à leur donner les premiers secours. Plus d'une fois ce corps de volontaires arriva sur le lieu du combat avec des ressources en linge, en charpie, en viandes, en boissons, en aliments, qui, par le hasard de la guerre, faisaient défaut à l'armée, et fut la providence des chirurgiens non moins que des soldats.

D'admirables inventions de la commission facilitèrent singulièrement le transport des blessés. L'*hospital-steamer*, hôpital flottant imaginé, dit-on, par le chirurgien Hoff, fut organisé au mois de février 1862, et plus tard adopté par le gouvernement; il permit de suivre les armées en campagne et de mettre à leur disposition le moyen d'évacuation le plus doux et le plus facile. Il ne faut pas oublier que l'Amérique est le pays le mieux arrosé du monde, et qu'avec des bateaux à vapeur on va partout. L'aménagement de ces magnifiques vaisseaux ne laissait rien à désirer, et il y régnait un ordre admirable. Tout avait été réglé par M. Frederick Law Olmsted. Chaque bateau était divisé en un certain nombre de quartiers (*wards*) pouvant contenir chacun de 50 à 150 malades couchés commodément. Un chirurgien commandait le service médical, des aides-chirurgiens (*ward masters*) dirigeaient chaque quartier; ils étaient assistés d'un nombre suffisant d'infirmiers ou garde-malades. A l'arrivée de chaque patient, on lui donnait un numéro, on inscrivait son nom, sa compagnie, son régiment, son domicile; puis on lavait le malade, on lui donnait du linge propre et on le couchait dans un bon lit bassiné. Là on lui apportait une boisson stimulante, des aliments, des viandes[1]. Ces soins-là donnés à un blessé, à un fiévreux, à un homme pris par le froid et l'humidité, ce n'est pas seulement un soulagement temporaire, un bien-être passager, c'est le salut, c'est la vie.

Il semble si naturel de secourir un soldat blessé, un serviteur de la patrie, qu'à première vue on se demandera ce qu'il y avait de si admirable et de si nouveau dans l'organisation de ces hôpitaux flottants. Ouvrons le *Rapport* du docteur Chenu sur la campagne de Crimée, et voyons comment on transportait nos malades. Voici une lettre du docteur Marroin, médecin en chef de l'escadre, qui dira la vérité dans toute sa laideur.

« Les médecins qui ont été affectés à ces transports se souviennent des tableaux émouvants qui s'offraient à leurs yeux. La guerre apparaissait

---

1. *Hospital transports, a Memoir of the embarkation of the sick and wounded.... in the summer of* 1862. Boston, 1863.

dans toute son horreur. Des hommes épuisés par la maladie, à peine protégés par quelques lambeaux de couverture, arrivaient à la plage pour être embarqués sur des navires de commerce frétés à cet effet, car la marine impériale était débordée par les nécessités du service.

« Vers les derniers jours du mois de mai (1855), le vaisseau *le Jean-Bart* reçut 720 militaires ; 300 avaient les extrémités inférieures congelées à divers degrés, beaucoup d'entre eux étaient atteints de diarrhée ; 200 étaient minés par des dyssenteries graves, la plupart compliquées de symptômes cholériformes ; 100 environ se trouvaient à l'une des périodes de la fièvre typhoïde ou du typhus ; les autres, capables de marcher, présentaient des bronchites, des fièvres intermittentes, du scorbut.

« Grâce à la rapidité de sa marche, *le Jean-Bart*, malgré le mauvais temps, fit une courte traversée. La batterie basse avait été affectée aux maladies les plus graves ; mais avec le mauvais état de la mer on dut maintenir les sabords exactement fermés. Ceux qui ont partagé les fatigues de cette campagne peuvent seuls se faire une idée du degré d'infection qui en fut la conséquence. La matière des vomissements se mêlait aux déjections alvines sur les matelas, sur le pont. L'eau de mer embarquait par les écubiers, charriant d'une extrémité de la batterie à l'autre cette masse d'ordures d'une repoussante fétidité. Quels étaient les moyens dont on disposait pour lutter contre un pareil foyer d'infection? La ventilation, soit par les sabords, soit par les manches à vent, était impossible; le nettoyage de la batterie, ne pouvait se faire. *Comment en effet, déplacer cette masse de malades serrés les uns contre les autres*, et dont la prostration était augmentée par le mal de mer? Sans doute, les soins de propreté, les fumigations chlorurées luttèrent avec constance contre cette cause sans cesse renouvelée d'empoisonnement miasmatique; mais ai-je besoin d'ajouter que ce fut sans résultat efficace[1]? »

Pauvre soldat français, héroïque paysan, tu es encore plus grand par ta résignation que par ton courage; mais que doit-on penser d'un pays qui expose à de pareils supplices ses fils les plus dévoués? Épargner au blessé, au malade, toute souffrance inutile, c'est au contraire la pensée constante du service médical américain. Le wagon-hôpital est une autre invention de la commission sanitaire; c'est le docteur Harris qui a imaginé ce moyen de transporter les blessés en chemin de fer sans les déplacer du brancard

---

1. Chenu, *Rapport au Conseil de santé*, etc., p. 76.

couchette où on les a mis après l'opération ou le pansement. Dès l'automne 1862, il y a eu des trains de blessés entre Washington et New-York. Dans l'ouest, on a vu le train-hôpital d'Atlanta à Louisville faire régulièrement un trajet de plus de 500 milles avec l'exactitude et la vitesse de nos chemins de fer les mieux organisés. On calcule que durant la guerre on a ainsi transporté, presque sans fatigue et certainement sans danger, près de 100 000 blessés ou malades sur les chemins de l'est, plus de 125 000 sur les chemins de l'ouest[1].

Le wagon-hôpital a été adopté par les Prussiens, et leur a rendu de grands services ; je ne doute pas que notre administration n'introduise dans le service médical cet appareil ingénieux ; mais je ne puis me défendre d'une réflexion qui sans doute s'est déjà présentée à l'esprit du lecteur. A peine a-t-on émancipé la médecine militaire en Amérique, qu'elle se signale par des inventions éclatantes, qui toutes ont pour résultat d'adoucir la souffrance et de conserver la vie du soldat. L'hôpital flottant du docteur Hoff, le wagon-hôpital du docteur Harris, la voiture d'ambulance du docteur Howard, sont autant de conquêtes pour la science et pour l'humanité. D'où

---

1. *History of the sanitary Commission*, p. 164.

vient qu'en Crimée et en Italie nous n'avons rien fait de semblable? Est-ce que nos médecins sont moins intelligents ou moins instruits que ceux d'Amérique? est-ce que nos chirurgiens militaires ont moins d'expérience? Non sans doute, leur stérilité tient à leur condition subalterne. Avec une intendance qui dispose seule des ambulances, des transports, des hôpitaux, comment veut-on que l'esprit s'éveille? N'a-t-il pas le sentiment de son impuissance? C'est la liberté d'action jointe à la responsabilité qui aiguise l'imagination; elles seules enfantent ces créations admirables qui sont le salut d'une armée et la gloire d'un pays.

En veut-on la preuve? Une des inventions les plus simples et les plus utiles des médecins américains, c'est l'agencement et la construction des hôpitaux; mais l'hôpital sous tente et l'hôpital-baraque ont été essayés en Algérie longtemps avant la guerre d'Amérique, et si l'armée d'Orient n'a pas profité de cet excellent système, assurément ce n'est pas la faute de nos inspecteurs médicaux. Si on eût laissé faire Michel Lévy et Baudens, s'ils n'avaient pas eu les mains liées par l'administration, la France eût conservé des milliers d'hommes qui sont restés dans les cimetières de la Turquie. Les Américains se sont approprié une invention française; disons, pour être juste, qu'ils l'ont singulièrement perfectionnée. Rien de mieux calculé que leurs hôpitaux, composés d'une série de pavillons en bois, reliés entre eux par des galeries à claire-voie. L'espacement et l'orientation de ces baraques a été réglé de façon à fournir en abondance le grand agent hygiénique, l'air pur. Des tuyaux distribuent partout de l'eau froide, ainsi que de l'eau chaude provenant de la machine à vapeur qui sert à la buanderie. Des rails placés dans les corridors permettent de faire tous les transports au moyen de petits chariots. Au besoin même, on voiture de cette façon les invalides ou les malades qui vont au bain. C'est ainsi que les Américains ont remplacé le vieil hôpital massif, toujours infect et empoisonné, par des bâtiments légers, sains et sans odeur[1]. Grâce à cette aération parfaite, on a pu recevoir jusqu'à 3000 malades dans un hôpital sans qu'une pareille agglomération ait présenté le moindre inconvénient; grâce à la simplicité de la construction, on a pu couvrir l'Amérique d'hôpitaux élevés en quelques mois et assez larges pour abriter 90 000 malades. L'industrie que nous employons uniquement à détruire les hommes a servi là-bas à les conserver.

Aussi n'est-ce pas sans un légitime orgueil que

---

[1]. Goze, la *Médecine militaire*, etc., p. 34 et suiv.

le médecin en chef de l'armée des États-Unis, le docteur Joseph Barnes, successeur du docteur Hammond, a écrit les lignes suivantes qu'on fera bien de méditer :

« Il n'y a pas d'exemple dans l'histoire du monde d'un si vaste système d'hôpitaux créés en si peu de temps. Jamais établissements hospitaliers en temps de guerre ne furent moins encombrés et aussi libéralement pourvus. Ils diffèrent aussi de ceux des autres nations en ce qu'ils furent placés sous les ordres des médecins. Au lieu de mettre à la tête d'établissements institués pour la guérison des malades et des blessés des officiers de troupe, dont malgré tous les autres mérites on ne pouvait attendre la parfaite intelligence des besoins de la science médicale, et qui avec les meilleures intentions du monde auraient pu embarrasser sérieusement son action, comme cela est malheureusement arrivé pendant la guerre de Crimée, notre gouvernement, plus sagement inspiré, voulut faire du médecin le chef de l'hôpital. En lui imposant ainsi la responsabilité des résultats de sa direction, il ne lui refusa rien de ce qui pouvait rendre ces résultats favorables. Le corps médical peut montrer avec orgueil les conséquences de cette conduite libérale; jamais dans l'histoire du monde la mortalité dans les hôpitaux n'a été aussi faible, et jamais de tels établissements n'échappèrent d'une manière aussi complète aux maladies qui d'ordinaire s'engendrent dans leur enceinte[1]. »

Ces hôpitaux américains ont une tout autre physionomie que les établissements français. Chez nous, l'hôpital est une autre forme de la caserne : même discipline, même uniformité, même tristesse. Malade ou bien portant, le soldat est toujours soldat. L'hôpital américain est un prolongement du foyer domestique. C'est la famille, c'est la société qui s'emparent du blessé, et qui l'entourent de leurs soins. Le soldat n'est plus un numéro de régiment, c'est un homme dont on cherche à satisfaire tous les besoins et tous les désirs légitimes. Ce caractère particulier de l'hôpital américain tient à deux causes. D'une part, c'est le médecin qui commande et qui subordonne tout à la guérison; de l'autre, c'est une femme, et presque toujours une femme du monde, qui a la direction des garde-malades, de la lingerie et de la cuisine. Auprès du lit du soldat, la femme représente la mère, l'épouse, la sœur; elle seule peut avoir ces attentions délicates qui, n'en déplaise aux sceptiques, ont une influence déci-

---

1. *Statistique de la campagne d'Italie*, t. I, p. LXV.

sive sur le moral du malade, et contribuent souvent à lui sauver la vie. J'ai sous les yeux un charmant livre intitulé *Hospital Days*; c'est le journal d'une dame qui durant la guerre a dirigé l'hôpital de Fairfax, à quelques lieues de Washington. Miss Jane Stuart Woolsey (j'espère n'être pas indiscret en trahissant l'anonyme) a fait en quelques pages la peinture vivante de l'hôpital américain. Deux anecdotes, prises au hasard, en donneront une idée juste.

« Les blessés français sont toujours gais, bons enfants et gracieusement polis. Charmoille, qui a eu le bras droit emporté, s'est appris lui-même à écrire élégamment de la main gauche, dans l'espoir d'obtenir une petite place quand il aura son congé. Louis L., amputé de la cuisse, ne reprenait pas de forces; je lui dis un jour : « Ne pensez-vous pas à quelque chose que vous aimeriez avoir, à quelque chose que vous aimiez au pays?—Madame, je n'ai besoin de rien; j'ai ici tout ce qu'on peut désirer. — Essayez, pensez à quelque chose qui vous ferait du bien, peut-être pourra-t-on vous le procurer? — Merci, madame, mais...; puisque vous me le demandez, deux gouttes de vin rouge, du vin de mon pays, madame; mais ça ne se trouve pas en Virginie! » Avec la permission du médecin, permission donnée de bon cœur, on envoya tous les matins une petite ration de vin de Bourgogne; c'était fête journalière pour le pauvre Louis; il chantait une petite chanson sur le bon vin et le bonheur de mourir pour la patrie. Ces deux gouttes de vin rouge, c'était un rayon de soleil pour toute la salle.

« Tous les malades aimaient les fleurs. On nous envoyait quelquefois des fleurs de serre ; des œillets blancs et rouges faisaient le bonheur d'un sergent malade ; il mourut en serrant la fleur dans ses doigts amaigris. Un matin de printemps j'apportai les premiers lilas à un pauvre garçon de la Nouvelle-Angleterre; il était bien malade. — J'ai quelque chose pour vous, lui dis-je en tenant les fleurs derrière mon dos, quelque chose qui pousse devant la porte de votre maison, devinez? — Des lilas, murmura-t-il, et je plaçai les fleurs sur ses mains jointes. — Oh! dit-il, des lilas! — Comment avez-vous su cela? » Les lilas vécurent plus longtemps que lui [1]. »

C'est du roman, dira-t-on. — Non, c'est de l'histoire. C'est ainsi que les choses devaient se passer sur une terre où la moitié de la nation combattait contre l'autre moitié. Dans cette crise formidable, il fallait faire appel à toutes les forces morales du pays pour soutenir l'énergie de l'ar-

---

1. *Hospital Days*, New-York 1868, p. 131-32.

mée. Ainsi l'ont pensé les femmes d'Amérique; ce sont les plus riches et les plus heureuses qui ont donné l'exemple de l'abnégation et du dévouement. Parmi ces héroïnes de la charité, il en est une dont le nom deviendra légendaire aux États-Unis, c'est Mme Barlow. Au printemps de 1861, miss Arabelle Griffith, jeune, belle, instruite, considérée, riche, épousait M. Barlow. Le jour même de son mariage, M. Barlow partait pour Washington, simple soldat dans un régiment de New-York. En peu de temps, grâce à son courage et à ses talents militaires, M. Barlow s'éleva aux plus hauts grades et devint général. Mme Barlow suivit toutes les campagnes de son mari, d'hôpital en hôpital. Elle était à Fredericksburg, occupée à préparer la nourriture des blessés, tandis qu'on entendait le canon de la bataille et que son époux bravait tous les dangers. Épuisée par un labeur incessant, elle mourut de la fièvre devant Petersburg. Il y avait des sœurs de charité aux États-Unis, elles y ont rendu de grands services; mais jamais les femmes d'Amérique n'ont voulu abandonner, même à de saintes filles, le droit de soigner les malades et les blessés. En un temps où toute la jeunesse de la nation était sous les drapeaux, elles ont payé de leur personne; elles ne se sont pas contentées d'être charitables par procuration.

Dans cette œuvre patriotique, elles étaient soutenues par le pays tout entier. Du moindre village, de l'est ou de l'ouest, partaient chaque semaine les dons destinés aux hôpitaux. Chemises de flanelle, robes de chambre, gants tricotés, pantoufles, fauteuils à bascule, béquilles, livres, papier, crayons, ardoises, damiers, jeux d'échecs, dominos, couteaux, ciseaux, outils, lait condensé, porter, vin d'Espagne, eau-de-vie, bocaux de conserves au vinaigre, etc., toutes ces offrandes étaient reçues par les cinq correspondants de la commission sanitaire, estampillées, empaquetées, et dirigées sur tous les points du pays. « L'excellent *porto* qui nous a été si utile dans les diarrhées chroniques, écrit miss Woolsey, et toute la bonne eau-de-vie nous venaient de cadeaux particuliers. Le vin fourni par le gouvernement ne valait rien[1]. » A côté des largesses du riche, on trouve l'obole de la veuve. « Je déroule un paquet d'écharpes, dit miss Woolsey; elles sont faites avec une étoffe fanée, à fleurs jaunes, quelque chose comme des rideaux de lit. Sur un papier fixé par une épingle, une main tremblante a écrit : L'étoffe était si bonne que j'ai pensé qu'on ne ferait pas attention à la couleur. C'est tout ce que j'ai. Je suis vieille et pauvre, je ne peux pas faire davantage[2]. »

1. *Hospital Days*, p. 61.
2. *Ibid.*, p. 104.

Est-ce donc que l'Amérique est plus généreuse que la France? Non; mais nous avons dans l'administration une providence terrestre qui n'entend pas que le pays se mêle de ses propres affaires, elle repousse la charité individuelle comme un embarras, sinon même comme un danger. Au début de la campagne d'Italie, la France s'était émue; les dons commençaient à affluer; Dieu sait s'ils étaient nécessaires! On n'eut rien de plus pressé que d'étouffer ce mouvement. Un comité officiel fut institué; son premier soin fut de prendre la décision suivante, appuyée sur un considérant auquel les faits ont donné le plus cruel démenti :

« L'armée d'Italie *étant amplement approvisionnée par les soins de l'administration de la guerre*, les dons en nature provenant de la souscription nationale seront successivement vendus par l'administration des domaines, et le produit de la vente, versé dans les caisses publiques, viendra en accroissement des dons en argent.

« Il est fait exception à cette disposition pour les dons de linge à pansement, qui, par mesure de prévoyance, seront versés dans les magasins militaires [1]. »

---

1. *Statistique de la campagne d'Italie*, t. I, p. 278.

Le régime des blessés et des malades est encore une des choses qui distinguent le système américain. On sait qu'aux États-Unis le soldat sous les drapeaux est nourri avec une libéralité, je dirais presque un luxe sans exemple. En sus de leurs rations, qui sont de bonne qualité, les soldats reçoivent du thé, du café, du sucre, du lait condensé, de la glace, des fruits et légumes conservés au vinaigre (*pickles*). Ces deux derniers articles sont aussi nécessaires à l'Américain que le pot-au-feu l'est au Français. On fournit encore aux troupes fédérales des cigares, du tabac, du whiskey. Tandis que nous abusons de la sobriété proverbiale du soldat français pour lui donner une nourriture insuffisante, les Américains, qui savent compter mieux que nous, déclarent que cette apparente profusion est l'économie la mieux entendue. L'expérience a prononcé pour eux. Le scorbut et le typhus ont à peine effleuré l'armée de l'Union. En temps de guerre, la mortalité chez les troupes fédérales n'a pas dépassé 3,9 pour 100; chez nous, en temps de paix, dans nos casernes, elle atteint 10 pour 100[1]. Ces deux chiffres ont une éloquence qui dispense de tout commentaire. Dans les hôpitaux, les ressources alimentaires ne sont pas moins abondantes; elles permettent une

---

1. *Statistique de la campagne d'Italie*, t. I, p. cxviii et cxxiii.

grande variété de régime, chose excellente dans la maladie et dans la convalescence. A Fairfax, dans un hôpital de douze cents lits, le chirurgien en chef avait établi six régimes différents, qui, dans le plus grand nombre des cas, lui permettaient de donner à chacun de ses patients la nourriture la plus convenable. Voici le tableau qu'il avait dressé ; il serait intéressant de le comparer avec celui de nos hôpitaux.

« *Régime beefsteak.* — Déjeuner : café ou chocolat, pain, beurre et œufs. Dîner : café ou chocolat, beefsteak ou roastbeef, ou côtelettes de mouton, pain, beurre, pommes de terre, poudding. Souper : café ou chocolat, pain, beurre, pommes cuites ou compotes de fruits.

« *Régime œufs et lait.* — Déjeuner : lait, œufs pochés, rôtie au lait (*milk toast*). Dîner : lait, poule au vin, pain, flan. Souper : lait, pain, beurre, fromage.

« *Régime légumes*[1]. — Déjeuner : thé, pain, beurre, pommes de terre cuites au four (*baked potatoes*). Dîner : pain, purée de pommes de terre, légumes, riz, *pickles*. Souper : thé, pain, beurre, pommes cuites ou compote.

« *Régime soupe au lait.* — Déjeuner : soupe au lait, rôtie, beurre. Dîner : lait chaud ou soupe au

---

1. C'est le régime des scorbutiques.

lait, rôtie, tapioca au vin, beurre. Souper : lait chaud, rôtie, beurre.

« *Régime bouillon*. — Déjeuner : bouillon (*beef-tea*), rôtie, beurre. Dîner : bouillon, rôtie, beurre. Souper : bouillon, rôtie, beurre.

« *Régime gruau*. — Déjeuner : gruau de blé ou de maïs, rôtie au lait. Dîner : bouillon de poulet ou de mouton, tapioca au sucre, ou blanc-manger, ou gelée. Souper : gruau, rôtie au lait[1]. »

Ce qu'il y a de plus curieux est le régime des amputés. Les chirurgiens américains me paraissent convaincus qu'il faut surexciter les forces et la vitalité du patient pour aider au travail de la nature et lui faciliter son œuvre de réparation. Voici un cas que j'emprunte au journal de miss Woolsey.

« Lafayette R..., 10ᵉ régiment des volontaires du Vermont, amputation de l'avant-bras. Il a mangé presque aussitôt après l'opération et a consommé une incroyable quantité d'aliments. Il a commencé par du bouillon et du punch aux œufs (*egg-nog*). Dans les vingt-quatre heures qui ont suivi l'opération, il a pris vingt-quatre œufs battus dans vingt-quatre onces d'eau-de-vie, avec la proportion ordinaire de lait. Toutes les deux heures il prenait une cuiller d'essence de bœuf; on

---

1. *Hospital Days*, p. 183.

prépare cette essence en faisant bouillir à demi le bœuf, puis on le coupe en petits morceaux, et on en exprime le jus avec un outil qui sert à presser les citrons. Je lui donnai en un jour le jus de treize livres de bœuf maigre, sans parler de ses autres repas. Au bout de trois jours il but du porter, et, peu à peu, diminuant la quantité du punch et augmentant celle du porter, il en vint à prendre sept pintes de porter par jour, sans parler de ses trois repas ordinaires, composés de beefsteak, purée de pommes de terre au lait et au beurre, huîtres cuites, œufs brouillés, poulet, tarte, etc. Couché dans son lit, il mangeait avec une sérénité olympienne, sans hâte et sans repos. Sa *capacité* étonnait tous les spectateurs. Quatre mois après il nous écrivait du Vermont : « Mon bras « gagne de la force rapidement, je crois qu'il vau- « dra presque l'autre; ma santé générale est par- « faitement bonne[1]. »

Tous les amputés n'avaient pas cet appétit de Gargantua, mais tous étaient largement nourris, tous étaient mis au régime du punch aux œufs et de l'essence du bœuf, et, si l'on en croit miss Woolsey, l'expérience justifiait cette pratique chirurgicale qui a tout au moins l'avantage de ne pas être désagréable au soldat.

---

1. *Hospital Days*, p. 100.

Il n'est pas besoin d'être médecin pour juger la valeur d'un pareil régime, non plus que le mérite d'une invention qui a contribué puissamment à chasser le scorbut de l'armée et des hôpitaux, je veux parler des jardins d'hôpital établis par la commission sanitaire. Chacun sait que les légumes frais sont à la fois le préservatif et le remède du scorbut. « Cent mille francs dépensés en légumes frais, disait Baudens, c'est 500 000 francs épargnés sur les frais que nécessite l'entrée des malades aux hôpitaux [1]. » Mais il n'est pas toujours possible de fournir de légumes frais une armée campée au loin. En pareil cas, pourquoi l'armée, où les paysans abondent, n'établirait-elle pas d'elle-même les potagers dont elle a besoin? C'est ce qu'avait fait en Crimée, pour son régiment, un colonel qui mérite vraiment le titre de père du soldat, M. de Clonard, commandant du 81e de ligne ; il faut lire dans le livre de M. Chenu le rapport de cet officier[2] : c'est tout un règlement d'hygiène qui devrait être le bréviaire de nos officiers. Transplantée en Amérique, cette idée s'y est épanouie et y a donné tous ses fruits. Une armée en mouvement ne peut faire de jardins; mais pour un hôpital, c'est chose facile.

---

1. Leroy-Beaulieu, *Guerres contemporaines*, p. 243.
2. *Statistique de la campagne d'Italie*, t. I. p. 614.

D'ordinaire le terrain ne manque pas, et les hommes abondent. Ce qu'il y a de plus gênant dans un hôpital, ce ne sont pas les malades, la maladie est une occupation, ce sont les convalescents qui ne savent que faire pour eux et pour les autres. Leur oisiveté est une malédiction. Leur donner un potager à cultiver, c'est tout à la fois les distraire et les occuper utilement; leur corps n'y gagne pas moins que leur esprit.

C'est en 1863 que le premier jardin d'hôpital fut établi par la commission sanitaire. L'armée du Cumberland, menacée du scorbut, avait résisté, grâce aux « avalanches » de légume frais envoyées par les fermiers de l'ouest; mais l'été approchait; on ne pouvait plus compter sur ces envois, et cependant il était nécessaire de continuer un régime protecteur. Ce fut alors qu'on eut l'idée de défricher et d'enclore 35 acres de terre situés auprès de l'hôpital de Murfreesboro. La commission fournit les outils et les semences; elle fit venir de Cincinnati trente mille plants de légumes divers; les dames de l'État d'Ohio envoyèrent des fleurs pour égayer les bordures; les convalescents et les nègres se firent jardiniers. En peu de temps on eut en abondance des légumes de toute sorte : salades, radis, oignons, pois, fèves, tomates, melons, concombres, etc. On y récolta 1200 boisseaux de pommes de terre, 1200 boisseaux de patates, 25 000 têtes de choux, etc. Ce premier essai fut si heureux qu'on le répéta partout où il y avait un hôpital ou des troupes sédentaires [1]. Cultiver ces légumes qui amélioraient l'ordinaire, c'était la joie du soldat, et cependant il s'en faut de beaucoup que pour un pareil travail l'Américain vaille le Français; il est bûcheron et laboureur bien plus que jardinier.

Reste une dernière institution de la commission sanitaire, et qui n'est ni la moins neuve ni la moins utile. C'est ce qu'on appela *the soldier's home* ou *le Foyer du Soldat*. L'objet de ces établissements demi-hôpitaux, demi-auberges, était de recevoir les soldats congédiés à leur sortie du régiment ou de l'hôpital. Dans ces asiles faits pour lui, le soldat congédié trouvait le logement, la nourriture et tous les soins dont il avait besoin. On se chargeait de lui obtenir ses papiers et sa solde. Y avait-il des démarches à faire, des lettres à écrire, la commission prenait tout l'ennui pour elle, le soldat pouvait tranquillement rentrer dans son pays; on veillait pour lui. Si le voyageur était sans ressources, on lui payait son retour, et au besoin on lui fournissait des habillements propres et suffisamment chauds. En outre,

---

1. *History of the sanitary Commission*, p. 329. — *The United sanitary Commission*, p. 185.

et pour éviter aux soldats en congé les dangers de la ville et les tentations de l'oisiveté, les agents de la commission à Washington réunissaient tous les hommes libérés, et les expédiaient par chemin de fer avec un courrier qui les accompagnait jusque dans l'État où ils avaient leur domicile. La commission établit quarante de ces maisons de refuge, depuis Washington jusqu'à Browsville, dans le Texas ; on y reçut en moyenne 2300 hôtes par nuit, et on y distribua 4 500 000 rations [1].

Y a-t-il en France rien qui ressemble à ces gîtes hospitaliers ? Écoutons M. Chenu ; il nous dira comment, en pleine paix et avec toutes les ressources du budget de la guerre, nous traitons nos soldats convalescents.

« En temps ordinaire, les militaires qui, obtenant un congé de convalescence, sortent des hôpitaux pour se rendre dans leurs familles, souvent à grande distance, n'ont que les vêtements qui leur suffisaient en bonne santé. Trop légèrement vêtus et obligés de voyager par tous les temps, ces hommes convalescents, épuisés par la maladie, ou souvent atteints d'affections de poitrine, sont plus sensibles au froid, et ils auraient besoin d'un vêtement supplémentaire ou d'une

---

1. *History of the sanitary Commission*, p. 291.

couverture, d'une paire de chaussettes de laine pour les aider à supporter les rigueurs du wagon de troisième classe.

« Si les dispositions réglementaires, qui sont d'ailleurs motivées, permettent aux sous-officiers et soldats qui se rendent chaque année à nos établissements thermaux d'emporter leur manteau ou leur capote, il n'en est pas de même des militaires qui se rendent isolément dans leurs foyers avec congé de convalescence, ni de ceux qui rejoignent leurs corps[1]. »

Quoique je n'aie donné qu'une idée incomplète de tout ce qui se passe aux États-Unis pour le bien-être et la conservation du soldat, j'en ai dit assez, j'espère, pour qu'on n'accuse pas d'exagération les écrivains qui, comme le docteur Evans, dans son intéressant travail sur la commission sanitaire, assurent que le système américain a sauvé la vie à plus de cent mille hommes. Ce n'est pas tout. La guerre des États-Unis a enfanté un esprit nouveau qui, selon moi, doit se répandre chez tous les peuples. On parle beaucoup du patriotisme français. Certes je ne connais rien de plus admirable que le courage de nos soldats devant l'ennemi, leur résignation devant la mort; mais quand

---

1. *Rapport au Conseil de santé*, p. 726.

le soldat se dévoue, le pays pour lequel il combat, n'a-t-il rien à faire ? En Crimée, en Italie, je vois bien l'héroïsme de nos armées ; mais la patrie, où est-elle ? Qui la représente au lit du blessé ou du mourant ?

En Amérique, au contraire, on proclame dès le premier jour, en langage biblique, que le peuple tout entier regarde le soldat *comme l'os de ses os et la chair de sa chair*. On veut qu'à chaque instant, en campagne ou à l'hôpital, il sente que l'amour de ses concitoyens l'entoure et le protège. La patrie veille sur lui, invisible et présente. De là le caractère nouveau de ces armées républicaines. Un million d'hommes ont combattu pendant quatre années, l'esprit soldatesque n'a jamais paru dans un seul régiment : aussi jamais le monde n'a-t-il vu un spectacle comparable à celui de la dissolution de l'armée du Potomac, au printemps de 1865. Deux cent mille hommes défilant pendant deux jours devant le nouveau président ont joyeusement déposé leurs fusils et sont rentrés chez eux paisiblement pour y reprendre leur profession, comme s'ils l'avaient quittée de la veille. Le colonel est redevenu avocat ou commis, le lieutenant est tailleur ou cordonnier. On ne leur a donné ni décorations, ni pensions, ni titres; ils n'ont emporté avec eux que le souvenir du devoir accompli. Au moment du péril, on s'était soumis à toutes les exigences de la discipline, à toutes les souffrances de la guerre; mais on était resté citoyen, on avait gardé les mœurs de la république. Soutenue par l'effort du pays tout entier, la lutte finissait sans dictature.

J'ai montré les deux systèmes, on peut les comparer et les juger par leurs fruits. Peut-être s'étonnera-t-on que, n'étant ni intendant ni médecin militaire, je me permette d'écrire sur une question jusqu'à présent interdite aux profanes; mais c'est précisément parce que je ne suis ni médecin ni intendant que je puis m'exprimer en toute liberté. Je n'épouse point une cause particulière, si juste qu'elle soit; je laisse de côté les réclamations des médecins, quoiqu'elles me paraissent très-fondées : c'est au nom du soldat que je parle, c'est lui qui est l'éternelle victime, ce sont ses droits que je défends. Je le répète, et je voudrais que toute la France m'entendît : le pays ne remplit pas son devoir envers le soldat. Il est temps de corriger cet abus.

J'espère que la Chambre inscrira prochainement au nombre des réformes nécessaires la réforme du service médical de nos armées; mais, si l'on m'a bien compris, on ne fera pas de cette demande une œuvre d'opposition. Il n'y a pas ici de coupable, il ne faut accuser que l'ignorance universelle. Le gouvernement a maintenu un système qui, en d'autres temps peut-être, a rendu des services : l'hygiène publique est une science née d'hier; de son côté, le pays n'a rien su; il a fallu la publication du docteur Chenu pour lui ouvrir les yeux, et cette publication, il est bon de le répéter, a été faite de l'aveu et avec le concours du gouvernement. Oublions le passé, ou plutôt n'y voyons qu'une leçon pour l'avenir. Aujourd'hui, s'il est une chose certaine, c'est que l'art de conserver et de faire durer le soldat n'est sous un autre nom que le respect et le ménagement de l'individu. Il est visible qu'ici l'intérêt, la justice et l'humanité sont d'accord. Hâtons-nous donc de provoquer cette réforme par un effort unanime et ne perdons pas le temps en querelles stériles quand il s'agit de la puissance et de l'honneur du pays.

Ed. Laboulaye.

EXTRAITS DES JOURNAUX

Extrait de l'*Opinion nationale* des 20-25 mai et 3 juin 1865. — *Relation médicale de la campagne de Crimée*, par le Dr Chenu, médecin principal d'armée.

La gloire est une grande et belle chose, et malheur aux peuples qui n'y sont plus sensibles et qui préfèrent, à la grandeur de la patrie, un lâche repos et la vile satisfaction des appétits matériels. Cependant, nous l'avouerons sans détour, la gloire militaire est celle qui nous touche le moins, et nous lui préférons de beaucoup celle que procurent la culture élevée des lettres et des arts, le travail et l'industrie.

Ces gloires-là donnent à l'âme la plus pure satisfaction; elles ne font pas verser de pleurs, elles assurent à l'humanité le bonheur le plus complet. Il n'en est pas ainsi de la gloire des armes, qui ne marche jamais qu'escortée de deuil et de ruines. La guerre est cependant souvent nécessaire et légitime; alors même qu'on ne la cherche pas, il faut quelquefois la subir, et on ne saurait trop admirer le soldat qui met au service de la patrie son courage, son dévouement et sa vie.

Mais, hélas! le moment arrive toujours où il faut relever ses morts et les compter!

On dit que le général d'armée le plus aguerri, que le conquérant le plus féroce ne peuvent pas considérer de sang-froid le champ de bataille quand, l'action finie, l'exaltation tombée, le silence s'est fait sur l'immense plaine couverte de corps morts baignés dans le sang et couverts d'une boue hideuse!

On ressent une impression pareille et un grand sentiment de tristesse en lisant la Relation de la campagne de CRIMÉE, du docteur Chenu, et on est atterré en voyant ces chiffres de morts et de blessés qui passent tout ce que l'on pourrait imaginer.

Ce rapport est une œuvre des plus importantes qui aient été faites depuis longtemps, et on a quelque peine à comprendre comment un seul homme a pu entreprendre et terminer un pareil travail. Il ne contient pas moins de 728 pages in-quarto et porte sur 436 144 malades ou blessés, sur lesquels 95 615 sont morts. M. Chenu a relevé les noms et les feuilles de maladies de tous ces hommes; il a classé les affections avec un soin et une méthode qui ne laissent rien à désirer ; il donne les noms et l'observation détaillée de tous les malades ; il relève le tout dans des tableaux généraux qui forment le résumé le plus instructif et le plus facile à suivre.

C'est là un de ces travaux de bénédictin auquel nous ne sommes plus habitués et auquel un homme aussi laborieux et aussi instruit que M. Chenu pouvait seul se livrer. Déjà des médecins très-éminents avaient entrepris des relations analogues, et, pour ne citer que les plus célèbres, nous signalerons celles de Desgenettes, de Larrey, de Percy, etc., etc. C'étaient là des travaux fort remarquables, mais qui ne peuvent se comparer à l'œuvre gigantesque de M. Chenu.

On se demande même, avec une certaine crainte, si ce rapport est sérieux et véritable ; si l'imagination de l'auteur n'en a pas fait les frais, et on veut savoir sur quelles preuves il s'appuie et comment il pourrait être contrôlé. M. Chenu a lui-même pressenti cette objection, et il y répond dès ses premières pages :

« Pour ne laisser aucun doute..., je crois devoir donner quelques explications... sur les moyens mis à ma disposition et sur l'importance des documents qui m'ont servi. Sans ces explications, il serait, en effet, difficile d'accorder une grande confiance à l'exactitude de mes recherches. »

M. Chenu explique ensuite comment il a pu consulter : 1° les dossiers de tous les hommes blessés ou amputés, ayant droit à une pension; 2° les actes de décès ou de disparition des hommes morts pendant la campagne et depuis le retour de l'armée en France, jusqu'au 31 décembre 1858; 3° les états nominatifs des pertes, adressés au ministre de la guerre et de la marine pour chaque régiment ou fraction de corps. Ces états indiquent sommairement le jour, le lieu, et, le plus souvent, la nature de la blessure ou de la mort; 4° le tableau des officiers amputés ou blessés, des sous-officiers et soldats blessés et encore en activité de service, malgré leurs amputations ou blessures; 5° les pièces à l'appui des demandes non accueillies; 6° enfin, tous les cahiers de traitement dans les ambulances et les hôpitaux.

M. Chenu nous initie ensuite au moyen de dépouillement qu'il a adopté à l'aide de fiches en papier comprenant le nom, les prénoms, l'âge, le corps, la date de la blessure, l'invasion de la maladie, etc. Or, veut-on savoir combien il a fallu dresser de ces fiches pour arriver au résultat obtenu? Onze cent cinquante mille environ ! Dix-huit sous-officiers ont été employés à ce travail pendant dix mois !

Était-il possible, je le demande, de se livrer à un travail plus complet et de prendre plus de précautions ; aurait-on pu être en droit d'exiger autant d'un homme seul ?

.... C'est là une œuvre capitale, entièrement hors ligne, et qui fait le plus grand honneur à son auteur et à la médecine militaire française.

On est généralement beaucoup trop porté à ne voir dans la guerre que les batailles, et à ne calculer les pertes d'une armée que par les morts qui restent étendus sur le champ du carnage. Certes l'humanité doit à bon droit gémir en considérant ces tristes journées où dix mille, vingt mille jeunes hommes et même plus sont tombés pour ne se relever jamais.

Mais celui qui, après chaque bataille, aurait relevé le nombre exact des morts, et qui croirait ainsi connaître la perte d'une armée, celui-là serait dans une erreur bien grande. Les maladies tuent dix fois autant de monde que le fer de l'ennemi ; et je parle seulement des armées victorieuses et surexcitées par la victoire. Car dans les armées vaincues le nombre des morts par suite de maladie est réellement effrayant.

Les armées en campagne traînent avec elles un certain nombre de fléaux qui les déciment à peu près régulièrement : ce sont le typhus, le scorbut, la dyssenterie, etc. ; en Crimée, le choléra vint apporter son contingent au lugubre cortége, et en outre les froids excessifs firent mourir un certain nombre de soldats; on releva plusieurs sentinelles complétement gelées.

Le premier ennemi que nos braves soldats eurent à combattre fut, en quelque sorte, le choléra; et, la guerre était à peine commencée que nous avions déjà perdu un grand nombre d'hommes.

Tout le monde se rappelle la funeste campagne de la Dobrudscha entreprise par les colonnes des généraux Espinasse et Yusuf. Du 21 au 31 juillet, le choléra avait tué, dans ce petit corps d'armée seulement, 4841 hommes.

.... Le médecin en chef de l'armée, dit M. Chenu, raconte ainsi l'horrible spectacle que présentaient les cholériques à leur arrivée à Varna : « Jamais je n'ai assisté à un spectacle plus désolant, plus épouvantable que celui qui s'offrait à nos yeux sur la plage de Varna, lorsqu'on mettait à terre ces pauvres soldats méconnaissables par le fléau qui les avait frappés. Une fois surtout, c'était le soir, et la clarté douteuse de la lune ajoutait encore des teintes plus lugubres au tableau; les malades étaient hissés hors des barques par des matelots et déposés sur le sable de la plage; les uns, complétement affaissés par l'étreinte poignante du mal, se laissaient tomber lourdement; les autres, ayant conservé un reste de vigueur, faisaient quelques pas comme des gens ivres, ou se traînaient sur les mains et tombaient bientôt inertes par l'épuisement.

« Quelques-uns étaient nus ou presque nus, ou couverts d'habillements qui n'étaient pas les leurs : officiers, sous-officiers et soldats étaient couchés pêle-mêle sur le sable; les grades étaient confondus devant la mort imminente de chacun.... Ceux qui avaient succombé pendant le débarquement étaient alignés sur le rivage, chacun ayant conservé la position que l'agonie lui avait donnée.... Les malheureux qui vivaient encore n'étaient pas, après leur débarquement, au bout de leurs cruelles épreuves : ils devaient être transportés sur des litières, sur des prolonges du train, sur des arabas, seules voitures du pays, à deux lieues de distance, dans des hôpitaux improvisés la veille ou le jour même.

« Alors seulement commençaient, pour ces martyrs de la guerre, le repos si nécessaire et les soins empressés. »

Dans la suite, il devint possible de donner des soins plus prompts, et on ne revit plus ces scènes d'horreur, mais malheureusement le choléra continua à suivre l'armée et à la décimer pendant toute la campagne.

Le scorbut se montra un peu plus tard, et, s'il frappa un assez grand nombre de soldats, il fit relativement peu de victimes.

Il n'en fut pas de même du typhus qui, surtout vers la fin du siége, produisit dans l'armée des ravages énormes, principalement pendant le premier trimestre de 1856.

Les chirurgiens de l'armée, en raison de leurs fonctions, eurent particulièrement à souffrir de cette dernière maladie, et, pendant la seconde moitié du mois de février et les mois de mars et d'avril 1856, il n'est presque pas de jour où on ne compte une ou plusieurs victimes dans le corps de santé. Pendant le mois de février, onze médecins succombent, seize pendant le mois de mars, et douze pendant le mois d'avril.

Les généraux en chef sont d'ailleurs unanimes à reconnaître le zèle, le dévouement, l'abnégation et le courage du corps de santé de l'armée, et tour à tour les maréchaux de Saint-Arnaud, Canrobert et Pélissier leur rendent un public hommage de gratitude et de reconnaissance.

Pénétrons maintenant sur le champ de bataille et voyons ce que nous offre d'intéressant le rapport que nous analysons.

M. le docteur Chenu récapitule ainsi les pertes des diverses armées engagées dans la campagne de Crimée, de 1853 à 1856 :

Armée	Tués.	Morts de blessures ou de de maladies.	Total.
française	10.240	85.375	95.615
anglaise	2.755	19.427	22.182
piémontaise	12	2.182	2.194
turque	10.000 ?	25.000	35.000
russe	30.000 ?	600.000	630.000
	53.007	731.984	784.991

Ainsi près d'un million d'hommes sacrifiés par l'ambition des czars et par la politique de ces deux barbares, à demi civilisés, que l'on appelle Pierre Ier et la *Grande* Catherine !

Nous avons vu que la maladie fait le plus grand nombre de victimes, voyons maintenant comment agissent le fer et le feu.

Si nous écrivions pour des médecins, nous aurions à faire ressortir toute l'importance et tout l'intérêt qu'offrent les nombreuses observations relevées par le Dr Chenu avec autant de soins que de sagacité; mais nous ne devons pas oublier, dans ces articles, que les descriptions techniques, les détails trop pratiques nous exposeraient à être mal compris ou difficilement suivis par les lecteurs de ce journal. — Seulement, nous ne saurions trop engager les médecins à prendre une connaissance profonde et attentive du remarquable rapport de M. le docteur Chenu.

Les grands épisodes de la campagne de Crimée

sont : les batailles de l'Alma, d'Inkermann, de Tracktir, et le siége si long, si pénible et si glorieux de la ville de Sébastopól.

La bataille de l'Alma, livrée le 20 septembre 1854, dura de midi à quatre heures. Les armées alliées comptaient 58 808 hommes, l'armée russe 60 000 hommes. 7936 hommes furent mis hors de combat, sur lesquels 2296 hommes morts et 5640 blessés. Les soldats anglais furent beaucoup plus maltraités que les nôtres.

Dans notre armée le service médical des ambulances comprenait 41 médecins. Chaque médecin a eu, en moyenne, 50 blessés à soigner. M. Chenu fait observer, avec juste raison, que ce service n'a pu être bien fait vu le nombre beaucoup trop insuffisant du personnel médical; « car, dit-il, si l'on accorde dix minutes à chaque blessé, et c'est évidemment bien peu, on trouve 500 minutes ou neuf heures de travail par médecin, sans parler des amputations, des ligatures, etc. » En pareil cas, ce n'est pas seulement le chirurgien qui succombe sous la fatigue, c'est le sort du soldat qui est gravement compromis.

La bataille d'Inkermann, livrée le 5 novembre 1854, fut horriblement meurtrière. Dès le commencement de l'attaque, les Anglais, surpris et succombant sous le nombre, éprouvèrent des pertes considérables. Plus tard, quand la bataille se décida en faveur des alliés, les Russes, poursuivis la baïonnette dans les reins, écrasés par les feux d'une nombreuse artillerie, furent littéralement hachés sur la chaussée et sur le pont d'Inkermann. Un des points du champ de bataille fut désigné dans l'armée sous le nom expressif d'*abattoir*.

Des deux côtés, 19796 hommes restèrent sur le champ de bataille, dont 6820 morts et 12976 blessés. La perte des Russes seuls est évaluée à plus de 15000 hommes.

La bataille de Tracktir fut moins sérieuse; nous eûmes cependant 291 tués et 1227 blessés. Les Russes laissèrent sur le champ de bataille 3320 morts et 1814 blessés.

Nous ne pouvons pas entrer dans tous les détails du siége de Sébastopol, signalé par des luttes presque journalières, des fatigues excessives, un froid d'une intensité très-grande, un temps souvent affreux, etc., et où nos soldats se montrèrent toujours d'une constance et d'un courage admirables. Nous ne nous occuperons que du dernier assaut, celui du 8 septembre 1855, une des plus belles dates de notre histoire militaire.

L'assaut commença à midi ; à la nuit, l'affaire était terminée; mais, pendant ces quelques heures, que de désastres et quel carnage horrible! Dix-huit mille quatre cent cinquante-six hommes étaient hors de combat, sur lesquels quatre mille sept cent cinquante-sept tués. Dix-huit généraux avaient été tués ou blessés. Les blessures étaient en général horribles et d'une gravité exceptionnelle. Le nombre considérable des blessés, l'insuffisance numérique des médecins, la difficulté d'évacuer les ambulances et de disséminer les malades, ces diverses causes, c'est-à-dire l'encombrement, ne tardèrent pas à donner naissance au typhus, qui fit de si nombreuses victimes dans toute l'armée et surtout parmi les médecins. Dans un seul jour, si nous ne nous trompons pas, on eut à enterrer huit ou neuf médecins.

Pour ceux qui pourraient être curieux de savoir le nombre des blessures, suivant la partie du corps à laquelle elles se rapportent, nous allons citer sommairement les chiffres de M. Chenu. Ils sont le résumé de ce vaste travail dont ils serviront à montrer l'importance.

Blessures		Morts.
de la tête	2.774	764
de la face	1.414	184
des yeux	595	140
de la mâchoire inférieure	455	122
de la région cervicale	460	155
du dos	671	215
de la poitrine	2.818	866
de la région sacro-lombaire	428	158
de l'abdomen	665	202
de la région iliaque et fessière	854	245
de la région inguinale	147	72
des organes génitaux	203	61

Blessures		Morts.
de l'épaule	1.945	484
du bras	1.676	173
du coude	320	79
de l'avant-bras	283	180
de l'articulation du poignet	316	23
de la main et des doigts	2.551	147
de la hanche	35	28
de la cuisse	3.517	1.056
du genou	646	185
de la jambe	2.459	324
du pied	1.165	74
Congélations diverses	5.290	1.178

Il est très-facile, à l'aide de ce tableau, de se rendre un compte exact de la gravité des diverses blessures auxquelles le soldat se trouve exposé sur le champ de bataille.

En regard des chiffres de nos blessés et du résultat qu'ils fournissent sous le rapport des morts et des guéris, M. Chenu place ceux qui se rapportent à l'armée anglaise, et nous devons dire que l'avantage est en faveur de celle-ci.

Il existe plusieurs raisons de ce fait.

D'abord, comme nous l'avons déjà dit, le nombre de nos chirurgiens est insuffisant, et, comme le fait observer M. Chenu, cette insuffisance a été trop généralement constatée aux ambulances et aux hôpitaux de l'armée d'Orient, pour qu'il soit nécessaire d'atténuer les faits au moment où nous cherchons dans les leçons du passé les moyens d'assurer, pour l'avenir, aux glorieuses victimes de la guerre les soins qui leur sont si bien dus.

Quels que soient le dévouement, le courage, l'abnégation et le talent des médecins militaires, rien, évidemment, ne saurait suppléer au nombre. Or, non-seulement les médecins d'une ambulance sont trop peu nombreux, mais aussi les infirmiers, qui apportent un si grand secours quand ils sont intelligents, attentifs et courageux. Cette insuffisance du service de santé a souvent forcé de faire trop à la hâte des opérations qu'on aurait pu remettre à plus tard ou même ne pas faire du tout. Or, en Crimée, on a pu observer le fait suivant, que, tandis que les opérés succombaient en très-grand nombre à la suite d'opérations, d'autres blessés qu'on n'avait pas amputés, faute de temps uniquement, sont guéris dans une plus grande proportion que les premiers.

Oh! certes, si la guerre est un fléau nécessaire, les gouvernements devraient au moins prendre toutes les mesures pour sauvegarder complétement les droits de l'humanité!

Sur ce point, M. Chenu propose un moyen qui nous paraît aussi efficace que d'exécution facile. — Aujourd'hui, quand un médecin militaire a atteint un certain âge, au lieu de le mettre en disponibilité, on le met à la retraite et il n'appartient plus à l'armée. Beaucoup de ces hommes sont encore jeunes et pourraient rendre de très-grands services. M. Chenu propose simplement de les placer dans un cadre de disponibilité, avec leur pension de retraite, de telle façon qu'en temps de guerre ils pussent être rappelés pour le service des hôpitaux ou même des garnisons à l'intérieur, en permettant ainsi de diriger immédiatement sur le terrain tous les médecins du cadre d'activité. — Nous ne saurions trop appeler l'attention du gouvernement sur cette combinaison fort simple et qui ne constituerait pas, d'ailleurs, une charge de quelque importance pour le budget.

La mortalité plus grande de nos soldats comparée à celle de l'armée anglaise tient encore à une autre cause.

L'armée anglaise, moins nombreuse que la nôtre, était, dès le milieu de la campagne, mieux fournie de médicaments, de linge, de cordiaux, etc.; en outre, elle était organisée de façon à panser, sur place, ses blessés. Il n'en était pas ainsi de la nôtre. Afin de pouvoir soigner les malades entrants qui se présentaient souvent en très-grand nombre, on les évacuait successivement tous les jours des ambulances, sur d'autres ambulances plus éloignées, sur celle de Kamiesch et sur les hôpitaux de Constantinople qui, à leur tour, évacuaient leur trop plein sur les hôpitaux de Gallipoli, de Nagara et même de France.

Le transport de Crimée à Constantinople était surtout dangereux pour les blessés, abandonnés quelquefois pendant plusieurs jours, sans soins réellement utiles. Encombrés dans l'entrepont, non-seulement ils étaient frappés par des maladies diverses, mais leurs blessures non pansées les exposaient à des accidents nombreux et graves : la gangrène, la pourriture, des hémorrhagies, des déplacements des os, la résorption purulente, etc.

« Il y a eu de nombreuses et d'horribles mutilations de la tête et de la face; plusieurs hommes apportés aux ambulances ont été évacués inhumainement sur les hôpitaux de Constantinople, où ils n'arrivaient pas ou n'arrivaient que pour succomber.... »

Pendant la traversée, les blessés n'étaient pas pansés le plus souvent; pourquoi? « Les bâtiments du commerce chargés du transport des blessés et des malades n'étaient point organisés pour ce service, l'encombrement était inévitable, et l'odeur repoussante à l'entre-pont. La circulation était souvent impossible, et si le bâtiment avait un médecin, il n'avait ni bandes, ni linge, ni charpie; ses provisions n'étaient point en rapport avec ses besoins. Si un médecin aide-major détaché d'un service de Crimée était désigné, comme il a été reconnu nécessaire de le faire dans la suite, pour accompagner une évacuation sur Constantinople, il était le plus souvent impuissant devant le mal de mer et sa présence n'était qu'une inutile formalité.... C'est donc aux médecins de la marine qu'il faut confier le service des évacuations par mer, et non aux médecins de l'armée de terre. »

Que de lacunes encore! que de services à changer et à modifier!

..... Depuis que l'on a adopté, dans les armées européennes, l'usage des armes de précision et à longue portée, on a remarqué non-seulement que les blessures sont plus nombreuses qu'autrefois, mais qu'en outre elles sont plus graves; cela tient d'abord à la plus grande portée des fusils et des canons, et ensuite à la forme des projectiles. On a pu observer effectivement que, toutes choses égales d'ailleurs, les balles coniques produisent de plus grands ravages que les balles sphériques; tandis que celles-ci étaient souvent déviées par les os, les tendons, etc., les balles cylindro-coniques, au contraire, pénètrent à coup sûr dans l'intérieur de nos organes.

Les anciens fusils ne portaient pas à plus de 200 mètres; avec les armes nouvelles à canon rayé, la portée précise peut être de 1000 et même de 1200 mètres. Aussi, tandis qu'à la bataille de Waterloo et dans les deux journées précédentes, l'armée du duc de Wellington ne compta que

8000 blessés, à Solférino les armées française et sarde eurent 16 000 blessés, et les Autrichiens 21 000.

Voilà bien certainement une raison majeure pour augmenter le nombre des médecins dans les ambulances de l'armée, où il leur est aujourd'hui matériellement impossible de suffire aux besoins d'un pareil service.

Il résulte naturellement de ce que nous venons de dire que, pendant que les blessures par armes à feu deviennent plus nombreuses et plus graves, les blessures par la baïonnette et le sabre sont, au contraire, de moins en moins fréquentes.

En somme, l'art de la guerre s'applique à détruire le plus possible et dans le moins de temps possible. A peine a-t-on trouvé un moyen de destruction bien puissant, qu'on s'ingénie à en trouver un plus puissant encore, sans jamais s'arrêter.

Pour nous, nous espérons que, grâce à tous les perfectionnements, on arrivera à rendre la guerre impossible, et que le bien sortira de cet excès du mal.

Fort heureusement que, même sur les champs de bataille, on brûle encore beaucoup de poudre pour rien. M. Chenu a dressé le tableau suivant, que le lecteur nous saura gré de citer :

Projectiles consommés en Crimée.

Français............	29.460.363
Anglais?............	15.000.000
Piémontais?........	50.000
Turcs?..............	50.000
Flottes alliées.......	35.000
Russes?............	45.000.000
	89.595.363

Tués ou blessés.

Français............	50.836
Anglais?............	21.038
Piémontais.........	183
Turcs...............	1.000
Flottes alliées?.....	2.000
Russes?............	100.000
	175.057

Si nous déduisons de ce nombre les tués ou blessés par armes blanches, par explosions de mines, de magasin à poudre et par causes diverses, nous trouvons encore près de 1000 projectiles gros ou petits, en tenant compte de la mitraille et des éclats de bombe ou d'obus, par homme tué ou blessé.

D'après les rapports de l'artillerie, les projectiles employés par l'armée française sont :

532.565 boulets.
   226.386 obus, boîtes à balles, etc.
   340.696 bombes.
     4.800 grenades ou fusées.
   ─────────
 1.104.447   1.104.447

 12.362.648 balles sphériques.
 12.923.768 balles oblongues.
  2.379.118 balles Nessler.
    690.384 balles évidées.
 ──────────
 28.355.916   28.355.916
                                    ──────────
                                    29.460.363

D'après les mêmes rapports, chaque homme de notre infanterie était muni de 20 cartouches à balles sphériques, 24 à balles oblongues et de 10 cartouches à balles Nessler. De plus, il avait 10 balles sphériques libres. Ces dernières devaient être employées dans certains cas de tir à courte distance, pour doubler les premières.

Quoi qu'en disent certaines gens, nous ne croirons jamais que Dieu ait créé l'homme pour aller, ainsi muni, à la rencontre de son semblable!

Si le lecteur le veut bien et s'il peut vaincre la répugnance qu'inspire un pareil spectacle, nous allons maintenant pénétrer sur le champ de bataille et considérer les aspects divers que présentent ces corps étendus et endormis dans le sommeil éternel. Laissons la parole à ceux qui ont vu de leurs propres yeux ces grandes scènes de désolation :

Comme je parcourais, dit le docteur Périer, le champ de bataille de l'Alma le surlendemain de l'action, mon étonnement fut grand en apercevant çà et là bon nombre de cadavres russes qui conservaient des attitudes et des expressions de figure offrant encore l'image de la vie. Quelques-uns paraissaient se tordre dans les angoisses de la douleur et du désespoir ; mais la plupart avaient l'air empreint de calme et de pieuse résignation. Quelques autres semblaient avoir la parole sur les lèvres et sourire au ciel avec une sorte de béatitude exaltée. L'un de ceux-ci, surtout, attira toute mon attention, et je ne pouvais me lasser de le faire remarquer aux personnes qui m'accompagnaient : il était couché un peu sur le côté, les genoux fléchis, les mains levées et jointes, la tête renversée en arrière, et l'on eût dit qu'il murmurait une prière [1].

Après la bataille d'Inkermann, le champ du combat présente un aspect un peu différent.

Plusieurs figures semblaient sourire ; d'autres étaient encore menaçantes. Quelques cadavres avaient des poses funèbres ; on eût dit que des mains amies les avaient disposés pour la tombe. D'autres étaient restés le genou en terre, serrant convulsivement leur arme et mordant la cartouche. Plusieurs avaient le bras levé, soit qu'ils eussent cherché à parer un coup, soit qu'ils eussent formulé une prière suprême en rendant le dernier soupir. Toutes ces figures étaient pâles, et le vent, qui soufflait avec force, semblait ranimer ces cadavres : on eût dit que ces longues files de morts allaient se relever pour recommencer la lutte [2].

1-2. Chenu, Crimée, *Rapport au Conseil de santé.*

Voici enfin quelques remarques de M. Armand après la bataille de Magenta :

Il est très-positif qu'un grand nombre de morts conservent en partie l'attitude qu'ils avaient au moment où ils ont été frappés, preuve qu'on peut passer de la vie à la mort instantanément, sans agonie, sans convulsions. Les morts frappés à la tête étaient généralement face contre terre; couchés ainsi à plat ventre, ils étaient placés tels quels sur le sol.... La plupart avaient encore leur arme en main.

Les blessures atteignant le cerveau et qui le désorganisent au point de faire cesser la vie sur le coup, produisent ce remarquable effet de contraction des membres, que la main qui tient l'arme n'a pas le temps de la lâcher....

Les hommes frappés au cœur tombent et restent de la même manière que ceux qui sont frappés à la tête; cependant, la mort, quoique prompte, n'est pas si instantanée qu'elle ne permette une attitude, on pourrait dire active. Nous avons vu un zouave frappé en pleine poitrine; il était couché sur son fusil, qu'il tenait dans la position de la charge à la baïonnette, et sa face énergique était projetée en avant et dans une attitude menaçante. On nous a rapporté que l'Empereur aurait remarqué un cas de ce genre à Palestro, *l'arme tenue encore en joue*....

Dans les cas de blessures mortelles du bas-ventre, amenant plus ou moins lentement la mort, et l'agonie se prolongeant dans d'intolérables douleurs, le *facies* des morts est crispé, les mains et les avant-bras sont croisés et serrés sur le ventre, le corps plié et couché sur le côté....

A Melegnano, théâtre du combat du 8 juin au soir, plusieurs soldats français, chargeant à la baïonnette, étaient tombés mortellement frappés par la mitraille, et restés tels quels, c'est-à-dire la face contre terre, arme aux poings, baïonnette en avant.

Nous venons d'énumérer quelques-unes des impressions saisies rapidement sur le champ de bataille; mais de tous les spectacles, le plus saisissant se trouvait dans la contemplation, le soir, à Magenta, des amoncellements de cadavres apportés au bord de longues et profondes tranchées qu'on creusait pour les inhumer. La plupart de ces figures d'hommes exsangues étaient pâles, sans doute, mais elles n'étaient pas livides; il y avait surtout chez nos Français fantassins, cavaliers chasseurs à pied, artilleurs, zouaves, tant d'énergique expression sur leurs mâles figures, tant de vie dans la mort, si on peut parler ainsi, qu'on eût été tenté de crier à leurs camarades qui creusaient les fosses : « Pas encore ; attendez, attendez[1] ! »

Nous pourrions compléter ces admirables descriptions, dont rien ne saurait égaler la terrible vérité, en décrivant quelques-unes des blessures hideuses que produisent le boulet et les éclats de bombe. Mais il est temps d'abandonner ces scènes d'horreur; puissent-elles seulement avoir produit sur l'esprit de nos lecteurs la même impression que sur le nôtre !

Nous terminerons cette étude, avec notre auteur, par quelques considérations sur la *situation des médecins de l'armée*. — Nous nous proposons de traiter bientôt à fond cette question, sur laquelle nous avons déjà réuni un certain nombre de documents que nous nous efforçons de compléter.

1. Voir *Statistique de la Campagne d'Italie.*

Pour aujourd'hui, nous n'envisagerons qu'un seul point, celui que M. Chenu a lui-même abordé.

Pour le soldat français, la plus belle mort est celle du champ de bataille; combien de généraux, combien d'officiers ont maudit la destinée qui les condamnait à finir paisiblement dans leur lit! Il ne suffit pas pour mourir aussi glorieusement de succomber en face de l'ennemi, il faut mourir des blessures reçues; le soldat, l'officier qui meurent de maladie à l'hôpital, n'ont ni les honneurs ni les avantages de ceux qui succombent pendant l'action ou des suites de leurs blessures. Cela est juste et convenable.

Mais ce qui est injuste au suprême degré, c'est qu'on ait établi les mêmes distinctions pour les médecins d'armée et qu'on n'ait pas compris que, pour eux, le vrai champ de bataille c'est justement l'ambulance et l'hôpital, et que celui-là devrait être considéré comme mort devant l'ennemi qui succombe sous les coups d'une maladie contractée dans l'exercice de ses nobles fonctions.

Le médecin militaire ne combat pas; il est quelquefois tué par l'ennemi; mais lui ne doit pas tuer; « il ne rend pas les coups qu'il est exposé à recevoir, car il n'est occupé qu'à panser et à soulager le blessé. Son véritable ennemi est ailleurs; il est à l'hôpital. Là, le danger, devant lequel il est sans cesse en présence, ne prête rien de brillant à son courage; c'est dans des luttes obscures que s'exerce son énergie.

« Il n'est pas soutenu, excité, enivré par l'ardeur du combat ou l'encens de la poudre, ni par le bruit entraînant du clairon. L'ennemi qui l'entoure est invisible, il ne peut s'en défendre; il le respire tout le jour et tous les jours davantage. Au milieu de son hôpital infecté, il doit braver la contagion pour remplir un devoir sacré et envisager la mort avec assez de calme pour conserver toute sa lucidité médicale; c'est un dangereux champ de bataille sur lequel il reste sans défense pour succomber aussi bravement qu'humblement au milieu de ceux qu'il cherche à sauver. »

Les chiffres suivants vont montrer, mieux que toutes les paroles, le danger que le médecin court à la guerre.

Pendant la campagne d'Orient, l'effectif des officiers de tout grade et de toutes armes a été, en moyenne, de 5500. Au 1er octobre 1855, il était de 5,852. Sur cet effectif, on compte :

Officiers de tous grades et de toutes armes, tués ou morts à la suite de blessures.................... 779, 14.17 0/0
Officiers de tous grades et de toutes armes, intendants, aumôniers, pasteurs, officiers d'administration, etc., morts de maladies diverses 402, 7.30 0/0
Médecins morts de maladies diverses (effectif moyen, 450)........ 82, 18.22 0/0

Morts du typhus en Orient.

Officiers de tous grades et de toutes armes, intendants, aumôniers, officiers d'administration, etc.	26,	0.47 0/0.
Médecins (effectif moyen, 450)	58,	12.88 0/0

En présence de ces résultats, demande avec raison M. Chenu, est-il permis de ne pas modifier la loi du 26 avril 1856, qui accorde aux veuves des combattants (tués ou morts à la suite de blessures) la moitié du maximum de la pension affectée au grade dont le mari était titulaire, tandis qu'elle a refusé cet honneur, cette triste compensation aux veuves des médecins (morts dans les hôpitaux au milieu de la contagion), qui n'ont droit qu'au quart de la pension affectée au grade de leur mari ?

On lit cette phrase dans le *Moniteur de l'armée* :

« Le médecin qui succombe en accomplissant son saint devoir, mérite autant de l'armée, de son pays, de son souverain que le soldat qui meurt au combat. »

Tous les généraux en chef se plaisent, nous l'avons déjà dit, à combler d'éloges le zèle et le dévouement des médecins militaires. Cela ne suffit pas et les faits devraient venir apporter leur sanction à ces phrases justement louangeuses.

Lors de la discussion de la loi de 1856, le gouvernement sembla promettre qu'elle serait modifiée à l'avantage des médecins militaires; il y a plus de dix ans de cela, et ils attendent encore la réalisation de cette promesse. Ils l'attendent, quoique la guerre du Mexique ait apporté à son tour, en leur faveur, des chiffres d'une bien triste éloquence. — Il y a peu de jours, M. Rouher demandait avec orgueil et amertume à quoi pourrait servir l'initiative parlementaire puisque, selon lui, elle n'avait jamais servi à rien? Nous sommes assuré qu'une pareille iniquité n'existerait plus depuis longtemps si les députés au Corps législatif jouissaient d'une prérogative qui fut longtemps un de leurs plus grands honneurs.

Nous espérons que cette analyse aura fait comprendre à nos lecteurs tout l'intérêt et toute l'importance de l'immense rapport entrepris et mené à bonne fin par le Dr Chenu. Il nous promet un travail analogue sur les campagnes d'Italie et du Mexique. Nous savons qu'on peut compter sur la parole d'un homme aussi laborieux que lui; nous n'avons pas besoin de l'exciter, et nous sommes certain que ses nouveaux mémoires seront attendus avec autant d'impatience par tout le monde que par nous-même.

Outre l'intérêt palpitant qui s'attache à de semblables narrations, elles doivent avoir surtout pour effet de dégoûter de la guerre tout esprit calme et sensé, et même ceux-là qui sont entraînés par ces descriptions brillantes où la fumée de la poudre, voilant tout le côté horrible, ne laisse voir que la gloire exaltée par l'amour de la patrie. Dr H. MONTANIER.

Extrait du *Journal des Débats* du 17 septembre 1865.

Dans son remarquable *Rapport au Conseil de santé des armées*, le docteur Chenu a mis en lumière plusieurs faits douloureux qu'il est inutile d'énumérer ici ; mais il en est un qui mérite d'être signalé à la vigilance des législateurs, car il semble créer et consacrer un déni de justice pour les médecins militaires. C'est à ces derniers cependant, à ces hommes modestes, dévoués, mal récompensés, qu'incombe la plus lourde charge dans ces grandes agglomérations de troupes où les maladies contagieuses trouvent pour ainsi dire un développement normal et un inépuisable aliment : on pourrait croire qu'entre le soldat et le médecin l'assimilation est complète. La simple équité paraît indiquer que mourir sur le sinistre champ de bataille de l'hôpital en cherchant à neutraliser les effets d'un fléau terrible, ou périr d'un coup de feu en luttant contre l'ennemi, donne des droits égaux à la modique pension que l'État assure aux veuves de ceux qui ont succombé ; il n'en est rien cependant, et la législation spéciale à cette matière constate une inégalité regrettable.

La loi du 11 avril 1831 porte, titre III, section 1re, article 19 : « Ont droit à une pension viagère : 1° les veuves des militaires tués sur le champ de bataille ou dans un service commandé ; 2° les veuves des militaires qui ont péri à l'armée ou hors d'Europe, et dont la mort a été causée soit par des événements de guerre, soit par des maladies contagieuses ou endémiques, aux influences desquelles ils ont été soumis par les obligations de leurs services. » A la section II, l'article 22 ajoute : « La pension des veuves des militaires est fixée au quart du minimum de la pension d'ancienneté affectée au grade dont le mari était titulaire, quelle que soit la durée de son activité dans le grade. » Un tarif annexé à la loi indique le minimum et le maximum de la pension affectée aux différents grades, et, de plus, le quart du maximum auquel une veuve peut avoir droit. Ainsi la veuve d'un médecin en chef de l'armée a 900 fr. de pension, la veuve d'un sous-aide-major 250 fr. — La loi du 26 avril 1856 est venue modifier ces dispositions ; elle dit, article 1er : « Est élevée du quart à la moitié du maximum de la pension d'ancienneté affectée au grade dont le mari était titulaire, la pension à laquelle ont droit... 1° les veuves des militaires et marins tués sur le champ de bataille ; 2° les veuves des marins et des militaires qui ont péri à l'armée, et dont la mort a été causée par des événements de guerre. » Ici, il n'est plus question de maladies contagieuses ou endémiques, et les médecins militaires sont, par conséquent, exclus du bénéfice de la loi nouvelle. Par une ironie étrange, cette loi se discutait au Corps législatif pendant que nos soldats étaient encore à Sébastopol, quoique déjà la paix eût été signée à Paris. Nos médecins militaires, pendant qu'on leur marchandait le droit de laisser un morceau de pain à leurs veuves, donnaient l'exemple d'une abnégation admirable et d'un courage que rien ne parvint à ébranler. Dans le mois de mars, quinze médecins sont emportés par le typhus ; le médecin en chef, M. Scrive, écrit : « Chacun continue à faire son devoir avec un héroïsme et un mépris de la mort qui font l'admiration de l'armée. » Pendant le mois d'avril, douze médecins succombent à la même épidémie. De tels faits méritaient cependant qu'on en tînt compte, et auraient dû faire incliner la loi vers un sens plus libéral et plus large. M. Chenu a publié un tableau qui doit trouver sa place ici, car il indique clairement dans quelle proportion extraordinaire les médecins ont été atteints par la mort pendant la guerre de Crimée.

« Pendant cette guerre, l'effectif comme officiers de tous grades et de toutes armes était, en moyenne, de 5500. Sur cet effectif, on compte :

Officiers de tous grades et de toutes armes tués ou morts des suites de leurs blessures..............	779 —	14.17 0/0
Officiers de tous grades et de toutes armes, intendants, aumôniers, pasteurs, officiers d'administration, etc., morts de maladies diverses.....................	402 —	7.30 0/0
Médecins morts de maladies diverses (effectif moyen, 450)..................	82 —	18.22 0/0

Morts du typhus en Orient.

Officiers de tous grades et de toutes armes, intendants, aumôniers, pasteurs, officiers d'administration.............	26 —	0.47 0/0
Médecins (effectif moyen, 450).......	58 —	12.88 0/0

Ces chiffres ont une brutalité convaincante. Le médecin, au chevet des malades, à l'ambulance ou à l'hôpital, ne court pas moins de dangers et expose autant sa vie que le soldat qui monte à l'assaut. Cependant, s'il succombe en restant face à face avec le typhus, avec le choléra, il ne laisse à sa veuve que le quart du maximum de sa pension de retraite. Mais si, dans cette même ambulance, il est frappé par un éclat d'obus égaré, si en traversant le champ de bataille il est atteint par une balle perdue, il est considéré comme « mort par suite d'événement de guerre, » et il assure à sa veuve la moitié du maximum de sa pension de retraite. Est-ce juste? Non. N'est-ce pas la guerre qui réunit ces masses d'hommes? N'est-ce pas leur agglomération forcée qui engendre nécessairement ces maladies invincibles, plus redoutables cent fois que l'ennemi le mieux armé? Par ce seul fait, ne sont-elles pas *un événement de guerre*, et le médecin qui meurt en veillant sur ses soldats malades, qu'il entoure de ses soins, ne doit-il pas être assimilé à l'officier qu'emporte un boulet de canon? N'a-t-il pas droit aussi, lui qui tombe pour la bonne cause, pour celle du pays, pour celle de son devoir professionnel, de léguer à sa veuve une pension qui ne soit pas illusoire? Tué par l'ennemi pendant le combat, tué à l'hôpital par l'épidémie, c'est tout un à la guerre, et il est douloureux que la législation ne l'ait pas compris ainsi.

Lors de la discussion de la loi du 26 avril 1856, un député proposa l'amendement suivant : « Auront droit à la même pension les veuves des officiers morts de maladies contractées au service des hôpitaux et ambulances d'une armée en campagne. » Cette rédaction plus équitable ne fut point adoptée; mais le commissaire du gouvernement eut soin de dire : « La loi n'a pas dit son dernier mot; l'état de choses qu'elle a établi n'est pas fixé d'une manière irrévocable. Quoi qu'il en soit, il s'est produit à cet égard dans l'Assemblée un sentiment que le gouvernement ne saurait méconnaître, et la Chambre ne peut douter un seul instant qu'un *vœu manifesté par elle* ne soit pris en *très-grande considération*[1]. »

Le vœu cependant est demeuré stérile, et la très-grande considération n'a produit rien de nouveau. Depuis plus de dix ans que ces paroles ont été prononcées, on attend encore la réalisation des promesses qu'elles contiennent implicitement. Il est vivement à désirer que la lecture du bel et douloureux ouvrage de M. Chenu inspire à qui de droit la volonté de modifier enfin une situation qui n'est pas en rapport avec l'importance des services rendus. Il ne faut pas oublier que le corps médical militaire français a fait preuve d'un dévouement traditionnel qui ne s'est jamais démenti et qui semble s'accroître sans mesures toutes les fois que les circonstances l'exigent. En lui reconnaissant les droits que la loi du 26 avril 1856 accorde aux autres officiers, en assimilant les épidémies nées de l'agglomération des troupes à des événements de guerre, on ne fera qu'un acte de justice, et c'est au nom de la stricte équité que nous le réclamons.

Maxime Du Camp.

[1]. Voir le *Moniteur* du jour.

Extrait du *Moniteur universel* du 14 juillet 1869. — *Statistique médico-chirurgicale de la campagne d'Italie en* 1859; *service des ambulances et des hôpitaux militaires et civils*, par le docteur Chenu, médecin principal d'armée en retraite.

L'auteur de la grande statistique médico-chirurgicale de la guerre de Crimée, loin d'être accablé sous le poids d'un travail que les plus courageux en ce genre d'investigations ont considéré comme inouï, semble y avoir puisé un surcroît d'activité et des forces nouvelles, car nous avons sous les yeux un monument dont l'ampleur va presque au triple des dimensions de son aîné.

Si l'Angleterre nous a précédés dans cette voie de recherches utiles et exactes, dans cet art de découvrir la vérité et les lois des choses, nous voilà presque aussi avancés qu'elle, grâce à l'infatigable persévérance d'un savant, d'un homme de bien. En présence de ces gros volumes in-4° et d'un atlas magnifique des champs de bataille de l'Italie, on est d'abord disposé à penser que l'amour du vrai et de sa propre gloire furent les mobiles qui ont entraîné M. Chenu à dépenser aussi libéralement son temps et sa vie, sans parler de ses deniers; mais quand on lit les belles considérations générales et les conclusions motivées dont l'historique de la campagne et les tableaux de la statistique proprement dite sont précédés, on voit de suite que l'on a surtout affaire à un philanthrope, à un homme qui a foi dans l'avenir, et qui poursuit avec ardeur un noble but pratique. Toute cette science, en effet, est dominée par une idée, par une conviction qu'il s'agit de faire passer dans l'esprit du lecteur, à savoir, que, par notre faute, nous augmentons considérablement, en campagne, la part de la souffrance et de la mort; toute cette science enfin est accumulée, dressée en vue d'un résultat unique : déduire de l'analyse et des leçons de l'expérience des préceptes si évidents qu'aucune influence ou mauvaise raison ne pourra en retarder l'application bienfaisante. Aussi lorsqu'on s'est pénétré de la pensée de M. Chenu, on relit avec un intérêt mêlé de respect son œuvre magistrale et l'on ose lui prédire que le but qu'il se propose sera atteint.

La misère et l'encombrement ont été les causes principales de nos désastres en Orient; la pénurie du personnel médical et le défaut d'ordre furent, en Italie, les causes essentielles de souffrances et de pertes que nous aurions pu diminuer de moitié peut-être! mais, en Orient comme en Italie, les causes réelles des plus grands maux découlent, en définitive, d'un seul mauvais principe : *l'incompétence dans la direction des services sanitaires.* L'œuvre critique de M. Chenu consiste à prendre l'incompétence en flagrant délit, à saisir sa main paralysante, à l'arrêter sur les plaies qu'elle ne peut guérir ; son œuvre dogmatique consiste à prouver que le principe de la direction compétente, de la direction du service de santé par des médecins, est aussi vrai en logique qu'excellent en réalité, non pas parce que d'autres puissances militaires l'ont adopté, mais parce que les plus pratiques d'entre elles, l'Angleterre et l'Amérique, auxquelles on peut joindre l'Allemagne du Nord, en ont fait le plus magnifique usage, c'est-à-dire un usage suivi des résultats les plus heureux.

La médecine et la chirurgie aux médecins d'armée, la comptabilité et le contrôle aux intendants, tel sera, après lecture du livre que nous recommandons, le cri de tout homme de cœur et de sens, comprenant que la conservation des individus est, pour les actes de la guerre comme pour ceux de la paix, le plus pressant besoin d'une société. Toute dépense, en effet, employée à bien conserver le soldat est un placement fait à intérêt presque usuraire, car l'homme, comme le répète à dessein M. Chenu, est, de tous les capitaux, le plus précieux, ne l'oublions jamais.

C'est un principe d'économie mal entendue qui a introduit chez nous le faux principe de la direction du service de santé par des administrateurs tout à fait incompétents en matière d'hygiène et de prophylaxie. N'accusons personne : de grands abus, de grands désordres, au début des guerres de la Révolution et du premier empire, firent naître la nouvelle administration, firent bientôt son importance, son lustre, et aussi ses privilèges excessifs; il est temps qu'elle rentre dans des limites qu'elle n'aurait jamais dû franchir.

Nous voudrions pouvoir résumer ici l'historique écrit et chiffré de la campagne d'Italie, mais l'immense travail que nous avons sous les yeux, par sa nature même et la multiplicité de ses détails, échappe entièrement à l'analyse. A chaque page on trouve la preuve de cette triste réalité : *pas de médecins, pas de direction !* Les faits veulent être vus un à un, relevés sur pièces authentiques; après quoi vient avec opportunité la recherche des causes du mal. « N'est-il pas incroyable, s'écrie le médecin historien, de voir aujourd'hui, avec des armées plus nombreuses et des moyens de destruction plus puissants, *quatre médecins au plus par ambulance divisionnaire,* tandis que les ambulances de Larrey, au commencement du siècle, comptaient plus de vingt chirurgiens? En 1830, en Algérie, pour une armée de 30 000 hommes, on comptait 180 médecins d'ambulances et d'hôpitaux de première ligne, 6 pour 1000 hommes d'effectif. En Crimée (à la date de mai 1855), pour une armée de 108 000 hommes, 78 médecins d'ambulances et d'hôpitaux de première ligne, pas même un médecin (0,72) par mille hommes d'effectif. En Italie (juin 1859), pour une armée de 160 000 hommes, 132 médecins dans les mêmes conditions, pas même un médecin (0,82) pour mille hommes d'effectif. — Plus les besoins augmentent, moins il paraît nécessaire d'y pourvoir, ou, pour dire plus vrai, plus il devient difficile d'y pourvoir. » — Combien manquait-il donc de médecins à l'armée d'Italie? Voyez la lettre de M. Larrey au président du conseil de santé : il en manquait trois cents. Combien le président croit-il qu'en faisant flèche de tout bois, on en pourra diriger sur l'Italie? Cent cinquante au plus ! Et on attendait ! ! En attendant, il faudra que les ambulances de Magenta et de Solférino, aux besoins desquelles vingt-cinq médecins par ambulance auraient à peine suffi, soient desservies par trois ou quatre. Aussi quel spectacle ! Est-ce cela qu'attendent ces familles qui, dans un grand danger de la patrie, enverront courageusement leurs fils à la défense de nos frontières?

Citons encore quelques mots de M. Chenu, afin d'attacher le lecteur à l'œuvre de régénération que l'auteur poursuit : « Le cercle dans lequel le médecin doit se mouvoir avec indépendance n'est pas aussi restreint que beaucoup le croient; la pratique de la chirurgie et l'ordonnance du remède au lit du malade ne sont que peu de chose dans l'ensemble des moyens dont se préoccupe le praticien expérimenté pour arriver à ses fins. L'ensemble de ces moyens comprend toute la médecine générale qui se nomme l'hygiène de l'homme sain et malade. C'est l'hygiène qui est la grande puissance conservatrice et curative ; c'est de l'emploi judicieux, constant, prompt et généreux de ses procédés, que découlent partout les bonnes moyennes de santé et de vie. Mais il ne suffit pas de dire qu'on les connaît, il faut encore les bien apprécier, c'est-à-dire avoir la convictiou entière de leur très-réelle importance. Celui-là seul possède cette conviction, qui est initié aux principes généraux de la médecine et à ce qu'on sait de l'étiologie médicale. Pour les questions de santé publique, les hommes *non spéciaux* sont le plus ordinairement pessimistes quand il ne le faudrait pas, ou optimistes en temps inopportun. »

M. Chenu a prouvé par des pièces justificatives indéniables que l'incompétence et l'optimisme d'un administrateur comptent parmi les causes principales de nos insuccès aux ambulances de Crimée et aux hôpitaux de Constantinople. Laissons-le achever ses considérations critiques en matière de conservation et de guérison. « On montrera sans peine que l'Intendance opère à cette heure, dans les choses sanitaires, comme si elle les connaissait bien mieux que le médecin lui-même, qu'elle dirige et qu'elle juge, et comme si l'intérêt administratif qu'elle représente était, en définitive, l'intérêt par excellence et le but principal !

« Nous sommes en campagne, il y a des questions qui se posent d'elles-mêmes, et attendent une solution. Qu'est-ce que l'encombrement des locaux et quand existent-ils ? quels en sont les signes et les effets ? les maladies infectueuses sont-elles imminentes ? Ces questions touchent à une foule de mesures d'hygiène générale qui ont pris malheureusement le nom de mesures administratives ; elles y touchent et les dominent. Les décisions doivent être promptes, catégoriques : qui les prendra ? Si quelqu'un prétendait, devant des gens doués du simple bon sens, que l'intendant est appelé à résoudre ces problèmes de médecine générale, d'étiologie, de prophylaxie, chacun croirait qu'on lui propose un paradoxe. Autant vaudrait lui dire que, par besoin d'ordre, d'économie des deniers, de justification, c'est l'intendant qui, devant une place assiégée, choisit le point de départ et la direction de la tranchée, l'emplacement et le but d'une batterie, tandis que le rôle des officiers du génie et de l'artillerie consiste à faire creuser la tranchée et à établir la batterie. Malheureusement il n'y a pas là de paradoxes ; ce renversement des rôles est une réalité écrite dans notre réglementation. »

C'est de l'histoire, partout, à Constantinople, en Crimée, en Italie. A Constantinople, où un intendant impose à un inspecteur du service de santé, M. Lévy, l'obligation d'accepter, pour nos services hospitaliers, de vieilles casernes turques imprégnées de miasmes, où il lui refuse la création si facile d'hôpitaux-baraques ; en Crimée, où il méprise ses prédictions néfastes, qui ne se sont que trop accomplies ; à Constantinople encore, où il refuse à Baudens l'occupation des camps baraqués et complétement libres de Maslak, alors que les malades affluant sans cesse dans nos hôpitaux y mouraient chaque jour par centaines, par suite de l'encombrement, de l'infection et de la contagion ; en Italie, enfin, où six lignes adressées à l'intendant général donneront la mesure de la part d'autorité et de considération que l'administration voulut faire à l'inspecteur du service de santé, au médecin en chef de l'armée, au baron Larrey !

« Alexandrie, 20 mai. Je n'ai personne auprès de moi, pas même un planton et un soldat d'ordonnance, et je suis obligé de suffire seul à l'expédition de mes dépêches, que je fais porter par un domestique civil ; j'ai l'honneur de vous prier, monsieur l'intendant, de vouloir bien, à titre de faveur, etc., etc.... Baron Larrey. » — Si un inspecteur, médecin en chef d'une armée, et ayant le rang de général de brigade, est réduit à cette triste nécessité de solliciter humblement d'aussi minimes *faveurs*, quelle sera donc la situation des médecins d'ambulances et d'hôpitaux d'un grade inférieur? Plusieurs, pendant la campagne, panseront eux-mêmes leurs chevaux; d'autres, recevant l'ordre de se porter immédiatement d'un poste sur un autre, voyageront à pied; un officier du train prêtera un mulet à l'un d'eux plus favorisé; d'autres enfin demanderont la permission de monter sur une voiture de l'artillerie et feront la route assis sur des boulets. — Mais ce ne sont là, pour les médecins militaires, que les moindres épreuves! Leur grande douleur, cette douleur sans remède et qu'on n'oublie jamais quand on l'a éprouvée, c'est de voir le bien et de ne pouvoir le faire, de voir le mal et de ne pouvoir l'empêcher; c'est, en un mot, d'être rendus tout à fait impuissants à remplir leur tâche.

Concluons : il faut se hâter, si l'on veut avoir un corps de santé militaire, qu'on rende ce corps à lui-même; qu'il soit constitué selon les vues de Percy et de Larrey, à l'instar des armes du génie et de l'artillerie; qu'il se gouverne et se juge; que le médecin soit chef de son ambulance et de son hôpital; qu'il ait sa hiérarchie entière. Est-ce possible? Apparemment, puisque cela se fait avec grand succès dans d'autres armées, et même en France pour le service de santé de la marine. Mais vous ferez de vos médecins des administrateurs! Oui, comme dans la marine; oui, comme dans nos maisons d'aliénés qui sont admirablement dirigées. Une signature ne fait-elle pas d'un capitaine de l'armée un intendant? Quelle est donc l'impossibilité pour un médecin d'être administrateur? Que le bon sens du lecteur en décide; nous le supplions de lire les remarquables considérations générales qui sont en tête du livre dont nous cherchons à rendre compte. L'auteur a prévu et levé toutes les objections. Que l'opinion se forme, et la cause de l'humanité est gagnée. L'opinion se formera, et lorsque ce grand ouvrage, dans lequel M. le docteur Chenu a mis sa science, son expérience, sa haute raison et son cœur, aura fait son chemin, l'opinion publique sera telle et s'exprimera par tant d'organes, que le ministre, quel qu'il soit, fût-il même un intendant général, opérera dans nos services sanitaires la révolution pacifique et radicale qu'ils exigent impérieusement.

G. Dubois.

LA MÉDECINE MILITAIRE. 361

Extrait du *Journal des Débats*, 17 et 18 septembre 1869. — *Statistique médico-chirurgicale de la campagne d'Italie en 1859 et 1860 ; service des hôpitaux militaires et civils*, par le D⁎ J.-C. Chenu, médecin principal d'armée en retraite. Paris, 1869; J. Dumaine, L. Hachette, Victor Masson.

Deux volumes grand in-8°, l'un de 774 pages, précédées d'une introduction de 149 pages, l'autre de 974 pages, un atlas de 118 cartes, forment l'ensemble de cet ouvrage, le plus important sans contredit qui ait jamais été publié sur une campagne militaire. Placé par sa situation aux sources mêmes des documents officiels, le docteur Chenu a pu y puiser à pleines mains et nous faire suivre jour par jour, heure par heure, les marches et les péripéties de l'armée dont il avait entrepris d'écrire l'histoire. Il est difficile, lorsqu'on lit ces substantiels volumes, de ne point être ému et saisi d'admiration en voyant les difficultés de toute sorte, militaires, matérielles, administratives, que nos soldats ont eu à surmonter. On s'étonne qu'ils aient triomphé de tant d'obstacles et qu'ils aient, malgré tant de causes contraires, remporté les victoires que nous savons.

Tout en bornant son rôle à celui d'historiographe médical, et ne s'occupant guère que des blessés, des malades, des ambulances et des hôpitaux, le docteur Chenu saisit le public d'un sujet singulièrement intéressant et opportun; il ne soulève pas les voiles, il les déchire avec un courage et une indépendance dont il faut lui savoir gré; il montre combien notre administration militaire actuelle est défectueuse et arriérée; il prouve que le courage, le bon vouloir, le dévouement des chirurgiens sont en partie neutralisés par le système beaucoup trop centralisateur qui soumet hiérarchiquement des hommes de science et de mission spéciale à l'autorité des intendants. La très-douloureuse expérience de la campagne de Crimée, pendant laquelle nous avons perdu 95 615 hommes, dont plus de 75 000 par suite de maladies, a été pour nous comme non avenue.

— Nous sommes ainsi faits en France : nous oublions vite le passé, et nous ne nous tournons jamais vers l'avenir; nous nous disons volontiers le peuple le plus mobile de la terre, mais l'oreiller de la routine nous paraît si particulièrement doux, que nous nous y laissons surprendre par toutes sortes de désastres. Nous nous réveillons en sursaut. Chacun crie : « Il faut changer cela ! » — L'élan ne dure pas, et l'on se rendort. Parmi toutes les routines, il en est une qui est invincible, — c'est la routine administrative. Elle défie les orages et se rit des tempêtes, — *Mole sua stat*, les médecins militaires ne le savent que trop.

L'Angleterre, où le respect des vieilles institutions a su s'allier avec la libre initiative individuelle du protestantisme, nous a donné en Crimée même, côte à côte avec nous, sous nos yeux, un exemple dont nous aurions dû profiter et qu'il n'est point inutile de rappeler. Pendant le premier hiver, devant Sébastopol, les Anglais perdent 5,79 pour 100 sur l'effectif et 22,83 pour 100 sur le nombre des malades, tandis que nous ne perdons que 2,31 pour 100 sur l'effectif et 12,16 pour 100 sur les malades. Notre administration triomphe et s'applaudit; mais l'Angleterre s'émeut et elle envoie sur les plateaux de la Chersonèse un inspecteur chargé de pleins pouvoirs. Quel est cet inspecteur? Un commodore, un général, un membre de la Chambre haute, un ministre? Point? c'est une simple femme, miss Nightingale. Elle agit sans appel, ne se préoccupe ni du bon vouloir administratif qu'elle ne consulte même pas, ni du général en chef auquel elle va conserver ses soldats. Le résultat de son intervention est facile à constater. Pendant le second hiver, le plus rude, nous perdons 2,69 pour 100 sur l'effectif et 19,87 pour 100 sur le nombre des malades, mais les Anglais ne perdent plus que 0,20 pour 100 sur l'effectif et 2,21 pour 100 sur le nombre des malades. Sur 448 médecins, les Anglais n'en laissèrent mourir aucun ; sur 450 nous en jetons 82 à la mort. Notre ministre de la guerre envoie un inspecteur du service de santé à l'armée d'Orient; celui-ci se plaint qu'on entasse dans les mêmes hôpitaux, au prix de dangers effroyables, les blessés, les fiévreux, les cholériques, les scorbutiques; il demande que les malades soient séparés par catégories; il réclame près de son chef naturel, l'intendant, qui lui répond : « Je déplore ces dangers avec vous, mais le moment ne me paraît pas venu d'y apporter le remède que vous indiquez. » (Introd., CIII.) De la fin de la guerre de Crimée au début de la guerre d'Italie, plus de trois années se sont écoulées : quelle modification a-t-on fait subir à un état de choses si douloureusement anormal? Aucune. Nous n'aurons que trop souvent à le constater.

Il paraît que le vrai chef de l'armée, celui dont tout découle et vers qui tout remonte, n'est point le général en chef, comme nous l'avons cru naïvement jusqu'à ce jour; c'est l'intendant. M. Vauchelle, dans son *Cours d'administration militaire*, dit, tom. III, page 13 : « *Le général subordonne ses plans et ses opérations militaires aux possibilités de l'administration; le mépris ou l'oubli de cette règle admirable* constitue le plus grave reproche qui puisse être adressé à nos dernières guerres. » (Cité par le docteur Chenu, Introd., XVIII.)

S'il en est ainsi du général en chef, de l'homme auquel incombe toute responsabilité, entre les mains de qui l'on a confié l'honneur et peut-être même les destinées du pays, s'il doit *se subordonner aux possibilités administratives*, on peut juger des prétentions de l'Intendance vis-à-vis des médecins militaires qu'un déplorable système leur soumet encore aujourd'hui. Toutes les demandes, toutes les exigences des médecins, de ces humbles et généreux majors qui, vivant dans la familiarité du soldat, connaissant ses besoins qu'ils ont étudiés, n'ont d'autre but que de sauver les hommes et de les mettre dans des conditions d'existence acceptables, restent le plus souvent infructueuses et n'éveillent qu'une médiocre sollicitude chez MM. les intendants, qui marchent de pair avec les généraux en chef.

Dans nos armées, l'homme qui dirige tout le service médical, qui devant l'opinion publique mal instruite répond de la santé de nos soldats, le médecin en chef, en un mot, n'a même pas auprès de lui les commis nécessaires pour l'expédition des ordres qu'il doit transmettre. Le 20 mai 1859, le médecin en chef écrit à l'intendant général : « Je n'ai personne auprès de moi, *pas même un planton* ou un *soldat d'ordonnance*, et je suis obligé de suffire seul à l'expédition des dépêches que je fais porter par un domestique civil » et il demande, « à titre de faveur dont il sera reconnaissant, » qu'on lui rende un infirmier-major dont les services lui sont indispensables. Si le médecin en chef est tenu en tel dédain, comment donc sont traités les médecins principaux, les médecins de régiment, les aides-majors? nous allons le voir.

Le 19 juin, la campagne est ouverte depuis plus de six semaines. Le médecin en chef écrit : « Plusieurs médecins de l'ambulance du grand quartier général ne sont pas montés, malgré toutes leurs démarches pour obtenir des chevaux, et depuis notre départ d'Alexandrie, ils sont obligés de faire les étapes *à pied ou sur les caissons.* » A cette réclamation, qu'on ne peut lire sans surprise, un sous-intendant militaire répond le 20 : « Je ne vois d'autre moyen pratique de pourvoir de chevaux les officiers de santé que de les inviter à rechercher eux-mêmes ceux qui pourraient leur convenir et à les désigner aux présidents des commissions de remonte de leurs corps respectifs, pour qu'il en soit fait achat et remise immédiatement. » Puisque ces malheureux médecins n'avaient point les plantons qui leur étaient utiles, ni les chevaux qui leur eussent été indispensables, on doit supposer qu'ils étaient tellement nombreux, qu'on ne pouvait raisonnablement satisfaire à leurs demandes. On serait loin de compte. Ils n'ont jamais été en quantité suffisante pour assurer le service, et ils n'y sont parvenus qu'à force de dévouement et d'héroïsme. Les preuves abondent dans toutes les correspondances officielles si curieuses, si instructives que cite le docteur Chenu.

Nos premières troupes appartenant au 1er et au 2e corps ont commencé à débarquer à Gênes le 26 avril. Dès le 13 mai, M. Boudin, médecin principal, écrit : « Le nombre des malades augmente sensiblement et le personnel médical ne peut tarder à devenir insuffisant. » A ce moment, au début même de la campagne, avant qu'un seul coup de fusil ait été tiré, on requiert l'assistance, à Gênes, de quatre médecins et de douze étudiants italiens. Le 21 mai, le même médecin signale la nécessité « de demander du personnel » en France. Le 22 mai, un médecin-major écrit : « Le service est mal organisé ; nous n'avons pas d'infirmiers ; quelques *musiciens* que personne ne commande ont été désignés pour remplacer les infirmiers absents, et ne nous sont pas utiles, parce qu'ils ne savent rien. Les malades sont mal couchés, mal nourris, mal soignés. » Le 28 mai : « Je viens de visiter la citadelle d'Alexandrie, il y a déjà 150 hommes, blessures légères ; mais il n'y a personne pour les visiter, il n'y a rien pour les soigner. » 30 mai : « Chaque division (la division est en moyenne composée de 12000 hommes) est pourvue de cinq à sept infirmiers militaires seulement (moins de 1 pour 1000); toutes manquent de tentes et de couvertures pour les blessés. » 31 mai : « Quelques régiments arrivent sans médecins. Ainsi le 8ᵉ hussards sans un seul; le 82ᵉ de ligne avec un médecin-major seulement; toute l'artillerie (batteries et parcs) sans un seul. Je suis obligé, pour assurer le service dans ces différents corps, de détacher des médecins des ambulances, qui se trouvent ainsi dégarnies. » Le 37ᵉ de ligne n'a qu'un seul officier de santé, médecin aide-major de 2ᵉ classe, présent au régiment pendant toute la campagne. Le 9 juin, le médecin en chef de l'armée crie au secours, et pour ses hôpitaux il demande avec instance des sous-aides auxiliaires et aides-majors. Faute de mieux, on utilise les médecins italiens et les chirurgiens autrichiens faits prisonniers pendant les combats. 25 juin : dépêche de Brescia qui demande des médecins à Milan pour assurer le service. 26 juin, d'Alexandrie : « C'est fâcheux à dire et à penser; mais il n'y a plus personne ici, à l'hôpital divisionnaire, ni au séminaire, à qui l'on puisse confier des malades et des blessés. » Parme, 26 juin : « L'ambulance du quartier général n'a point de médecin-major, et trois aides-majors de cette ambulance sont détachés d'urgence près des corps de troupes. Le 22ᵉ de ligne n'a qu'un médecin, de même que le 6ᵉ et le 8ᵉ hussards; l'artillerie n'en a pas eu un seul pour assurer le service pendant la route que nous venons de faire. » 27 juin, l'insuffisance du nombre des infirmiers militaires a été *encore* bien regrettable pendant et après la bataille de Solférino. »

Dès le 26 mai, après expérience faite des besoins médicaux de l'armée, et dans la prévision des éventualités redoutables qui n'allaient point tarder à s'imposer, le médecin en chef réclamait d'urgence « 150 médecins, dont 20 principaux, 50 majors, 80 aides-majors; admission provisoire de 150 sous-aides auxiliaires. » De telles demandes parurent si particulièrement excessives au ministre de la guerre, que celui-ci écrivit à l'Empereur pour lui déclarer qu'il était impossible de satisfaire à de semblables exigences. Néanmoins il fallait faire face aux difficultés; aussi le ministre de la guerre publia un avis annonçant que le 20 *juin* (seize jours après Magenta, cinq jours avant Solférino) un concours sera ouvert dans différents hôpitaux militaires de France pour le grade de sous-aide. Ce serait à douter de tous les faits que je rapporte s'ils n'étaient appuyés sur les preuves indiscutables des pièces administratives et officielles.

Le personnel est insuffisant, il n'a ni les moyens

de transport ni les facilités de service qui lui sont nécessaires; c'est là un inconvénient grave, mais auquel on peut jusqu'à un certain point remédier avec une bonne volonté sans pareille aidée d'une force herculéenne. A-t-on été pris à l'improviste? qui oserait le dire après les paroles que l'Empereur adressa le 1ᵉʳ janvier à l'ambassadeur d'Autriche? Néanmoins on peut soutenir que les hommes de dévouement sont rares, que tous les chevaux étaient requis pour la cavalerie, que les plantons étaient à leur poste dans leurs compagnies respectives, et qu'animés d'un bel amour de la gloire, les infirmiers avaient abandonné les pacifiques instruments de leurs fonctions pour saisir un fusil et faire le coup de feu. Soit. Le vrai peut quelquefois n'être pas vraisemblable, et nous ne chicanerons pas. Mais nos magasins, nos pharmacies sont, dit-on, abondamment pourvus; sous le rapport de l'outillage du moins, nous avons dû être impeccables, et l'Intendance a pris ses mesures de telle façon que les médicaments et le matériel d'ambulance n'aient jamais fait défaut. Nous allons trouver, à ce sujet, des détails édifiants dans la correspondance des médecins et des intendants militaires.

17 mai. « Le 2ᵉ corps est aujourd'hui à Sale, et à la veille d'en venir aux mains. Vous jugerez de notre embarras et de nos craintes quand vous

saurez qu'il n'existe pour toute ressource en matériel, dans ce corps d'armée qu'*un* caisson d'ambulance. — Nous faisons faire cinquante brancards, car nous en sommes complétement dépourvus; nous manquons également de couvertures. » Le même jour (notez la date), le médecin en chef écrit au président du conseil de santé : « En fait d'instruments, je tiens beaucoup à ce que la boîte à résection soit fournie d'urgence à chaque ambulance divisionnaire; veuillez en assurer l'envoi *immédiat*, s'il n'a pas encore été fait par les soins de l'administration de la guerre. »— 19 mai. « Le service de santé du corps d'armée de la garde n'est pas encore assuré : 1º insuffisance du personnel médical (quatre médecins); 2º insuffisance du personnel d'infirmiers, l'ambulance du quartier général n'en a que sept; 3º absence de moyens de transport, pas de litières, pas de cacolets, pas de fourgons; 4º pénurie de moyens de pansement; un caisson ne peut être considéré comme une ressource sérieuse; j'ai demandé avec instance du chloroforme, du perchlorure de fer, rien ne m'a encore été livré; 5º insuffisance des appareils à fractures. »— 24 mai. Après Montebello : « Les salles, les cloîtres et l'église sont garnis de paille, car nous manquons absolument de couchage. Afin d'économiser le peu de linge dont nous disposons, j'ai fait requérir des habitants une certaine quantité de *mousse* destinée aux fomentations d'eau froide. Je vous informe avec regret que, par suite de l'inexpérience ou des préoccupations nombreuses de l'Intendance, près de 800 blessés *ont été nourris, pendant quatre jours, par la commisération publique.* Les régiments et les ambulances continuent à manquer de médicaments, de même que nous sommes dépourvus d'infirmiers militaires. »

— A Alexandrie, le 24 mai, 128 blessés et fiévreux arrivent par le chemin de fer, dans des wagons à marchandises, sur une légère couche de paille; au débarcadère nul moyen de transport : « Il m'a été répondu par MM. les officiers de l'Intendance présents à l'arrivée du convoi qu'il n'y avait à la gare ni voitures ni brancards, mais qu'on les attendait d'un moment à l'autre. » — On finit par trouver trois ou quatre brancards; les autres malades sont transportés sur des lits en fer fournis par l'administration sarde. Sans trop se préoccuper des suites que peut avoir l'encombrement des malades, oubliant la cruelle expérience faite en Crimée, on les entasse dans les hôpitaux. Gênes, 7 juin : « Nous sommes loin du chiffre posé au début comme contenance de l'hôpital, et en persévérant dans la voie où l'on nous pousse, nous arriverons *à une catastrophe*. Il est bon que l'intendant en soit bien convaincu et tienne compte de notre expérience. » Gênes, 8 juin : « Les médicaments prescrits jusqu'à ce jour ont été préparés par un médecin aide-major en attendant l'arrivée d'un pharmacien. » Ce n'est pas la prévoyance qui manque au médecin en chef; son activité est surhumaine; il avertit, il prévient. 9 juin : « Une nouvelle bataille semble imminente du côté de Lodi; il serait bien regrettable que nous fussions encore pris au dépourvu, comme à Magenta, pour assurer et régulariser l'assistance et le transport des blessés. » Vaines rélamations; il a beau les renouveler; on ne les écoute guère. 10 juin : « Il était *onze heures* du soir quand nous entrâmes à Melegnano; le spectacle qui nous y attendait était affreux, surtout à cause de l'impossibilité où nous étions de porter secours aux malheureux blessés. Nos caissons d'ambulance n'arrivèrent que vers *neuf heures et demie* du matin. » Turin, 15 juin : « Nous sommes débordés par les accidents, et il nous reste beaucoup à faire pour nettoyer nos salles, ouvrir les foyers purulents et prévenir l'atmosphère miasmatique qui a si cruellement décimé nos opérés dans les hôpitaux de Constantinople. » 17 juin, Novare : « Nous manquions complétement d'instruments pour les amputations dans l'hôpital le plus militarisé de la ville : *une boîte à amputation avait été prêtée* par un médecin des environs. »—Après Solférino, 25 juin : « L'évacuation des blessés du champ de bataille a été difficile où impossible sur plusieurs points, faute de moyens de transport. » — 25 juin : « Un certain nombre de plaies compliquées de fracture auraient nécessité des résections de pointes osseuses; malheureusement *la boîte à résection*, instamment réclamée depuis longtemps, nous fait toujours défaut. » Le général Rollin expédie 1500 kilogrammes de charpie le 14 juin; le 29, l'envoi n'est pas encore parvenu au médecin en chef, qui est obligé de faire intervenir l'Empereur pour obtenir la remise du colis oublié en route. — 5 juillet : « Depuis *l'ouverture de la campagne*, les médecins des régiments se plaignent de n'avoir reçu de la pharmacie centrale *aucun* des médicaments qu'ils ont demandés. » Enfin, et pour mettre un terme à ces pénibles citations qui, seules, pouvaient montrer à quel degré de négligence les habitudes hiérarchiques invétérées et mal conçues peuvent conduire, nous dirons que le 12 *juillet*, le président du conseil de santé écrit au médecin en chef: « Le conseil comprend difficilement qu'on n'ait pas mis à votre disposition les boîtes à résection qui ont été expédiées sur Gênes dans les premiers jours du mois de juin. » A ce moment l'armistice est signé, les batailles sont finies, il n'y aura plus de blessés, et ces malheureuses boîtes qu'il eût été si facile d'emporter de France, qu'on réclamait avec instance dès le 17 mai, vont enfin être remises aux ambulances qui n'en ont plus que faire.

Quant au médecin en chef, harassé, surmené, il n'a même pas la libre disposition de son personnel : on fait des mutations sans le prévenir, on agit à son égard avec un sans-gêne qui pourrait mériter un nom plus vif. On envoie aux ambulances les majors qu'il destine aux régiments; on garde aux hôpitaux ceux qu'il réclame pour les régiments. Qu'a-t-il à dire? Rien; la hiérarchie le domine, et, tout en lui enlevant l'initiative, lui laisse la responsabilité. Le 21 juin, il demande qu'on fasse revenir en hâte des médecins de l'ambulance du quartier-général qui ont été provisoirement détachés à l'hôpital de Novare; il prévoit la bataille de Solférino et veut être en mesure. Sa réclamation reste sans effet. Il la renouvelle le 22, le 23. La grande lutte a lieu le 24; le 25, le nombre des médecins est dérisoirement insuffisant pour panser les blessés; il écrit de nouveau, et apprend enfin que ses subordonnés ont été retenus à Novare par l'autorité du commandant de place. Le miracle, c'est que la France trouve encore des médecins militaires pour accompagner ses armées.

L'extrême rapidité qu'on exige aujourd'hui des soldats en campagne, la perfection meurtrière des armes ont augmenté la mortalité dans des proportions considérables ; il serait légitime de croire que le personnel du service de santé a reçu un accroissement en rapport avec les besoins manifestés ; il n'en est rien cependant. Pendant les guerres du premier Empire, les ambulances divisionnaires comptaient vingt médecins ; en 1830, lors de l'expédition d'Alger, elles n'en avaient déjà plus que douze ; actuellement, le fait est dérisoire, elles en ont quatre. Lorsque nous sommes entrés en Italie, cent vingt-quatre médecins militaires étaient attachés à notre armée ; des envois successifs ont porté ce chiffre à trois cent quatre-vingt-onze pendant toute la campagne. Aussi nous voyons que pendant le mois de juin, qui fut le mois des grandes batailles, *neuf* médecins français militaires reçoivent à Milan 8176 blessés et se voient forcés, pour faire face au labeur sans nom qui les accable, d'appeler deux cent quatre-vingts médecins italiens. Depuis cette époque, la Prusse nous a donné un exemple que nous devrions bien imiter, mais que, trop probablement, notre incurable esprit de routine laissera infructueux : en 1866, lorsqu'elle entreprit contre l'Autriche cette foudroyante campagne qui trompa les prévisions de tous ceux qui ont des yeux pour ne pas voir, elle fit suivre ses 326 000 hommes par *mille neuf cent cinquante-trois* médecins militaires; ceux-ci, absolument maîtres de leur service, ne relevant d'aucune Intendance, ne prenant conseil que de leur devoir et de leurs observations scientifiques, maintinrent l'armée dans un état sanitaire qui fit l'admiration de tous les hommes compétents.

Pourquoi la France, qui est une nation militaire de premier ordre, ne délivrerait-elle pas le corps médical des entraves administratives qui pèsent sur lui, l'énervent, paralysent son initiative et stérilisent ses efforts, ainsi que je l'ai prouvé par ce qui précède, en citant des faits officiels et contrôlés? Pourquoi ne pas faire comme l'Angleterre, à qui la guerre de Crimée a donné une expérience profitable; comme l'Amérique, qui, dans sa longue lutte fratricide, a acquis une maturité d'action bonne à étudier; comme la Prusse, dont les grands succès ont tenu en partie à l'indépendance des services, concourant sans jalousie, sans conflits de hiérarchie, au but commun? Pourquoi, en un mot, ne point séparer absolument deux choses essentiellement distinctes : la science et l'administration? Que l'Intendance soit maîtresse sur son terrain, rien de mieux ; mais que le médecin soit libre sur le sien; que pour établir des ambulances, choisir l'emplacement des hôpitaux, déterminer le nombre nécessaire d'officiers de santé, approvisionner les caissons et les pharmacies, diriger les infirmiers, se pourvoir des instruments nécessaires, coucher, couvrir, abriter, transporter les malades, le médecin ne soit pas forcé d'avoir recours au bon vouloir d'un intendant qui peut, je n'en doute pas, calculer à un centime près le prix d'une ration, d'une tente ou d'une paire de souliers, mais qui, en matière médicale, est probablement d'une incapacité notoire. Les anciens commissaires des guerres, les anciens inspecteurs aux revues sont devenus des intendants généraux; avec l'esprit d'accaparement qui distingue tout corps constitué, l'Intendance s'est glissée partout; elle marche de pair avec les chefs d'armée, elle ne cache plus ses prétentions, naïvement elle les étale au grand jour; elle a dit, et je le répète pour la seconde fois : *Le général subordonne ses plans et ses opérations militaires aux possibilités de l'administration.* Le résultat d'un tel ordre de choses est le renversement même de toute bonne discipline dans une armée, car la hiérarchie est brisée. En effet, un adjoint à l'intendance, assimilé au grade de *capitaine* ou de *chef de bataillon*, a autorité comme discipline et préséance sur un médecin principal, assimilé au grade de *colonel*.

Après le général qui commande en chef, et aux opérations duquel l'administration doit subordonner ses possibilités, le personnage le plus important d'une armée, c'est, sans contredit, le médecin, puisque c'est lui qui la soigne, la panse et la sauve. Si le médecin était maître de son service, s'il pouvait l'organiser à l'avance en prévision des événements qu'il n'est point difficile de se figurer, on ne verrait plus ces terribles lenteurs, ces encombrements de malades, ce nombre infiniment trop restreint d'officiers de santé, qui ont produit de si terribles résultats dans les campagnes de Crimée et d'Italie. Écoutons les témoins oculaires, et espérons que les faits douloureux qu'ils racontent ouvriront enfin les yeux de ceux qui ont charge de veiller sur nos armées. « A Solférino, chaque médecin d'ambulance a eu 500 hommes à soigner ; ce qui donne un peu *moins de trois minutes* de temps pour chaque blessé, en comptant les journées de vingt heures, sans repos pour le médecin, et en supposant, ce qui est loin d'être vrai, que tous les blessés ont reçu les soins indispensables pendant ces vingt heures. » Après Traktir : « Çà et là des mourants amis et ennemis, qui, depuis la veille, imploraient leur salut et n'avaient plus la force de gémir. On ne put s'occuper d'eux que *trente heures* après l'affaire. » M. Fay, ancien aide-de-camp du maréchal Bosquet, dit : « Après Inkermann, les pauvres blessés furent entassés sous des tentes, pour y languir quelquefois *huit ou dix jours*, avant que l'on pût s'occuper d'eux. » L'intendant en chef de l'armée d'Italie, pendant la campagne de 1859, écrit : « A Solférino, des ambulances volantes, composées de mulets à cacolets, auxquels on joignit des caissons du train, furent dirigés vers les points où l'action était engagée, pour relever les blessés et les porter aux ambulances. Il en fut ainsi amené 10212 *du 25 au 30 juin.* » La bataille avait eu lieu le 24. Franchement, si, de l'aveu même de l'intendant en chef, hiérarchiquement chargé de diriger le service médical, nos soldats blessés sont exposés à rester *cinq jours* sur le champ de bataille sans secours, sans eau et sans pain, il faut avouer que l'Intendance ne comprend rien à de telles matières, et il serait bon de circonscrire son action à des œuvres où la vie humaine est moins directement en jeu. Et il faut noter que ces faits monstrueux qui nous étonneraient déjà s'ils se produisaient dans des bandes barbares, mises en fuite et se sauvant à travers un pays ennemis, au temps d'Attila, se sont passés, il y a dix ans, dans une armée qu'on dit la première du monde, à une époque où la télégraphie et les chemins de fer permettent de réunir sur un point donné toutes les ressources matérielles et intellectuelles de la science, au milieu d'un pays ami, allié, qui s'empressait lui-même à nous servir et à sauver nos pauvres soldats que des insuffisances de toute nare livraient à des hasards redoutables ! Il en a été ainsi en Crimée, il en a été ainsi en Italie, et en sera ainsi partout et toujours, tant que les deux autorités administrative et médicale ne seront pas radicalement séparées et indépendantes l'une de l'autre. Il faut, sous peine de voir se renouveler les désastres de la Chersonèse et de Constantinople, profiter de l'expérience acquise et adopter, sans hésitation, le système dont les États-Unis se sont si bien trouvés : « Ce qui caractérise le service médical américain, c'est l'omnipotence du médecin, chef et administrateur à la fois de tous les services qu'il dirige. Le médecin directeur d'un hôpital ou d'une ambulance, à l'armée, fait directement ses réquisitions, soit aux quartiers-maîtres, soit aux commissariats, soit enfin à la pourvoirie. » En somme, qu'est-ce donc que l'intendance ? La pourvoyeuse de l'armée. Comme telle, elle doit obéir et non point commander.

Si cette heureuse modification était apportée à nos services militaires, toute une science nouvelle pourrait en résulter : la conservation d'une armée en campagne par l'hygiène. J'ai rappelé plus haut, et tout le monde sait l'admirable influence que miss Nightingale a eue sur l'armée anglaise campée devant Sébastopol, mais ce que je n'ai pas dit, et ce que je n'ose affirmer d'une façon précise, car je n'en suis pas absolument certain, c'est que le fameux rapport qui éclaira l'Angleterre sur les améliorations médicales et hygiéniques indispensables à son armée fut rédigé après un long entretien entre la vaillante femme et le médecin en chef de l'armée française. Si le fait est vrai, il est curieux et mérite d'être recueilli, car il prouvera une fois de plus la coupable insouciance de notre pays dans les questions qui le touchent au plus près. Le docteur Chenu, qui a passé sa vie avec les soldats; qui, mieux que personne, connaît leurs aptitudes générales et apprécie leurs besoins; qui les a soignés au régiment, aux ambulances, aux hôpitaux; qui sait leur degré de résistance et leurs éléments de faiblesse, propose tout un système d'hygiène applicable aux armées en campagne ou en garnison, et s'appuie de sa longue, de sa précieuse expérience pour donner à qui de droit d'excellents conseils pratiques qui très-certainement seront trouvés irréprochables, mais ne seront point suivis. C'est particulièrement pour nous qu'on a fait ce proverbe : L'habitude est une seconde nature.

Laissant de côté la question d'humanité, qui en pareil cas a cependant une importance primordiale et ne voyant que l'intérêt utilitaire d'une nation, on peut facilement arriver à démontrer, avec le docteur Chenu, « que l'homme est un capital; qu'il représente à l'âge adulte une valeur accumulée et que sa mort prématurée est une perte matérielle aussi bien qu'une perte morale pour la société comme pour la famille. » C'est cette considération qui pendant la guerre de Crimée, frappa l'Angleterre; la nation pratique par excellence et sachant mesurer ses efforts à la grandeur du but poursuivi comprit « combien il importait de bien traiter, pour les conserver, des hommes représentant un capital considérable, augmenté par le prix du transport à une si grande distance. » Ce point de vue est singulièrement déplaisant, mais il faut bien l'adopter, puisque des considérations généreuses et d'un ordre élevé, où le prix de revient d'un soldat n'a rien à voir, n'ont produit que des résultats insignifiants.

On semble ne s'occuper que des moyens de détruire les armées; tous les loisirs de la paix fécondés par l'expérience de la guerre sont employés par les hommes spéciaux à imaginer des engins de destruction rapides, sûrs, inéluctables. Ces épouvantables inventions qui « font merveille » ont, du moins, ce grand avantage de rendre les batailles si meurtrières, qu'elles abrègent la durée des hostilités; mais en même temps ne devrait-on pas redoubler d'efforts pour assurer la conservation de nos armées? Le maréchal Bugeaud, à qui nul ne contestera une profonde expérience de la matière, disait: « Il n'est pas difficile de conduire les troupes au feu, mais bien de les faire vivre et de *les conserver*. » Dans un rapport du colonel de Clonard, cité par le docteur Chenu, je lis: « Devant l'ennemi, il suffit de payer un instant de sa personne; l'exemple des chefs entraîne, électrise; le drapeau fait le reste. Hors de là, c'est autre chose, car on ne se bat pas toujours. Dans les marches et les camps, au milieu d'épreuves et de fatigues souvent nécessaires et glorieuses, c'est par une bonne ou mauvaise administration qu'on prépare les hommes à vaincre ou qu'on les perd. Il faut donc savoir faire *durer* le soldat, mais c'est à la condition d'en avoir soin, de lui donner une alimentation suffisamment réparatrice et parfois *tonique et variée*: il sera dès lors en état de braver impunément toutes les autres misères de la guerre. »

Pour bien nourrir le soldat en campagne, que faut-il faire? S'en rapporter aveuglément à l'administration? L'empereur Napoléon III, dans une lettre adressée par lui, en 1865, au maréchal Mac-Mahon, n'y paraît pas favorable : « La première pensée des intendants a été de faire venir de France, à grand frais et avec superfluité, tous les objets nécessaires et de les entasser dans une place du littoral. » L'initiative individuelle et l'intérêt particulier sont encore aujourd'hui, malgré la puissante organisation de notre intendance militaire, les deux mobiles qu'il faut savoir mettre en jeu pour bien ravitailler, partout où elle se trouve, une armée en campagne. Pendant la guerre d'Italie, malgré la rapidité de nos mouvements, qui, au grand préjudice de l'alimentation des soldats, déroutait les habitudes administratives, la distribution de la viande n'a jamais fait défaut, parce qu'elle avait été confiée à un fournisseur civil intelligent qui avait compris que son devoir marchait de pair avec son intérêt. En 1866, pendant la campagne de Bohême, l'armée prussienne n'eut recours qu'au système des fournisseurs militaires, et s'en trouva bien. En l'imitant, on pourrait, sans grand'peine, arriver à donner chaque jour du pain frais aux soldats, nourriture fortifiante et saine, bien supérieure à l'indigeste biscuit qui les fatigue, les dégoûte promptement, et que, le plus souvent, il faut ajouter, sur le sac, à un bagage déjà considérable.

D'après les calculs faits par M. de Gasparin, la ration journalière d'un homme chargé d'un rude travail (il n'en est pas de plus dur que celui du soldat en campagne) doit contenir les éléments réparateurs suivants: azote, 20 grammes; carbone, 310 grammes. La ration militaire, calculée par le docteur Chenu, donne: azote, 19 grammes; carbone, de 310 à 350. Il en est de l'homme comme de la locomotive; c'est la quantité et la qualité du combustible qui font sa puissance; aussi le docteur Guignet a-t-il pu écrire avec raison: « Si vous voulez un constant et glorieux effort dans une lutte acharnée, doublez la ration, et vous m'en direz des nouvelles. »

En France, pour nos armées, nous abusons du biscuit; « ne serait-il pas possible de demander à la viande qui marche de traîner une certaine quantité de pain? » C'est ainsi que les armées de l'Amérique du Nord ont été constamment ravitaillées. La ration de viande est insuffisante: les intendants eux-mêmes l'avouent; elle est de 250 grammes, elle devrait être de 350; or 100 grammes de viande coûtent 16 c.; en les ajoutant à la pitance du soldat, on évitera bien des maladies, et comme la journée d'hôpital revient à 1 fr. 50 c., on aura par ce moyen réalisé une économie considérable. Le docteur Chenu discute toutes ces questions en maître; parfois il s'indigne, et qui ne s'indignerait à sa place? « Nos casernes, dit-il, reluisent d'une crasse séculaire. Il est défendu (le croirait-on?) de gratter les parquets, les bancs et les tables de peur de les user. » Nos marins nous donnent cependant, à cet égard, un exemple qu'il serait facile de suivre. Et nos prisons? Il est difficile de visiter, à Paris, Mazas, la Santé, la Conciergerie, sans être frappé de la propreté hygiénique et raisonnée qui règne dans ces tristes cabanons.

Prenant à parti le costume du soldat, le docteur Chenu le discute, et, chemin faisant, prouve dans quelle impéritie administrative nous marchons encore aveuglément. A propos des chaussures, cet élément indispensable, si particulièrement précieux de l'équipement militaire, il cite une phrase empruntée au récit de l'intendant en chef de l'armée d'Italie en 1859, phrase qui contient un aveu bon à retenir: « Les besoins étaient urgents, les ressources précaires, à ce point que l'on s'estimait heureux de pouvoir distribuer *mille* paires de souliers quand il en était *demandé dix mille*. »

Si l'on veut conserver les armées, si l'on veut ne pas jeter aux hasards des aventures ce grand capital humain accumulé pour la sécurité et la gloire du pays, il faut donner, non-seulement voix délibérative, mais voix prépondérante aux médecins militaires pour tout ce qui touche à l'alimentation, au casernement, à l'hygiène et même à certaines parties du costume du soldat: les douloureuses expériences de nos deux grandes campagnes de Crimée et d'Italie doivent porter fruit. Le vent est aux réformes, actuellement; il y en a là qu'il est nécessaire d'aborder avec courage et devant lesquelles on recule depuis déjà trop longtemps.

Par tout ce qui précède, on peut juger de l'importance extraordinaire du livre de M. Chenu;

tous les documents éminemment curieux qu'il renferme, récits de bataille, ordres du jour, anecdotes, relations où l'on avoue avec une certaine ingénuité qu'à Solférino les armées ennemies se sont rencontrées inopinément; relevés exacts des morts et des blessés, observations scientifiques; tout, en un mot, semble disparaître devant l'extrême gravité des faits révélés et des améliorations réclamées. Pour la première fois peut-être, on a dit la vérité, toute la vérité. Cette voix d'un honnête homme convaincu qui, dans une longue et honorable carrière, a puisé une expérience doublée par un esprit singulièrement perspicace, cette voix qui signale le mal et indique le remède, sera-t-elle entendue? Le pays, représenté par la hiérarchie administrative, comprendra-t-il qu'il ne doit épargner ni les efforts ni les sacrifices pour ménager l'existence de ceux qui lui donnent leur vie et assurent sa grandeur? Nous le souhaitons plus que nous n'osons l'espérer.

MAXIME DU CAMP.

Extrait de la *Tribune médicale*, 26 septembre 1869. — *Conservation des troupes en campagne. Statistique médico-chirurgicale de la campagne d'Italie en* 1859 *et* 1860, par le Dr Chenu, médecin principal d'armée en retraite. — *Analyse* par le Dr Marchal (de Calvi).

J'imagine que si l'on demandait au professeur Robin de faire tenir toute la biologie dans une leçon d'une heure, il éprouverait quelque hésitation. J'éprouve la même hésitation à essayer de donner une idée complète de l'ouvrage du docteur Chenu en un article, et même en plusieurs articles.

Pour la quantité de travail, la *Statistique médico-chirurgicale* de la nouvelle campagne d'Italie n'a de terme de comparaison que dans les œuvres colossales de Littré et dans la statistique de la campagne de Crimée de M. Chenu lui-même. On se rappelle la sensation que produisit l'apparition inattendue de cette œuvre sans modèle, et l'estime exceptionnelle qui s'y attacha tout d'abord. On put dire, à bon escient, que de telles publications semblent dépasser la mesure du temps.

L'hygiène a trouvé dans les rangs de la médecine militaire un classique, M. Lévy, et deux initiateurs, Boudin, l'auteur de la *Géographie médicale*, et Chenu, qui aura fondé la *Science de la conservation des troupes en campagne*. C'est un grand honneur pour un corps d'officiers dont le savoir et l'habileté tendent de plus en plus à égaler le dévouement incomparable, et qui, en retour de tant d'abnégation, de tant de souffrances, de tant de sacrifices, n'a encore recueilli que déceptions et amertumes, comme il résulte, entre mille autres preuves, de l'extrait suivant de la correspondance du Dr Scrive, médecin en chef de l'armée de Crimée:

Le personnel médical des ambulances principalement a été soumis à de rudes et pénibles épreuves, par suite des difficultés de la vie matérielle, des fatigues exagérées et des nombreux dangers du service.... Le petit groupe de médecins constituant le personnel est complétement isolé et ordinairement *dépourvu de toute ressource* (!) S'il a besoin d'aide ou de secours, il ne peut avoir recours qu'au sous-intendant, chef administratif de l'ambulance, étranger au corps de santé, ayant bonne intention, mais n'ayant pas, le plus souvent, le temps de s'occuper des intérêts du corps médical, comme le ferait un chef appartenant à ce corps, ayant la responsabilité de la direction et de la protection à donner à ses subordonnés. Aussi, malgré toute la bonne volonté des sous-intendants divisionnaires, les médecins sous leur direction ont éprouvé, *dans leur vie matérielle*, de vives souffrances et de *grandes privations* que l'éloignement et la multiplicité des affaires de ces chefs administratifs empêchaient de constater et de soulager.

En termes plus catégoriques, « malgré toute la bonne volonté des sous-intendants divisionnaires, » dont on chercherait les preuves si elle n'était ici une simple précaution oratoire, les médecins des ambulances manquaient souvent de vivres, et, souvent aussi, après avoir pansé leurs blessés, étaient obligés de panser leurs chevaux. Tandis que le moindre sous-intendant, un jeune homme qui était hier un simple capitaine, a autour de lui une escouade de commis et d'ordonnances. M. le baron Larrey, membre de l'Institut de France, ancien président de l'Académie de médecine, ancien président de la Société de chirurgie, président du conseil de santé des armées, médecin en chef de l'armée d'Italie, portant avec honneur un des plus beaux noms de notre histoire, aurait été obligé de distribuer ses dépêches lui-même, s'il n'avait trouvé et payé de ses deniers un commissionnaire.

Je me laisse entraîner et j'anticipe; il me faut revenir sur mes pas.

L'ouvrage se compose de deux énormes volumes in-quarto, comptant ensemble dix-neuf cents pages, y compris l'*Introduction*, avec un nombre incalculable de tableaux, sans oublier un atlas volumineux et du plus grand intérêt. Le simple classement d'un nombre si prodigieux de documents est chose tellement laborieuse, que j'ai voulu m'en enquérir auprès de M. Chenu lui-même. Dix-huit copistes y ont travaillé pendant dix mois sous les yeux de l'auteur. Le nom de tel blessé, avec la désignation de la compagnie, du bataillon et du régiment, n'a pu être établi exactement que par la confrontation de quinze *fiches*. Un jour, quelqu'un crut avoir trouvé une omission dans la statistique de M. Chenu. Il s'agissait d'un officier qui avait été amputé dans la continuité du bras par suite d'une blessure du coude. Son nom ne figurait point parmi les amputés du bras. Cherchez dans les amputés de l'épaule, dit M. Chenu, après un moment de réflexion. En effet, cet officier avait été amputé une première fois au bras et une seconde fois à l'épaule (désarticulation scapulo-humérale), parce que la blessure du coude avait donné lieu à une fêlure de l'humérus qui s'étendait jusque vers l'articulation supérieure...

« Au début de la campagne d'Italie, l'armée, dit M. Chenu, comptait évidemment un trop petit nombre de médecins (124) proportionnellement à l'effectif.... Les batteries d'artillerie, le génie, le train, les réserves n'en avaient pas. »

Les batteries n'avaient pas de médecins !!! Étaient-ce donc des batteries d'étagère, des batteries pour amuser les enfants ? On pourrait le demander au général commandant l'artillerie. « L'armée prussienne, pendant la campagne de 1866, comptait 1953 médecins de tout grade. » Comparez et jugez. — 1953 : 124. C'est navrant.

Les maréchaux, généraux et intendants sont toujours sûrs d'avoir les soins nécessaires s'ils sont blessés ou malades; ils ne peuvent pourtant pas croire que cela suffise. Personne ne saurait dire ce qu'il y a de braves soldats qui meurent d'hémorrhagie, faute d'un doigt pour fermer le vaisseau ouvert. Est-ce là une simple assertion? Lisez :

Malheureusement le personnel médical des premiers secours est notoirement *plus qu'insuffisant.* Apportés à l'ambulance, les blessés attendent là encore trop longtemps des secours, *et il en est qui succombent avant qu'il ait été possible de s'occuper d'eux,* ainsi que le signale le médecin en chef de l'ambulance du quartier général du 1er corps, à Montebello. Que peuvent, en effet, trois ou quatre médecins en présence de 7 ou 800 blessés gravement atteints, et d'un nombre aussi considérable d'autres blessés qui ne réclament qu'un simple pansement pour rejoindre aussitôt leur drapeau?

A Crémone, après Solférino, M. Sonrier, *assisté de deux aides-majors*, avait sur les bras 2452 blessés, « sur lesquels 66 amputations durent être pratiquées, sans compter plusieurs ligatures d'artères et diverses opérations importantes. »

Trois médecins pour 2452 blessés! trois médecins pour tant d'opérations majeures, dont 66 amputations, à pratiquer immédiatement! Mettons cent opérations de premier ordre et dix heures de jour, de huit heures du matin à six heures du soir. Cela fera donc dix opérations majeures par heure, à raison de six minutes par opération. Où donc ces médecins prendront-ils le temps de se sustenter? Et les 2352 autres blessés, qui donc les pansera?

Le Dr Richefeu, médecin-major au 82e de ligne, écrivait :

> Pendant la campagne d'Italie, en 1859, dans les différentes affaires auxquelles j'ai assisté avec mon régiment, j'ai eu plusieurs fois occasion de remarquer que beaucoup de blessés avaient succombé sur le champ de bataille à la suite d'hémorrhagies artérielles résultant de blessures peu graves.
>
> Ainsi, à Montebello, pendant que je pansais le commandant L.., atteint d'un coup de feu qui, en lésant une branche de l'artère fémorale, avait déterminé une hémorrhagie abondante, à quelques pas de moi mourait un soldat près duquel j'étais appelé aussi, et qui avait reçu une balle faisant simplement séton au tiers supérieur et postérieur de la jambe droite. J'arrivai trop tard près de lui : il expirait par suite d'une lésion de l'artère tibiale postérieure.

Il y a un médecin pour sauver l'officier supérieur; il n'y en a pas pour sauver le simple soldat. Poursuivons :

> A Melegnano, j'ai encore trouvé des blessés, morts d'hémorrhagies artérielles, et dont les lésions très-simples n'auraient certainement pas dû entraîner une terminai-

son funeste, si l'on avait pu parer à temps aux accidents hémorrhagiques.

A Solférino, enfin, j'ai observé une dizaine de cas semblables....

Si un seul médecin a vu dix cas semblables dans une seule journée, combien les autres en ont-ils vu dans toute la campagne? Comment faudrait-il avoir le cœur fait pour qu'il ne se soulevât pas de douleur, de pitié et d'indignation, devant de telles révélations? Pauvre laboureur, qui t'appuies à la charrue en pensant à ton fils livré aux hasards des batailles, combien plus poignante serait ton angoisse si tu savais qu'il peut mourir parce qu'il ne se trouvera pas à sa portée une main pour étancher son sang! Voilà ce qui se passe : il n'y a pas une clameur qui s'élève dans le pays entier! On n'économise pas sur la poudre, on n'économise pas sur les balles, on n'économise pas sur les chevaux; on économise sur les médecins!

Ce ne sont pas seulement les médecins qui manquaient : des objets de première nécessité faisaient défaut. Un hydrographe de la marine, M. Levret, écrivait ce qui suit à l'Empereur le lendemain de Solférino :

Sire, les blessés de Solférino entassés à Castiglione n'ont pas même encore été pansés, faute de moyens suffisants. Nous avons de la charpie, mais pas de linge, pas de chemises, pas de sucre, pas de vivres. J'ai donné tout ce que j'avais avec moi ; j'ai acheté de mes deniers tout ce que j'ai pu trouver. Tout le monde apporte son concours pour ces malheureux soldats, mais ces moyens s'épuisent.

Cette lettre était exagérée, erronée même : il faut le croire, puisque c'est M. le baron Larrey, la sincérité même, qui le dit. Resterait à expliquer pourquoi le signataire se serait dépouillé sans nécessité flagrante. En tout cas, ce qui n'est ni une erreur ni une fausseté, c'est que quand les opérateurs ont eu besoin de boîtes à résection, il n'y en avait pas, et qu'il a fallu les attendre ; dites donc à la gangrène ou à l'infection purulente d'attendre !

Revenons à l'insuffisance du personnel : elle avait été la même en Crimée. Les preuves abondent. A la date du 5 mars 1855, M. Michel Lévy écrivait au président du conseil de santé, à Paris :

> Mais c'est le personnel surtout qui est insuffisant.... La besogne est ici, pour nos collaborateurs, triple, quadruple du taux réglementaire.... Le service est de plus en plus tendu, à Constantinople comme en Crimée, par l'insuffisance *énorme* du personnel.

En Crimée, comme plus tard en Italie, comme autrefois en Algérie, il fallut *requérir* des médecins de toute provenance, de tout âge et de toute capacité. Notez que les médecins *requis* recevaient

450 francs par mois de M. Cumming, l'inspecteur général du service médical anglais, et seulement 200 francs chez nous, de sorte que l'avantage du choix restait naturellement aux Anglais. Notez encore que les *requis* français, avec leurs appointements de 200 francs, touchaient 50 francs de plus que nos sous-aides et aides-majors de deuxième classe : d'où il suit que, pour avoir économisé primitivement sur le nombre des officiers de santé, on finissait par dépenser davantage. Ce que l'incurie de l'administration militaire a coûté au Trésor dans les dernières guerres est incalculable, par la perte considérable d'hommes qui auraient pu être conservés (tout homme représentant un capital accumulé, comme le dit très-bien M. Chenu), et par le nombre prodigieux des journées d'hôpital. En Crimée, les entrées dans les hôpitaux et ambulances ont dépassé celui de l'effectif de l'armée, par suite des entrées successives d'un grand nombre d'hommes. La pourriture d'hôpital, le scorbut, le typhus, l'infection purulente, toutes affections subordonnées à l'oubli des conditions hygiéniques, ont exercé des ravages effroyables ; et c'est toujours, c'est surtout, comme au temps de saint Louis, le « même peuple » qui souffre et qui meurt. Et il n'y a pas à prétendre que cette mortalité était inévitable; non, elle ne l'était pas; puisque les Anglais l'ont

évitée, et que, instruits par les malheurs des premiers temps, ils ont vu, dans la seconde année du siége, leur mortalité s'abaisser à un chiffre insignifiant, tandis que la nôtre s'élevait à des proportions épouvantables. Pourquoi cette différence à notre grand détriment et à notre grande confusion? Parce que le corps médical anglais a l'indépendance et l'autorité nécessaires à la bonne exécution du service, tandis qu'en France le corps médical de l'armée est garrotté dans une étroite et misérable subordination administrative, qui ne lui permet que de prévoir et de constater les désastres.

M. Chenu y revient cent fois dans son ouvrage. Voici notamment ce qu'il en dit en tête de l'appendice consacré aux *pièces justificatives* concernant le service médico-chirurgical pendant la campagne d'Orient.

Cette correspondance rétrospective, comme celle plus récente du médecin en chef baron Larrey pendant la campagne d'Italie, démontre la nécessité d'une réforme radicale dans l'organisation et les attributions du corps de santé de l'armée. Elle prouve que ce corps, organisé comme corps spécial, subordonné au commandement, est appelé à rendre d'immenses services, en réduisant le nombre des malades, et, par conséquent, les dépenses hospitalières et la mortalité; elle prouve enfin qu'il ne peut atteindre le but réel de son institution qu'autant qu'il aura l'initiative et l'autorité indispensables pour *prévenir* et combattre à propos les maladies des armées. Après lecture de cette correspondance, on sera convaincu que si les prévisions des médecins inspecteurs Michel Lévy et Baudens, celles du médecin en chef Scrive, celles non moins sérieuses de tous les médecins des hôpitaux avaient été comprises à temps, ou que, si au lieu de conseiller et de solliciter des mesures urgentes, ces médecins avaient pu agir, le choléra, le scorbut, la pourriture d'hôpital et le typhus auraient été sinon complétement évités, du moins conjurés en grande partie et que de nombreuses victimes auraient été épargnées.

Est-ce assez clair? Est-ce assez évident? Est-ce la passion, est-ce l'*esprit de corps* qui parlent? N'est-ce pas la raison calme et bien renseignée, — trop bien renseignée, hélas! — qui signale le vice auquel sont dus tant de maux, tant de pertes d'hommes et d'argent, tant de calamités?

Le temps presse, les fléaux sont proches : il faut que le médecin écrive au sous-intendant divisionnaire, qui en réfère à l'intendant général, et quand la décision est prise, le mal est fait. Et si le médecin prend sur lui, pour éviter ces lenteurs mortelles, de s'adresser directement au commandant en chef ou au ministre, il est rappelé à l'ordre par le *moi, moi, dis-je*, de l'intendant, comme il arriva en Italie au baron Larrey, ramené à l'observation de la règle hiérarchico-administrative par l'intendant général. Que les hommes tombent dru comme neige d'hiver ou grêle du printemps, cela est fâcheux sans doute ; mais l'essentiel est que l'autorité sacro-sainte de l'administration ne soit pas méconnue par de petites gens qui sont bacheliers ès lettres, bacheliers ès sciences, docteurs en médecine, membres des plus illustres compagnies savantes, qui ont vieilli dans l'étude des maladies et de leurs causes, qui savent et qui prévoient, dont il meurt incomparablement plus que d'autres officiers, et qui n'ont rien de mieux à faire que de se prosterner devant l'idole administrative, en laissant les épidémies passer comme des faux à travers les rangs éclaircis et résignés. Tant que le corps de médecine militaire sera sous la main de l'Intendance, il n'y aura que catastrophes pour les armées en campagne.

M. Michel Lévy revint découragé et malade. Baudens et Scrive revinrent pour mourir. M. Lévy écrivait au ministre :

J'ai quitté, le 3 novembre, la baie de Kamiesch, conduisant moi-même un convoi de malades et de blessés à Constantinople et à l'hôpital de Nagara.... Le transport des malades s'est effectué à bord du vapeur le *Henri IV* dans des conditions déplorables : point de couchage, de la paille à peine pour quelques malades, un tiers d'entre eux sans couverture, les autres pourvus seulement d'une demi-couverture.... Tel est, dans les conditions de l'organisation actuelle du service de santé, le triste lot des médecins, que le fonctionnaire le plus élevé de leur hiérarchie, investi de votre haute délégation, disparaît cependant derrière les fonctionnaires de l'Intendance ; et, après avoir prodigué son initiative, ses idées, son action compétente dans les circonstances critiques ou difficiles, il est réduit à informer lui-même Votre Excellence de ses gestes et faits et à corriger par des revendications pénibles le maléfice de l'oubli officiel et de l'absorption administrative.

Il faut lire toute la lettre suivante du même fonctionnaire au ministre, en date du 20 novembre 1854.

L'épuisement de ma santé par cinq mois de luttes au milieu des circonstances les plus pénibles et les plus critiques, et, d'un autre côté, la régularisation à peu près complète du service médical de l'armée, me font désirer que Votre Excellence veuille bien mettre un terme à ma mission. Celle-ci, d'ailleurs, devient chaque jour plus difficile à concilier avec l'action de l'Intendance, telle qu'elle entend l'exercer, en vertu de la législation existante, jusque dans un ordre de faits qui échappe à son appréciation.

Tant que les circonstances ont commandé l'abnégation, je me suis tu ; j'ai subi, au grand détriment de l'autorité, qui est la base de toutes les hiérarchies, toutes les conséquences de la non-assimilation et de ma rélégation hors du cercle des chefs de service. Tandis que les généraux de l'artillerie et du génie répartissent à leur gré les officiers de leurs armes, l'inspecteur-directeur médical de l'armée d'Orient, bien qu'investi de votre délégation, est contraint, pour donner force exécutoire à ses désignations, de les soumettre à la sanction de M. l'intendant, qui n'a pas qualité pour discerner la spécialité professionnelle des officiers de santé et leurs aptitudes particulières aux diverses positions du service. A la vérité, cette approbation préalable n'avait jamais été qu'une sorte de formalité, mais il m'a été réservé de la voir refuser à l'une de mes désignations les plus justifiées....

D'autres faits se sont produits. Ainsi Votre Excellence a reçu, recevra probablement encore des mémoires de proposition en faveur de médecins de régiment, des ambulances et des hôpitaux, mémoires établis sans ma participation, malgré l'article 23 du décret du 23 mars 1852 et le paragraphe 13 de vos instructions en date du 15 juin dernier, relatives à ma mission. L'intendant de Constantinople refuse de me laisser transmettre directement aux médecins les ordres de service que je leur délivre *sous son approbation*. Le même fonctionnaire est informé des évacuations de malades de la Crimée par l'intendant de Crimée, qui ne m'en donne pas avis, de sorte que je ne puis toujours constituer en temps utile le personnel nécessaire aux nouveaux services à improviser....

Placé entre deux intendants, l'un en Crimée, l'autre à Constantinople, forcé de traiter deux fois les mêmes questions, et ne disposant du personnel qu'avec l'autorisation successive, alterne ou simultanée de ces deux fonctionnaires, je rencontre des embarras et des impossibilités qui m'ôtent jusqu'à l'espoir de régler à la satisfaction de tous les intérêts, ce délicat mécanisme du service de santé.

La lettre si honorable que Votre Excellence a daigné m'écrire en date du 4 de ce mois prouve qu'elle a déjà compris, de loin, une partie des difficultés qui m'entourent. Il m'est doux de voir qu'elle apprécie le calme et le sentiment moral que j'ai apportés à l'accomplissement de ma mission.... Le corps de santé donne l'exemple de l'obéissance comme celui du dévouement, et si quelque chose pouvait troubler son courage et sa sérénité au milieu de labeurs aussi continus que pénibles, ce serait le spectacle trop prolongé de la résignation de son inspecteur, chef direct du personnel médical et privé d'une action directe sur lui, ballotté entre deux intendants, disputant aux sous-intendants un peu d'initiative et d'autorité, fatiguant par ses recours Votre Excellence ou le général en chef, réduit à constater fréquemment l'insuffisance de bonnes intentions et de l'intervention consultative ou persuasive dans un service qui exige, comme tous les autres, les fermes et directes impulsions d'un pouvoir compétent.

Qu'il me soit donc permis d'exposer à Votre Excellence l'état de ma santé, qui ne me laisse pas la force de continuer une sorte d'expérience, où j'ai épuisé, sous les enseignes d'une direction purement nominale, ce que j'ai de réserve, de prudence et d'humilité.

Je rentrerai, si vous daignez m'y autoriser, avec le regret de n'avoir pas fait en Orient tout le bien que vous paraissiez attendre de moi, mais avec la conviction d'avoir fait tout ce que l'organisation actuelle m'a permis de faire, et, j'ajoute, avec la certitude de ne pouvoir rester ici plus longtemps sans conflits.

Dans une autre lettre (3 novembre 1854), M. Lévy écrit au président du conseil de santé :

... L'hôpital de Péra, depuis qu'il a franchi la limite de 1100 malades, commence à donner beaucoup de cas d'infection purulente ; il compte aujourd'hui plus de 1300 lits occupés. J'ai protesté contre cette accumulation ; j'ai écrit, raisonné, discuté ; mais il y a un intendant qui se contente de déplorer placidement les faits et passe outre. Mon action se brise contre des obstacles administratifs échelonnés sur plusieurs rangs de fonctionnaires.

Et pourtant le ministre avait écrit à M. Lévy : *Votre mission consiste à organiser et à diriger.*

En réalité, répond M. Lévy au ministre, ma mission a consisté, le plus souvent, en dehors des circonstances épidémiques, qui m'ont valu plus de latitude et d'initiative, à m'épuiser en communications latérales, en suggestions officieuses, en avis consultatifs, en prévisions presque toujours contestées ou écartées, et presque toujours justifiées. Mais quand il s'est agi de direction, je me suis trouvé à la suite de MM. les sous-intendants, paralysé par les revendications d'autorité administrative. M. l'intendant m'a, en outre, signifié sa supériorité de grade, à moi fonctionnaire sans grade assimilé, et très-explicitement ses prétentions disciplinaires.

Ah! vous prétendez que l'encombrement engendre l'infection purulente et que nombre de soldats en meurent, qui guériraient dans d'autres conditions! Et vous voulez pour cette belle raison que je me donne le tracas de changer l'assiette de mes hôpitaux! Sachez que je suis votre chef et que je puis vous mettre aux arrêts! Vous n'avez pas de grade assimilé? Raison de plus. Que vous soyez un savant et un rare écrivain, que vous soyez l'auteur d'un traité d'hygiène répandu aux quatre coins du monde civilisé, que vous soyez membre du conseil de santé, membre du conseil de salubrité de Paris, membre et même président de l'Académie nationale de médecine, que vous ayez assez fait pour vous survivre pendant une longue suite d'années, tandis que moi je mourrai tout entier et tout de suite, corps et mémoire, étant de ceux dont le poëte a dit : *qu'ils sont les morts qui n'ont jamais vécu*; cela ne fait pas que vous ne soyez sous ma main, ni plus ni moins que si vous étiez un sac de riz ou un lit de campement, ou encore une de ces couvertures que j'ai fait couper en deux afin que les hommes ne fussent jamais ni tout à fait découverts ni tout à fait couverts.

Voilà des arguments auxquels on ne peut répondre qu'en demandant à rentrer, comme M. l'inspecteur Lévy, ou en prenant sa retraite dès que le nombre des années de service le permet, ou en donnant sa démission ; car le corps des officiers de santé est celui qui compte le plus de morts en campagne et le plus de démissions en tout temps ; et voilà où en est réduit un corps d'officiers qui, selon les belles expressions de M. Lévy, « n'ont pas besoin de la stimulation des spectateurs pour déployer dans les salles infectes des hôpitaux le courage du soldat et la pieuse fermeté du prêtre. »

A l'hôpital de Gulhané, les 21, 22 et 23 novembre, trois évacuations de malades ont lieu sans que l'inspecteur médical soit prévenu, et blessés, scorbutiques, typhiques, » voire même quelques cholériques, » sont portés pêle-mêle à Gulhané, comme précédemment à Péra. Figurez-vous ce que peuvent devenir des blessés couchés « pêle-mêle » avec des scorbutiques et des cholériques. L'inspecteur médical se révolte (il y a de quoi), et c'est alors que l'intendant « se hâte d'établir sa supériorité hiérarchique, » qui lui donne le droit apparemment d'exposer une multitude de blessés à l'infection purulente et à la pourriture d'hôpital. Le même intendant avait « adressé par écrit de dures menaces de punition à un éminent vétéran de la chirurgie, tel que M. Scoutteten, dont le nom est européen, et qui avait tout quitté pour accourir en Orient. »

Remarquez-le expressément : les médecins militaires ne subissent jamais ces aménités administratives que pour le bien du soldat malade, de ce *menu peuple* des armées dont Joinville parle avec le sans-façon qui convient à un sénéchal ayant sous sa lance un corps de bataille de cinquante chevaliers âpres au gain. Quand le médecin, par caractère ou par lassitude, se montre de facile composition, il a droit à toutes les faveurs ; on le décore ou on le surdécore, et il monte en grade ; et c'est l'intendant qui le propose pour ces faveurs. Comme cela est bien combiné pour le plus grand avantage du soldat !

Une dernière citation, empruntée à la correspondance de M. Lévy, mettra dans tout son jour la prétention des intendants à la science infuse. On s'étonne qu'ils n'en soient pas venus à imposer les mains, comme jadis les rois de France. M. Lévy écrivait donc au ministre :

...., Vos instructions du 15 juin (§ 9) me déclarent le chef immédiat et direct des officiers de santé en ce qui concerne l'hygiène : le médecin en chef de l'hôpital de Daoud-Pacha m'ayant signalé les mauvaises conditions hygiéniques de cet établissement, je me suis empressé d'édifier à cet égard M. l'intendant qui, tout en me remerciant, reproche à ce médecin en chef de ne pas s'être adressé à M. le sous-intendant, *probablement plus expert en hygiène*. C'est à l'aide de l'article 5 du décret du 23 mars 1853 que l'on arrive à ces acerbités administratives, qui auront pour effet de rendre les médecins muets devant moi, réservant, en premier ressort, à MM. les sous-intendants l'appréciation des éléments de la salubrité hospitalière.

M. Lévy, exténué, excédé, rentre en France ; M. Baudens le remplace et écrit au ministre à diverses dates :

La marche du typhus continue à être ascendante (150 par jour)... On me promet, pour le 1er mars, 2000 places sous baraques (j'en avais demandé 5000) ; ce sera très insuffisant.... Ouvrir des baraques au fur et à mesure que les malades nous arrivent de la Crimée, ce n'est pas atteindre le but ; c'est se laisser envahir tout doucement par la marée montante. Pourquoi n'allons-nous pas plus vite? C'est apparemment qu'il y a des difficultés dont je ne me rends pas un compte exact. Trois médecins, atteints du typhus, ont succombé dans la journée du 26, un principal, un major et un aide-major. Six autres sont atteints depuis hier, et cependant nul n'hésite, chacun fera son devoir jusqu'au bout.... Le flot épidémique monte. Par un bonheur providentiel, nous avons, dans les camps autour de Constantinople, des *baraques vides* pour loger 25000 hommes. Ces baraques, parfaitement installées sur de hauts plateaux, sont dans d'excellentes conditions hygiéniques. Transportons-y tout de suite la moitié de notre population hospitalière, 5000 malades, et *je réponds d'arrêter la marche et la mortalité du typhus presque immédiatement....* J'ai demandé simplement des ambulances, quelques literies; des paillasses mêmes auraient suffi.... *Cette mesure paraît présenter de grandes difficultés d'exécution!!...* On se laisse pousser par la nécessité, on ne la devance pas; on se trouve un jour *envahi par les malades*, au lieu d'avoir *prévenu la maladie*. Pardon, monsieur le maréchal, de m'exprimer ainsi sans détour. Je dois la vérité à Votre Excellence.... Des 5000 places que je réclame, j'en ai obtenu 1000. Nous avons pu ainsi opérer un vide dans nos hôpitaux, et immédiatement s'est produite une diminution dans le chiffre des nouveaux cas déclarés. En effet, le 1er mars, le chiffre était tombé à 93. Malheureusement, le répit n'a duré qu'un instant. De nombreux malades évacués de Crimée sont venus encombrer nos hôpitaux. Le chiffre a été alors le plus élevé que nous ayons encore vu, 257 en vingt-quatre heures.... J'ai beaucoup de peine à détruire dans l'esprit du commandement et de l'administration une espèce de sécurité grosse de dangers....

Voici le tableau récapitulatif du développement du typhus du 1er juin 1855 au 29 février 1856 :

	CRIMÉE ET HOPITAUX EXTERNES.		HOPITAUX DE CONSTANTINOPLE.	
	Typhiques.	Morts.	Typhiques.	Morts.
Juin 1855	6	5	»	»
Juillet	77	9	»	»
Août	18	14	»	»
Septembre	5	3	»	»
Octobre	10	4	»	»
Novembre	11	6	5	2
Décembre	734	323	41	9
Janvier 1856	1.523	464	1.662	765
Février	3.402	1.435	4.332	2.904

Nous perdons chaque jour du terrain, ajoute M. Baudens, et cependant le fléau s'arrêtera, j'en ai la conviction, dès que nous pourrons *prendre possession des baraques inoccupées* du camp de Maslak.

Nuit et jour nos médecins valides restent auprès des typhiques ; 46 d'entre eux sont déjà morts du typhus qu'ils bravent intrépidement, et ils prouvent ainsi leur dévouement à l'armée et leur courage professionnel.

3669 morts du typhus, en deux mois, et rien qu'à Constantinople ! Combien en fallait-il donc pour troubler « la sécurité du commandement et de l'administration? »

Maintenant voici le *tableau comparatif de la situation hospitalière des armées française et anglaise pendant le* SEUL MOIS DE FÉVRIER 1856 :

ARMÉE FRANÇAISE (*effectif*, 132 000 hommes.)

	Entrés.	Morts.
Blessés et malades divers......	13.091	781
Typhiques..................	7.834	4.346
Scorbutiques...............	6.772	349
Totaux....	26.338	5.476

ARMÉE ANGLAISE (*effectif*, 48 000 hommes.)

	Entrés.	Morts.
Blessés et malades divers......	3.835	42
Typhiques..................	4	1
Scorbutiques	34	0
Totaux....	3.873	43

Donc, chez nous, 14 606 typhiques et scorbutiques; chez les Anglais, 4 *typhiques* seulement et 34 scorbutiques! Chez nous, en nombres ronds, un typhique ou un scorbutique sur neuf hommes; chez les Anglais, pas de typhiques, et un scorbutique sur deux mille cinquante hommes! Terrible éloquence des chiffres! que pourrait-on ajouter à cette funèbre arithmétique?

Ainsi, des souffrances sans nombre et des hécatombes répondaient aux prévisions si témérairement dédaignées de M. Lévy, qui, par exemple, signalant à l'intendant les dangers de l'encombrement de l'hôpital de Péra, recevait cette réponse insensée : « *Je le déplore avec vous, mais le moment ne me paraît pas venu d'y apporter le remède que vous indiquez.* »

Les rapports de Baudens furent un coup de

foudre. il ne fallait pas moins pour dessiller les yeux. Le maréchal Vaillant, ministre de la guerre, adressa par le télégraphe cette brève injonction au général Larchey, à Constantinople : « Faites tout ce que demande M. Baudens, » et le maréchal Pélissier écrivit à M. Baudens : « Je donne des ordres pour que toutes vos prescriptions soient immédiatement exécutées dans les régiments et dans les ambulances. » Enfin !!! — Mais que de morts et de mourants, et de cacochymes, et d'impotents, et d'hommes condamnés à périr à plus ou moins bref délai dans leurs foyers ; que de funérailles sous ces cieux lointains, et de deuil dans toute la France ! que de médicaments et de journées d'hôpital à raison de 2 fr. 50 c., et de pensions, et de secours, à la fois ruineux et insuffisants, avant d'en venir à cette solution si simple : *en matière d'hygiène et de médecine, faites ce que demande le médecin.*

« Faites tout ce que demande M. Baudens. » Voilà par où il fallait commencer, et voilà ce qui résout la question de savoir à qui doivent appartenir l'initiative et l'autorité en ce qui concerne la santé des troupes.

Avant le départ de M. Lévy pour l'Orient, le ministre lui écrivait : « Si le décret est mauvais (il s'agit du décret d'organisation du service de santé qui consacre la suprématie de l'intendance dans ce service), on le révisera ; si la position (des médecins militaires sans doute) n'est pas ce qu'elle doit être, on l'améliorera ; mais que la révision ne précède pas l'expérience. » L'EXPÉRIENCE DE SIX MOIS EN ORIENT EST DÉCISIVE, répond M. Lévy. Oui, elle était décisive autant que cruelle, et l'on pouvait croire que du moins elle ne serait pas renouvelée.

Elle l'a été cependant ; elle l'a été à quatre ou cinq ans d'intervalle, en Italie : en Italie, où, dans le mois de juin, NEUF médecins militaires français se trouvèrent en présence de 8176 BLESSÉS ; en Italie, où, après Solférino, « chaque médecin d'ambulance a eu 500 hommes à soigner, ce qui donne *un peu moins de trois minutes* de temps pour chaque blessé, en comptant les journées de vingt heures ; en Italie, où, également, après Solférino, d'après l'intendant en chef de l'armée lui-même, 10 212 blessés furent amenés aux ambulances du 25 au 30 juin, *la bataille ayant eu lieu le* 24.

Franchement, dit M. Maxime Du Camp, dans un article remarquable du *Journal des Débats*, si, de l'aveu même de l'intendant en chef, hiérarchiquement chargé de diriger le service médical, nos soldats blessés sont exposés à rester *cinq jours* sur le champ de bataille, sans secours, sans eau et sans pain, il faut avouer que l'Intendance ne comprend rien à de telles matières, et il serait bon de circonscrire son action à des œuvres où la vie humaine est moins directement en jeu. Et il faut noter que ces faits monstrueux, qui nous étonneraient déjà s'ils se produisaient dans des bandes barbares, mises en fuite, et se sauvant à travers un pays ennemi, au temps d'Attila, se sont passés dans une armée qu'on dit la première du monde, à une époque où la télégraphie et les chemins de fer permettent de réunir sur un point donné toutes les ressources matérielles et intellectuelles de la science, au milieu d'un pays ami, allié, qui s'empressait lui-même à nous servir et à sauver nos pauvres soldats que des insuffisances de toute nature livraient à des hasards redoutables.

En Angleterre, en Prusse, aux États-Unis, le *bon sens prévaut, la raison a raison*, et c'est le médecin qui dirige le service médical ! En France (*dans l'armée de terre*), il en est autrement à cause d'une baliverne accréditée par l'intendance et consistant à dire que l'intendant est le délégué du ministre vis-à-vis des malades et des blessés. De qui donc le malade et le blessé ont-ils besoin : de l'intendant ou du médecin ? Ils ont bien à s'occuper de la délégation du ministre ! Il y a des billevesées dont on ne fait que rire ; celle-ci en est une dont on ne peut que s'indigner à cause des résultats.

Que chacun fasse ce qu'il sait faire. Le corps de l'intendance se compose de fonctionnaires distingués et probes, mais il suffit à peine à sa véritable besogne, qui est le ravitaillement, l'approvisionnement de l'armée et le contrôle des dépenses, etc., etc.; qu'il s'y applique entièrement, exclusivement, et l'on ne verra pas se reproduire un fait signalé par l'intendant en chef de l'armée d'Italie qui s'estimait heureux de pouvoir distribuer *mille* paires de souliers quand il en était demandé *dix mille.* »

On affecte de plaisanter, comme s'il y avait de quoi rire, en prétendant que le débat est entre l'intendance et les médecins, et ne s'élève pas au-dessus d'une misérable question d'amour-propre de corps. Ce n'est pas vrai; le débat est entre l'intendance et l'armée; je veux dire entre l'intendance et les soldats, « le menu peuple; » car les chefs sont bien pourvus, et la preuve, c'est qu'ils sont épargnés. « Il n'y a pas d'officiers malades, écrivait Scrive, médecin en chef de l'armée de Crimée, et s'ils ne sont pas atteints des maladies des soldats, c'est qu'ils sont convenablement abrités et suffisamment nourris. »

On raconte qu'à Sébastopol, un zouave songeait, pareil

> Au pêcheur d'Étretat, d'un long hiver lassé,
> Qui médite, appuyé sur son coude, et s'ennuie
> De voir à sa fenêtre un ciel rayé de pluie.

Un général vient à passer et lui dit: « Eh bien! mon vieux chacal, ça t'embête, la pluie? — Moi, mon général, pas du tout; je voudrais qu'il tombât de la....., et que chacun en eût pour son grade. »

— Je suis d'avis que si chacun avait du typhus

et du scorbut et de la pourriture d'hôpital selon son grade, le débat serait bientôt vidé.

Il en a été ainsi en Crimée, dit M. Du Camp, dans l'article cité, il en a été ainsi en Italie, et il en sera ainsi partout et toujours, tant que les deux autorités, administrative et médicale, ne seront pas radicalement séparées et indépendantes l'une de l'autre. Il faut, sous peine de voir se renouveler les désastres de la Chersonèse et de Constantinople, profiter de l'expérience acquise et adopter, sans hésitation, le système dont les États-Unis se sont si bien trouvés. Ce qui caractérise le système médical américain, c'est l'omnipotence du médecin, chef et administrateur à la fois de tous les services qu'il dirige...

Hélas! oui, il en serait encore ainsi demain si nous avions une grande guerre. Ce seraient les mêmes fautes et les mêmes catastrophes. Rien n'est changé. Le maréchal Randon a succédé au maréchal Vaillant, le maréchal Niel au maréchal Randon; l'organisation du service de santé est restée ce qu'elle était.

Il semblerait pourtant bien indiqué et bien urgent de mettre le service de la réparation et de la conservation en rapport avec l'effroyable progrès des moyens de destruction....

Le médecin en chef Scrive, en présence de cette armée de 145 000 hommes, dont 47 000 entraient aux ambulances pour *cause de maladie*, dans l'espace de quatre mois, adressait supplications sur supplications, et invoquait Dieu après les saints.

« L'expérience qui est acquise par ces cruelles épreuves ne peut être perdue, écrivait-il; elle servira, entre les mains paternelles du pouvoir, à modifier ce qu'il y a de défectueux dans les rouages de notre système.... Cette épreuve de notre armée n'échappera pas à la sage prévoyance du grand chef de notre nation, et sa vigilante sollicitude, etc., etc. » Il osait ajouter : NE PAS PROFITER DE CES ENSEIGNEMENTS SERAIT UN CRIME DE LÈSE-HUMANITÉ.

On n'en a pas profité... Une voix s'élèvera peut-être dans les conseils de la nation en faveur de nos chers soldats, si braves et si résignés. Si cette voix est entendue, ce sera l'éternel honneur de M. Chenu, qui a pris rang désormais parmi les grands historiens militaires. On cherchait un monument pour décerner à son auteur un prix de cent mille francs : il n'y avait pas de plus beau monument que cette statistique médicale de l'armée d'Italie, et la somme n'aurait pas excédé de beaucoup les sacrifices pécuniaires que l'auteur, père de famille, s'est imposés avec un admirable dévouement. Il a pensé justement que la gloire honnête était le plus bel héritage. L'Académie des sciences morales et politiques ne lui doit pas moins une éclatante compensation. L'Europe savante y applaudira.

Dr MARCHAL (DE CALVI).

Nous ne pourrions mieux donner une idée du but de nos recherches statistiques qu'en reproduisant la table des matières de notre *Rapport au conseil de santé sur la campagne d'Orient* et celle de notre *Statistique sur la campagne d'Italie*.

TABLE DES MATIÈRES

DU RAPPORT AU CONSEIL DE SANTÉ SUR LES RÉSULTATS DU SERVICE MÉDICO-CHIRURGICAL PENDANT LA CAMPAGNE D'ORIENT EN 1854-1856.

Lettre au président du conseil de santé....................	1
Exposition des faits principaux de la campagne............	13
État général des militaires blessés et pensionnés...........	129

BLESSURES.

Blessures de la tête..	134
— de la face..	145
— de l'œil...	154
— de la mâchoire inférieure........................	175
— de la région cervicale...........................	183
— du dos et des vertèbres..........................	186
— de la poitrine...................................	187
— de la région sacro-lombaire......................	193
— de l'abdomen....................................	197
— de la région iliaque et fessière..................	196
— de la région inguinale...........................	204
— des organes génitaux............................	206
— de la région ano-périnéale.......................	208
— de l'épaule......................................	209
— du bras...	230
— du coude..	282
— de l'avant-bras..................................	293
— du poignet......................................	328

Blessures de la main et des doigts.................. 337
— de l'articulation coxo-fémorale............... 372
— de la cuisse............................ 374 629
— du genou.................................. 410
— de la jambe............................... 417
— de l'articulation tibio-tarsienne............. 470
— du pied et des orteils...................... 476

AMPUTATIONS ET DÉSARTICULATIONS.

Amputations et désarticulations scapulo-humérales... 223 649
— — du bras............ 249 650
— — du coude........... 288 652
— — de l'avant-bras..... 314 653
— — du poignet......... 333 655
— — des métacarpiens et des doigts........ 353 657
— — coxo-fémorales...... 658
— — de la cuisse........ 398 662
— — du genou........... 416 665
— — de la jambe........ 443 666
— — tibio-tarsiennes.... 473 671
— — partielles du pied.. 485 672
— — des orteils......... 489 674
Amputations doubles................................ 507 675
Résections des os des membres..................... 504 677

MALADIES DIVERSES.

Congélations....................................... 512 678
Maladies diverses................................. 520
État supplémentaire des blessés et amputés........ 526

ARMÉE FRANÇAISE.

Situations mensuelles des ambulances et hôpitaux... 531
Hôpitaux de Gallipoli, Nagara, Andrinople, Varna et ambulances du 1er avril au 1er septembre 1854...... 533
Ambulances en Crimée du 14 septembre 1854 au 6 juillet 1856... 534
Hôpital de Gallipoli............................... 535
— de Nagara.................................. 536
— d'Andrinople.............................. 537

DU RAPPORT AU CONSEIL.

Hôpital de Varna	538
Ambulance du quartier général	539
— du 1er corps	540
— du 2e corps	541
— du corps de réserve	542
— de la garde	543
— de Kamiesch	544
Hôpital de Maltépé	545
— de Péra	546
— de Ramitchiflick, n° 1	547
— de Dolma-Bagtché	548
— de Gulhané	549
— de Kanlidgé	550
— de Daoud-Pacha	551
— de l'École militaire	552
— de l'École préparatoire	553
— de l'Ambassade russe	554
— du terrain des manœuvres	555
— de Maslack, n° 1	556
— de l'Université	557
— de Maslack, n° 2	558
— de Ramitchiflick, n° 2	559
— des Eaux-Douces	560
— de Prinkipo	561
— d'Eupatoria	562
Ambulance de Kinburn	563
État récapitulatif par genres de maladies	564 565
Hôpital de la Marine, à Thérapia	566 567
— à Chalki	568
Maladies observées sur les marins	569 572
Situation médicale de la flotte	573
Pertes de l'armée par le feu de l'ennemi	574
Pertes de l'armée de siége	575
État des officiers reçus aux ambulances et aux hôpitaux à distance de Constantinople	576
État des sous-officiers reçus aux ambulances et aux hôpitaux à distance de Constantinople	577
État des pertes en officiers de l'armée de terre	578
État récapitulatif des pertes de l'armée française	579

TABLE DES MATIÈRES

ARMÉE ANGLAISE.

Service médico-chirurgical	581
Situations mensuelles des blessés	583 584
— — des fiévreux	585 605
Hôpitaux du Bosphore	606
— de Crimée	607
État des blessés et fiévreux évacués de Crimée sur les hôpitaux du Bosphore	608
Cas de tétanos observés en Crimée	609
Pertes de l'armée anglaise par le feu de l'ennemi	610
Pertes générales de l'armée anglaise	611

ARMÉE PIÉMONTAISE.

Service médico-chirurgical	613
Pertes générales de l'armée piémontaise	614
Blessés et malades entrés à l'hôpital du camp	615 616
État récapitulatif des pertes subies par les armées en présence pendant la guerre	617
Observations générales sur les blessures	621
Blessures accidentelles	624
Blessures de guerre	625
État général des blessures de guerre	627
Effets des projectiles nouveaux	629
Attitude des morts sur le champ de bataille	631
Proportions approximatives des projectiles employés et des hommes tués ou blessés	635
Quelques mots sur le recrutement de l'armée	637
Observations sur les différences numériques que présentent quelques-uns de nos tableaux	641
Observations complémentaires sur les amputations	647
Observations sur l'insuffisance du service de santé en campagne et sur les propositions présentées à la Société d'utilité publique de Genève	681
L'armée et les divers éléments qui la composent ont seuls droit aux honneurs et aux dangers du champ de bataille	688
Opinions diverses émises	690
Un cadre de réserve pour les médecins militaires	700 701

Mortalité comparée des médecins militaires et des officiers de l'armée 718
Observations sur la loi qui double la pension des veuves des militaires tués sur le champ de bataille, et n'accorde pas cette faveur aux veuves des médecins de l'armée morts de maladies contagieuses contractées dans le service des ambulances et des hôpitaux 719
Intervention des Sociétés philanthropiques............. 723

TABLE DES MATIÈRES

DE LA STATISTIQUE MÉDICO-CHIRURGICALE DE LA CAMPAGNE D'ITALIE EN 1859-1860.

PREMIER VOLUME.

Considérations générales........................... I
État du personnel médical de l'armée XLI
Notes sur quelques services. Cantinières et dames de charité.. L
Médecins italiens et hôpitaux civils LIV
Service religieux................................... LV
Service télégraphique............................... LVIII
Service du trésor et des postes...................... LIX
Dons nationaux..................................... LXI
Médecins militaires, service médical................. LXV
Conservation des armées en campagne XCI
Pharmaciens militaires, service pharmaceutique CIX
Infirmiers militaires................................. CXIII
Sociétés internationales de secours CXV
Hygiène militaire................................... CXVII
Notes sur la direction, le contrôle et la compétence.... CXLV
Journal des faits principaux de la campagne......... 1
Formation de l'armée des Alpes 8

TABLE DES MATIÈRES

Effectif moyen des armées autrichienne, sarde et française...	4
Décret concernant le transport des bagages des officiers...	6
Service de santé présentant des ressources insuffisantes...	7
Proclamation de l'empereur d'Autriche...	7
Situation des armées en présence depuis le 29 avril 1859...	10
Le baron Larrey nommé médecin en chef de l'armée d'Italie...	12
Proclamation du roi Victor-Emmanuel...	12
Proclamation de l'Empereur au peuple français...	13
Départ de l'Empereur...	16
Ordre du jour de l'empereur Napoléon III à l'armée d'Italie...	17
Ordre du jour du prince Napoléon (Jérôme)...	19
Lettre de l'empereur Napoléon à l'intendant en chef de l'armée d'Italie...	22
Combat de Montebello, rapport du général Forey...	31
Rapport du général en chef autrichien comte Gyulai...	34
L'Empereur visite les blessés à Voghera. La première croix donnée à l'armée...	37
Combat de Villata...	38
Effectif de la 1re division du 1er corps; état des blessés de Montebello...	46
Décision de l'Empereur au sujet des blessés autrichiens prisonniers...	55
Premier combat de Palestro...	73
Visite de l'Empereur aux blessés à Alexandrie...	74
Deuxième combat de Palestro...	76
Rapport sur le 3e zouaves...	77
Lettre du roi Victor-Emmanuel au colonel de Chabron...	86
État des blessés du 3e zouaves pendant le combat...	88
Note du Dr Lèques, médecin-major, sur les blessés à Palestro...	89
Passage du Tessin à Turbigo et combat de Robecchetto...	94
Pertes de la journée...	97
Passage du Tessin en avant de San Martino et bataille de Magenta...	100
Le soldat Delaunay...	105

État des pertes à Magenta, d'après les rapports des corps.	105
Combat du 5, près de Ponte-Vecchio di Magenta......	109
Rapport du maréchal commandant en chef la garde impériale...	110
Rapport du général en chef du 2ᵉ corps...............	114
Rapport du maréchal commandant en chef le 3ᵉ corps.	117
Rapport du général en chef du 4ᵉ corps...............	119
Rapport du général en chef autrichien, comte Gyulai..	120
Décision de l'Empereur relativement aux officiers, sous-officiers et soldats tués ou blessés à l'ennemi........	126
Rapports des médecins des ambulances à la suite de la bataille de Magenta..................................	129
Rapport sur le service médical dans Magenta, le 6 juin.	132
Proclamation de l'empereur Napoléon aux Italiens.....	148
Ordre du jour..	149
Combat de Mélégnano................................	150
Rapport du maréchal Baraguey d'Hilliers..............	155
Pertes de la journée.................................	157
Rapport du Dʳ David, médecin aide-major au 37ᵉ de ligne.	159
Renseignements sur les blessés soignés à Mélégnano, par le Dʳ Martenot de Cordoux, médecin aide-major......	166
Rapport du Dʳ Périer, médecin en chef du 2ᵉ corps, sur le service des ambulances de ce corps pendant et après la bataille de Magenta.........................	167
Rapport du Dʳ Menuau, médecin en chef de l'ambulance de la 1ʳᵉ division du 1ᵉʳ corps, sur le service de cette ambulance à Mélégnano.............................	171
Lettre adressée à l'empereur Napoléon III par les médecins autrichiens faits prisonniers à Magenta.......	180
Rapport du Dʳ Vergé, médecin-major, sur les blessés français prisonniers et conduits à Pavie.............	188
Combat de Treponti et pertes des chasseurs des Alpes..	192
Circulaire adressée à MM. les médecins en chef des divers corps d'armée et des hôpitaux, à la demande du baron Larrey, médecin en chef.....................	198
Bataille de Solférino, le 24 juin......................	223
Effectif des armées en présence, le 24 juin	225
Pertes des armées en présence, le 24 juin, d'après un premier rapport....................................	225

TABLE DES MATIÈRES

Relation sommaire de la bataille de Solférino.........	227
Bulletin de la bataille de Solférino................	229
Rapport du maréchal commandant en chef la garde impériale...	236
Rapport du maréchal commandant en chef le 1er corps..	239
Rapport du maréchal commandant en chef le 2e corps..	242
Rapport du maréchal commandant en chef le 3e corps..	247
Rapport du maréchal commandant en chef le 4e corps..	249
Rapport du chef d'état-major de l'armée italienne......	254
Bulletin autrichien...............................	259
Ordre du jour....................................	265
Deuxième rapport sur les pertes de l'armée française à Solférino..	267
Lettre du général Renault, commandant la 1re division du 3e corps.....................................	268
Service des ambulances de la garde............ 269	271
Rapport du Dr Lèques, médecin aide-major.........	273
Notes sur la bataille de Solférino.................	282
Rapport sur le service de santé à Castiglione........	284
Rapport sur le service de l'ambulance du quartier général du 1er corps.................................	295
Rapport sur le service de l'ambulance du quartier général du 2e corps.................................. 297	302
Notes sur le service des ambulances du 4e corps......	299
Rapport sur le service des ambulances du 3e corps.....	305
Addition au rapport sur le service de santé à Castiglione.	334
Renseignements à fournir au ministre de la guerre par les régiments sur les militaires tués, blessés ou disparus..	347
Rapport de S. A. I le prince Napoléon sur les opérations du 5e corps..................................	347
Le général Fleury part de Valeggio pour Vérone.....	358
Lettre du baron Larrey, médecin en chef de l'armée, au président du conseil de santé.....................	359
L'armistice est accepté...........................	369
Texte de la suspension d'armes....................	374
Composition de la flotte devant Venise..............	381
Rapport sur les hôpitaux de Brescia...............	384
Circulaire aux médecins en chef des corps d'armée....	389

Officiers autrichiens blessés en traitement à Castiglione. 390	400
Entrevue des deux empereurs à Villafranca..............	395
Officiers autrichiens blessés en traitement à Gênes.....	403
L'empereur Napoléon III quitte Valeggio pour se rendre à Milan et laisse le commandement de l'armée d'Italie au maréchal Vaillant. — Proclamation	404
L'Empereur part pour la France.....................	414
Le baron Larrey, médecin en chef, est autorisé à rester en Italie pour compléter sa mission en visitant les principaux hôpitaux de l'armée.....................	414
Détails sur la topographie du champ de bataille de Solférino....................................	417
Les grands corps de l'État reçus par l'Empereur à Saint-Cloud...	422
Rapport sur le service médical de Brescia.............	426
Rapport du vice-amiral Romain-Desfossés, commandant l'escadre....................................	443
Lettre du baron Larrey au sujet de la situation des médecins principaux...............................	451
Blessés encore présents à Montechiaro.............. 453	459
Blessés encore présents à Castiglione................	457
Propositions du médecin en chef de l'armée au maréchal Vaillant.......................................	474
Situation de l'armée d'occupation à la date du 9 août...	490
Réponses à quelques questions posées aux médecins français sur diverses parties du service hospitalier...	491
Mouvements des hôpitaux en Italie..................	526
PIÈCES FAISANT SUITE AU JOURNAL DES FAITS PRINCIPAUX DE LA CAMPAGNE............................	543
Rapports des médecins de quelques régiments.........	545
Itinéraire du 11e régiment de ligne, du 22 avril au 1er août 1859; ambulance à Palestro; arrivée à Buffalora; Solferino, Médole, Guidizzolo; nouvelles observations sur l'attitude des morts.............................	547
Itinéraire du 15e régiment de ligne; état sanitaire; combat de Mélégnano; Solférino; mouvement général des blessés et malades; rapport d'ensemble sur le service pendant la campagne; état nominatif des blessés, tués et disparus................................	560

Rapport sur les pertes du 33ᵉ de ligne 594
Rapports sommaires sur le service de santé des 43ᵉ, 59ᵉ, 64ᵉ, 65ᵉ, 72ᵉ, 91ᵉ 98ᵉ, 99ᵉ de ligne, 1ᵉʳ cuirassiers de la garde, 10ᵉ régiment de chasseurs à cheval (*les rapports concernant les autres régiments seront donnés au deuxième volume (page 939)*).................. 598
Note rétrospective sur le 81ᵉ de ligne en Crimée, colonel de Clonard.................................... 610

SERVICE DES AMBULANCES PENDANT LA CAMPAGNE D'ITALIE, 1857.. 617
Ambulance du grand quartier général impérial........ 631
    (Mouvement pendant la période de guerre : personnel médical ; état récapitulatif et par corps des militaires blessés entrés à l'ambulance ; service de la pharmacie ; consommation pharmaceutique ; service administratif ; infirmiers attachés à l'ambulance ; dépenses générales, en objets de pansements, médicaments, sépultures, alimentation, chauffage, éclairage, blanchissage, entretien, réparation, propreté ; frais de bureau ; prix de la journée de traitement ; dépenses non applicables à la journée de traitement.)
Ambulance du quartier général de la garde........... 635
—   de la 1ʳᵉ division d'infanterie de la garde.. 638
—   de la 2ᵉ division d'infanterie de la garde.. 640
—   de la division de cavalerie de la garde..... 643
—   du quartier général du 1ᵉʳ corps........... 646
—   de la 1ʳᵉ division du 1ᵉʳ corps............ 649
—   de la 2ᵉ division du 1ᵉʳ corps............. 652
—   de la 3ᵉ division du 1ᵉʳ corps............. 655
—   de la division de cavalerie du 1ᵉʳ corps.... 658
—   du quartier général du 2ᵉ corps........... 660
—   de la 1ʳᵉ division du 2ᵉ corps............. 663
—   de la 2ᵉ division du 2ᵉ corps............. 666
—   de la division de cavalerie du 2ᵉ corps..... 669
—   du quartier général du 3ᵉ corps........... 672
—   de la 1ʳᵉ division du 3ᵉ corps............. 677
—   de la 2ᵉ division du 3ᵉ corps............. 680
—   de la 3ᵉ division du 3ᵉ corps............. 682
—   de la division de cavalerie du 3ᵉ corps..... 685

DE LA STATISTIQUE.   427

Ambulance du quartier général du 4ᵉ corps............	687
— de la 1ʳᵉ division du 4ᵉ corps..............	690
— de la 2ᵉ division du 4ᵉ corps................	693
— de la 3ᵉ division du 4ᵉ corps................	696
— du quartier général du 5ᵉ corps............	699
— de la 1ʳᵉ division du 5ᵉ corps..............	701
— de la 2ᵉ division du 5ᵉ corps..............	703
— de la brigade de cavalerie du 5ᵉ corps.....	705
État récapitulatif des mouvements des ambulances.....	707
— — du service des ambulances par nationalités...	708
Pièces justificatives se rattachant à notre rapport sur le service médico-chirurgical pendant la campagne d'Orient..	709
Table des matières...............................	771

DEUXIÈME VOLUME.

Service et situations mensuelles des hôpitaux de l'armée française en Italie................................	1
Rapport du Dʳ Maupin, médecin principal, médecin en chef de l'hôpital San Benigno, à Gênes.............	8
Service et situations mensuelles par ordre alphabétique.	25
État récapitulatif des mouvements des hôpitaux	277
Récapitulation des mouvements des ambulances et des hôpitaux...................................	283
Blessures de guerre................................	285
Blessures en général..............................	289
Siége et fréquence des blessures.....................	292
Blessures multiples...............................	294
Blessures remarquables............................	295
Projectiles cachés, corps étrangers...................	298
Blessures par balles...............................	304
Des projectiles des armes portatives.................	306
Blessures par armes blanches, baïonnette, sabre et lance.	314
— par boulet.............................	315
— par mitraille et éclats de projectiles creux...	316
— par fusée de guerre.....................	317
— diverses ou accidentelles.................	319

Blessures du soldat en marche............................ 320
Des appareils à pansement aux ambulances et aux hôpitaux... 322
Emploi du chloroforme.................................. 326
Situation morale des blessés............................ 327
Des fractures en général et de la chirurgie conservatrice. 330
Du drainage chirurgical................................. 336
Des amputations et résections........................... 338
Complications des plaies, hémorrhagies secondaires..... 347
Gangrène traumatique................................... 357
Sphacèle des lambeaux.................................. 359
Conicité du moignon.................................... 361
Infection purulente..................................... 361
Effets de la glace sur les moignons après amputation... 362
Pourriture d'hôpital; poudre désinfectante de MM. Corne et Demeaux.. 263
Tétanos traumatique.................................... 396
Blessures de la tête.................................... 415
Blessures de la face................................... 429 447
   —   — fractures du maxillaire inférieur.. 454
   —   — lésions des yeux................. 458
Blessures de la région cervicale........................ 464
   — du thorax.. 468
   — de l'abdomen....................................... 489
   — de la région sacro-lombaire........................ 496
   — de la région iliaque et fessière................... 501
   — de la région inguinale............................. 515
   — des organes génitaux............................... 518
   — de la région anale................................. 521
   — de la région scapulo-humérale...................... 522
Désarticulations scapulo-humérales...................... 543
Blessures du bras....................................... 558
Amputations du bras..................................... 575
Résections de l'humérus................................. 591
Blessures de la région huméro-cubitale.................. 601
Désarticulations huméro-cubitales....................... 609
Blessures de l'avant-bras............................... 612
Amputations de l'avant-bras............................. 629
Résections des os de l'avant-bras....................... 634

Blessures du poignet. 637
Désarticulations du poignet 641
Blessures, amputations, désarticulations et résections des métacarpiens et des doigts..................... 643
Blessures de la région coxo-fémorale 689
Désarticulations coxo-fémorales..................... 693
Blessures de la cuisse............................... 699
Amputations de la cuisse............................ 744
Résections du fémur................................. 762
Blessures de la région fémoro-tibiale................ 764
Désarticulations du genou........................... 775
Blessures de la jambe............................... 778
Amputations de la jambe............................ 808
Résections des os de la jambe....................... 819
Blessures de la région tibio-tarsienne................ 821
Désarticulations tibio-tarsiennes 823
Blessures du pied................................... 825
État récapitulatif des blessures et des amputations et proportions pour 100 des guéris, des retraités, des pensionnés temporairement (gratifications renouvelables) et des décédés aux ambulances et aux hôpitaux. 849
Effectifs combattants des armées en présence. 850
Pertes de l'armée française......................... 851
Pertes indiquées de l'armée sarde. 852
Pertes approximatives de l'armée autrichienne...... 853
Tableau récapitulatif des pertes des armées en présence. 853
État nominatif des officiers tués ou blessés mortellement et morts du 21 mai au 1er août 1859............... 854
État récapitulatif des officiers tués, morts à la suite de blessures, de maladies, suicides, etc............ 859
Maladies de l'armée d'Italie......................... 861
Recrutement de l'armée et population de la France.... 901

ATLAS. 118 planches représentant la situation de chaque jour des armées en présence, les combats et batailles, les projectiles déformés dans les tissus et extraits des blessures, enfin les projectiles nouveaux en usage dans les armées d'Europe et d'Amérique.

TABLE DES MATIÈRES

DE CE VOLUME.

Préface...	I
Considérations générales..................................	1
Médecins militaires, service médical..................	76
Conservation des armées en campagne..............	125
Mortalité comparée dans les armées française et anglaise.	131
Hygiène et alimentation.....................................	154
Direction, contrôle et compétence......................	177
Blessures en général...	189
Siége et fréquence des blessures........................	197
Blessures multiples...	198
— remarquables..	200
Corps étrangers dans les plaies.........................	207
Balles perdues..	209
Blessures par baïonnette, sabre, lance...............	210
— par mitraille et éclats de projectiles creux...	214
Situation morale des blessés..............................	217
De la médecine militaire en France et aux États-Unis. — Extrait de la *Revue des Deux-Mondes*.............	223
Extrait de l'*Opinion nationale*.............................	318
— du *Journal des Débats*.............................	345
— du *Moniteur universel*..............................	351

Extrait du *Journal des Débats*........................... 361
— de *la Tribune médicale*....................... 389
Table des matières du Rapport au conseil de santé sur la campagne d'Orient.................................... 417
Table des matières de la Statistique médico-chirurgicale de la campagne d'Italie.................................. 421
able des matières du volume........................... 431

FIN DES TABLES.

11168. — Imp. gén. de Ch. Lahure, rue de Fleurus, 9, à Paris.

LIBRAIRIE HACHETTE ET CIE
Boulevard Saint-Germain, 79, à Paris.

L'ANNÉE SCIENTIFIQUE ET INDUSTRIELLE

OU

EXPOSÉ ANNUEL DES TRAVAUX SCIENTIFIQUES, DES INVENTIONS
ET DES PRINCIPALES APPLICATIONS DE LA SCIENCE
A L'INDUSTRIE ET AUX ARTS, QUI ONT ATTIRÉ L'ATTENTION PUBLIQUE
EN FRANCE ET A L'ÉTRANGER

PAR LOUIS FIGUIER

14 volumes (1857-1870). Prix : 3 fr. 50 le volume.

ACCOMPAGNÉS D'UN VOLUME DE

TABLES GÉNÉRALES DES MATIÈRES

Contenues dans les dix premières années de ce recueil

Prix du volume des Tables, 2 fr.

La demi-reliure en chagrin, plats en toile, se paye en sus par volume :
avec tranches jaspées, 1 fr. 50 c.; — avec tranches dorées, 3 fr.

Depuis que M. Louis Figuier a commencé la publication de son *Année scientifique et industrielle*, la popularité de ce recueil n'a fait que s'accroître, et il faut ajouter que ce succès est parfaitement mérité. M. Louis Figuier est le plus ancien et le plus autorisé de nos écrivains scientifiques. Son talent d'exposition, sa longue habitude de ce genre de travaux, enfin sa position de rédacteur scientifique de *la Presse*, qui le met si bien en mesure de donner un résumé exact des découvertes récentes, tout devait garantir la valeur de cette publication.

D'une lecture facile et attrayante, *l'Année scientifique et industrielle* s'adresse à toutes les intelligences, à toutes les classes de la société ; elle a aussi bien sa place sur les tables des salons que dans les ateliers ou la bibliothèque du savant. Personne aujourd'hui n'a assez de loisirs pour suivre pas à pas le développement des différentes branches des connaissances humaines, développement qui devient plus rapide de jour en jour. Les recueils périodiques, tels que celui que publie M. Louis Figuier, répondent donc à un besoin universel de notre temps. Ils fournissent à la masse du public un moyen commode et facile de se tenir au courant du progrès scientifique. Ils lui évitent la peine de lire les publications écrites pour les savants spéciaux et hérissées de termes techniques. M. Figuier se charge d'accomplir cette tâche épineuse. Il fait le triage des nouvelles scientifiques annoncées par les différents journaux, français et étrangers, ne conserve que ce qui peut convenir aux besoins de ses lecteurs, et range ensuite tous ces faits, disparates en apparence, dans un ordre méthodique, qui en augmente la valeur, en facilitant au lecteur la recherche de ce qui l'intéresse.

La science qui formait depuis longtemps la base de l'industrie et des arts, est entrée, de nos jours, dans toutes les habitudes de la vie : témoin le télégraphe électrique, les chemins de fer, la photographie, l'éclairage au gaz, la lumière électrique, etc. Il faut donc, bon gré mal gré, s'intéresser à la science, ou du moins prendre de temps en temps de ses nouvelles. Si l'attrait seul du savoir ne nous portait à nous en enquérir, notre intérêt bien entendu l'exigerait. Le manufacturier, l'agriculteur, le commerçant, l'artiste, l'homme du monde, ont besoin aujourd'hui de connaître les progrès accomplis dans le domaine de la science, pure ou appliquée. Pourraient-ils trouver un moyen plus commode de s'initier à ses progrès que le recueil annuel de M. Louis Figuier ?

Dans cet utile ouvrage, tout vient se ranger à sa place, de manière à satisfaire l'esprit du lecteur et à lui faciliter la recherche des faits qui l'intéressent plus particulièrement. Chacun, en consultant *l'Année scientifique*, peut s'y retrouver sans peine, grâce à la distribution méthodique des sujets.

Cette coordination simple et lucide des nombreux matériaux permet de constater combien ce recueil est complet, avec quel soin l'auteur résume toutes les découvertes d'une certaine importance qui se sont produites dans le cours de chaque année. La collection des volumes annuels de M. Louis Figuier sera un jour le répertoire des progrès scientifiques accomplis en France et à l'étranger ; elle formera les archives historiques de la science et de l'industrie de notre temps.

Il a été publié une TABLE GÉNÉRALE des dix premières années de l'ouvrage. Cette Table est divisée en deux parties : la première par ordre de matières, la seconde par noms d'auteurs. L'ordre des matières reproduit alphabétiquement les divisions de l'ouvrage : Académies et Sociétés savantes, — Agriculture, — Arts industriels, — Astronomie, — Chimie, — Histoire naturelle, — Hygiène publique, etc.

En classant sous un même chef tous les faits de même nature épars dans l'ouvrage, les TABLES de *l'Année scientifique* en font comme une sorte d'encyclopédie. Elles lui donnent la valeur et l'utilité d'un répertoire où viennent se ranger méthodiquement tous les progrès accomplis en dix ans dans la science et dans l'industrie. Elles fournissent au lecteur le moyen de résumer les connaissances qu'il a acquises en parcourant l'ouvrage entier.

EXTRAIT DE LA TABLE DES MATIERES
DE LA 14ᵉ ANNÉE SCIENTIFIQUE ET INDUSTRIELLE
(1870)

Astronomie. — L'éclipse totale de soleil du 7 août. — Les comètes en 1869. — Les petites planètes en 1869. — Passage de Mercure sur le Soleil le 5 novembre 1868. — Les bolides en 1869. — Les étoiles filantes d'août et de novembre. — Présence de la vapeur d'eau dans le voisinage des taches solaires. — La chaleur de la lune et des étoiles. — Les photographies de la lune. — Nouvel Observatoire à Paris. — Observatoire sur le Puy-de-Dôme. — Une conspiration contre le système métrique français. — Les faux autographes de M. Chasles.

Mécanique. — Système de locomotive mixte de M. Alfred Cottrau. — Expérience faite au chemin de fer d'Orléans sur le renversement de la vapeur pour diminuer la vitesse des trains aux descentes rapides. — Nouvel injecteur pour les chaudières à vapeur. — La machine-soleil. — Le téléiconographe. — De la Bastille à la Madeleine pour un sou. — Moteur aéro-hydraulique. — Nouveau système de pompes portatives. — Nouveau système de pompe aspirante. — Emploi de l'huile de pétrole pour le chauffage des locomotives. — Le grand ballon captif de Londres.

Physique. — Le câble transatlantique français. — Projet d'un nouveau câble télégraphique entre le continent européen et l'Amérique. — Les stations télégraphiques sur les navires. — Pantélégraphe Meyer. — Le télégraphe électrique appliqué au service des armées. — Progrès de la télégraphie française. — Pile télégraphique de M. Devos. — Pile secondaire de M. Gaston Planté. — Vitesse de l'électricité. — Machine électrique de M. Carré. — Nouveau pyromètre. — Planchette photographique de M. A. Chevalier. — La perméabilité des métaux par les gaz. — Action de la lumière solaire sur le verre.

Météorologie. — Les aurores boréales en 1859. — Paris dans le ciel. — Les orages foudroyants en 1869. — La couleur du ciel et la polarisation de l'atmosphère. — Présence de l'eau oxygénée dans l'atmosphère. — Le bourdonnement électrique des montagnes. — Modification du climat de l'isthme de Suez par l'arrivée des eaux de la mer. — Phosphorescence de la mer.

Chimie. — Le *jargonium*, nouveau métal. — L'*hydrogenium*. — Nouveau mode de préparation de l'aluminium. — Solubilité du soufre dans les huiles de houille. — Éclairage oxy-hydrique de la cour des Tuileries. — Production des dépôts de fer galvanique. — Nouveau procédé pour la fabrication de la fonte et de l'acier. — Reproduction des couleurs en photographie. — Les photographies sur émail. — Impression photographique en relief. — De l'influence de la pression sur les phénomènes chimiques. — Nouveau procédé de M. Margueritte pour l'extraction du sucre. — Nouvel alcaloïde de l'opium. — Ancienneté des manuscrits déterminée par l'âge des encres. — Traitement du papier et des tissus pour en faire des feuilles ou plaques imperméables. — La catastrophe de la place Sorbonne.

Art des construtions. — Le canal maritime de Suez. — Le percement du mont Cenis. — La Palestine de l'avenir. — Le projet de tunnel sous-marin entre la France et l'Angleterre. — Un second tunnel sous la Tamise. — Paris port de mer. — Le réservoir et le barrage du Furens. — Le canal Saint-Louis. — Pont-viaduc sur le Niagara. — Le chemin de fer du Pacifique.

Marine et Voyages. — Navire de mer à tourelles. — Les monitors brésiliens. — L'artillerie de mer des grandes puissances. — L'éclairage électrique appliqué aux navires. — Nouvel appareil de sauvetage. — Sonnerie à air pour la transmission des ordres dans la marine. — Postes électriques flottants. — Log à boussole. — Voyage rapide autour du monde. — Découverte d'une nouvelle terre dans l'Océan arctique. —

Exploration orographique des contrées mexicaines. — Voyage de M. Mac Gregor aux sources du Jourdain. — Voyage dans la partie tropicale des deux Amériques.

Histoire naturelle. — Les tremblements de terre en 1869. — L'éruption de l'Etna. — Géologie du désert d'Afrique. — Expériences sur la température des houillères. — Élévation des côtes. — Le squelette de mammouth au musée de Bruxelles. — La grotte des Morts. — Ossements humains fossiles des environs de Paris. — Découverte de silex taillés dans le sud de l'Algérie. — Formation de la houille. — Embrasement de la mer Caspienne. — La pêche du corail. — Découvertes faites par M. Grandidier à l'île de Madagascar. — Le chimpanzé du jardin d'acclimatation. — Acclimatation du renne dans les Alpes. — Multiplication des colins de Californie. — Transport des poissons vivants. — Éducation des vers à soie en plein air. — Le *Chamœrops excelsa*. — La coca.

Hygiène publique. — Décroissance de la population française et diminution de la population dans les pays agricoles. — Études sur la population parisienne. — Découverte d'un antidote du phosphore. — Les enveloppes de lettres et les pains à cacheter vénéneux. — Empoisonnement par des bas rouges. — La coralline et ses dangers. — Observations sur les dangers des poêles en fonte. — La liqueur d'absinthe et ses effets. — De la préparation des jouets d'enfants avec des substances toxiques.

Physiologie et Médecine. — Instrument servant à mesurer la vitesse des perceptions et de la pensée. — Effets physiologiques de l'ascension sur les montagnes. — Expériences sur les décapités. — Le pouls tâté par voie télégraphique. — La Commission sanitaire internationale et le choléra indien. — La peste en Mésopotamie. — La métallothérapie, ou le cuivre préservatif du choléra. — Les tentes et les baraques pour le traitement des blessés. — Le chloral et ses effets. — Trois anesthésiques nouveaux. — L'épilepsie et le bromure de potassium. — Traitement de l'asphyxie par le charbon à l'aide des inhalations d'oxygène. — Emploi thérapeutique de la fumée d'opium contre les affections des voies respiratoires. — Procédé pratique pour la transfusion du sang. — Les hospices d'ivrognes aux États-Unis. — Le crime de Troppmann et la santé publique.

Agriculture. — Utilisation et épuration des eaux d'égouts. — Production artificielle de la terre arable. — Les nouvelles maladies de la vigne. — Ce que devient le soufre employé au soufrage de la vigne. — L'essoreuse remplaçant le pressoir. — Le chauffage des vins. — Les cressonnières de M. Billet. — Les vers à soie du chêne. — Le coton Bubuy.

Arts industriels. — L'encre nouvelle de M. Mathieu Plessy. — Machine imprimant simultanément plusieurs couleurs. — Photocrayons. — Zootrope perfectionné. — Procédé pour la conservation des carènes des navires en fer. — Fabrication d'acier Bessemer au tungstène. — Appareil de sûreté pour les puits de mine. — Nouvelle lampe de sûreté. — Utilisation des laitiers des hauts fourneaux. — Nouveaux procédés pour la conservation des viandes. — Les vins marinés. — Le parchemin végétal. — Chapeaux en papier. — Emploi de l'asphalte contre la propagation des incendies. — Cartouches pour éteindre des incendies. — Moyens de sauvetage en cas d'incendie. — Les projectiles explosifs employés pour la pêche à la baleine.

Académies et Sociétés savantes. — Séance publique annuelle de l'Académie des sciences. — Séance publique annuelle de l'Académie impériale de médecine.

Nécrologie scientifique. — D'Archiac. — Libri. — Bérard. — Fournet. — Grisolle. — Nicklès. — Boullay. — Robinet. — Lefébure de Fourcy. — Rivot. — Kirschleger. — Cailliaud. — Dupré. — Darondeau. — Oudry. — Blatin. — Graham. — Catullo. — Bonucci. — Brœckx.

Imprimerie générale de Ch. Lahure, rue de Fleurus, 9, à Paris.

Librairie HACHETTE et Cie, boulevard Saint-Germain, 79, à Paris

BIBLIOTHÈQUE VARIÉE, FORMAT IN-18 JÉSUS, A 3 FR. 50 C. LE VOL.

About (Edm.). Causeries. 2 vol. — La Grèce contemporaine. 1 vol. — Le progrès. 1 vol. — Le Turco. 1 vol. — Madelon. 1 vol. — Salon de 1864. 1 vol. — Salon de 1866. 1 vol. — Théâtre impossible. 1 vol. — A B C du travailleur. 1 vol. — Les Mariages de province. 1 vol.
Achard (Amédée). Album de voyages. 1 vol.
Ackermann. Contes et poésies. 1 vol.
Arnould (Edm.). Sonnets et poëmes. 1 vol.
Barrau. Histoire de la Révolution française. 1 vol.
Bautain (L'abbé). La belle saison à la campagne. 1 v. — La chrétienne de nos jours. 2 vol. — Le chrétien de nos jours. 2 vol. — La religion et la liberté 1 v. — Manuel de philosophie morale. 1 vol. — Méditations sur les épîtres et les évangiles. 2 vol. — Idées et plans pour méditation et la prédication. 1 vol. — Les choses de l'autre monde. 1 vol.
Bayard (J. F.). Théâtre. 12 vol.
Bellemare (A.). Abd-el-Kader. 1 vol.
Belloy (de). Le chevalier d'Al. 1 vol. — Légendes fleuries. 2 vol.
Bersot. Mesmer ou le magnétisme animal. 1 vol. — Les tables tournantes et les esprits. 1 vol.
Busquet (A.). Le poëme des heures. 1 vol.
Calemard de la Fayette (Ch.). Le poëme des champs 1 vol.
Caro. Etudes morales. 2 vol. — L'idée de Dieu. 1 vol. — Le matérialisme et la science. 1 vol.
Carraud (Mme). Le livre des jeunes filles. 1 vol.
Castellane (De). Souvenirs de la vie militaire. 1 vol.
Chabot (Ernest de). Brins d'herbe. 1 vol.
Charpentier. Ecrivains latins de l'empire. 1 vol.
Cherbuliez (Victor). Comte Kostia. 1 vol. — Paule Méré. 1 vol. — Roman d'une honnête femme. 1 vol. — Le Grand-Œuvre. 1 vol. — Prosper Randoce. 1 vol. — L'aventure de Ladislas Bolski. 1 vol.
Chevalier (M.). Le Mexique ancien et moderne 1 v.
Crépet (E.). Le trésor épistolaire de la France 2 v.
Dargaud (J.). Marie Stuart. 1 vol. — Voyage aux Alpes. 1 vol. — Voyage en Danemark. 1 vol.
Daumas (E.). Mœurs et coutumes de l'Algérie. 1 v.
Deschanel (Em.). Physiologie des écrivains. 1 vol. — Etudes sur Aristophane. 1 vol. — A bâtons rompus. 1 vol.
Devinck (F.). La pratique commerciale. 1 vol.
Duruy (V.). De Paris à Vienne. 1 vol. — Introductions à l'histoire de France. 1 vol.
Enault (L.). Constantinople et la Turquie. 1 vol.
Ferry (Gabriel). Le coureur des bois. 2 vol. — Costal l'Indien. 1 vol.
Figuier (Louis). Histoire du merveilleux. 4 vol. — L'alchimie et les alchimistes. 1 vol. — L'année scientifique. 13 années (1856-1868). 13 vol.
Fonssagrives (J.-B.). Le rôle des mères dans les maladies des enfants. 1 vol.
Fromentin (Eug.). Dominique. 1 vol.
Garnier (Ad.). Traité des facultés de l'âme. 3 vol.
Géruzez (E.). Mélanges et pensées. 1 vol.
Gonzalès (Em.). Voyages en pantoufles. 1 vol.
Garnier (Charles). A travers les beaux-arts. 1 vol.
Guizot (F.). Un projet de mariage royal. 1 vol.
Hoefer. La chimie enseignée par la biographie de ses fondateurs. 1 vol. — Les Saisons. 2 vol.
Houssaye (A.). Le 41e fauteuil. 1 vol. — Violon du Franjolé. 1 vol. — Voyages humoristiques. 1 vol.
Hugo (Victor). Œuvres. 20 vol.
Jacques. Contes et causeries. 1 vol.
Jouffroy. Cours de droit naturel. 2 vol. — Cours d'esthétique. 1 vol. — Mélanges philosophiques. 1 v. — Nouveaux mélanges philosophiques. 1 vol.

Jurien de la Gravière (L'amiral). Souvenirs d'un amiral. 2 vol. — La marine d'autrefois. 1 vol.
La Beaume. La science des bonnes gens. 1 vol.
La Landelle (G. de). Le tableau de la mer. 4 vol.
Lamartine (A. de). Chefs-d'œuvre. 8 vol. — Lectures pour tous. 1 vol.
Lanoye (F. de). L'Inde. 1 vol. — Le Niger. 1 vol.
Laugel. Etudes scientifiques. 1 vol.
Lavallée. Zurga le chasseur. 1 vol.
Laveleye (Emile de). Etudes et essais. 1 vol.
Loiseleur (Jules). Les crimes et les peines 1 vol. — Problèmes historiques. 1 vol.
Marmier (Xavier). Romans et Voyages. 13 vol.
Martha. Les moralistes sous l'Empire romain. 1 vol.
Mayrargues (A.). Rabelais. 1 vol.
Mézières (L.). Charades et homonymes. 1 vol.
Michelet. La femme. 1 vol. — La mer. 1 vol. — L'amour. 1 v. — L'insecte. 1 v. — L'oiseau. 1 v.
Michelet (Mme J.). Mémoires d'un enfant. 1 vol.
Monnier (L.). L'Italie. 1 vol. — Les aïeux de Figaro. 1 v.
Mortemart (Baron de). La vie élégante. 1 vol.
Nisard (Désiré). Etudes de mœurs et de critique sur les poëtes latins de la décadence. 4 vol.
Nourrisson (J. F.). Les Pères de l'Eglise latine, leur vie, leurs écrits, leur temps. 2 vol.
Patin. Etudes sur les tragiques grecs. 4 vol. — Etudes sur la poésie latine. 2 vol.
Perrens (F. T.). Jérôme Savonarole. 1 vol.
Pfeiffer (Mme Ida). Voyage d'une femme autour du monde. 1 vol. — Mon second voyage autour du monde. 1 vol. — Voyage à Madagascar. 1 vol.
Ponson du Terrail. Les contes du drapeau. 2 v.
Prevost-Paradol. Etudes sur les moralistes français. 1 vol. — Histoire universelle. 2 vol.
Quatrefages (De). Unité de l'espèce humaine. 1 v.
Roland (Mme). Mémoires. 2 vol.
Roussin (A.). Une campagne au Japon. 1 vol.
Sainte-Beuve. Port-Royal. 6 vol.
Saintine (X.-B.). Le chemin des écoliers. 1 vol. — Picciola. 1 vol. — Seul! 1 vol. — La mythologie du Rhin. 1 vol.
Sand (George). Jean de la Roche. 1 vol.
Simon (Jules). La liberté politique. 1 vol. — La liberté civile. 1 vol. — La liberté de conscience. 1 v. — La religion naturelle. 1 vol. — Le devoir. 1 vol. — L'ouvrière. 1 vol.
Strada (De). Essai d'un Ultimum organum. 2 vol. — Méthode générale. 2 vol.
Taine (H.). Essai sur Tite Live. 1 vol. — Essai de critique et d'histoire. 1 vol. — Histoire de la littérature anglaise. 5 vol. — Nouveaux essais de critique et d'histoire. 1 vol. — La Fontaine et ses fables. 1 vol. — Les philosophes français au XIXe siècle. 1 vol. — Voyage aux Pyrénées. 1 vol. — Notes sur Paris: Vie et opinions de M. Graindorge. 1 vol.
Topffer (Rod.). Nouvelles genevoises. 1 vol. — Rosa et Gertrude. 1 vol. — Le presbytère. 1 vol. — Réflexions et menus propos d'un peintre. 1 vol.
Troplong. De l'influence du christianisme sur le droit civil des Romains. 1 vol.
Vapereau (Gust.). L'année littéraire. 11 années.
Viardot. Musées d'Allemagne, d'Angleterre, de Belgique, de Hollande, de Russie, d'Espagne, de France et d'Italie. 4 vol. — Espagne et beaux-arts. 1 vol.
Viennet. Fables complètes. 1 vol.
Vivien de St-Martin. L'année géographique, 7 années (1862-1868). 5 vol.
Wallon. Vie de N.-S. Jésus-Christ. 1 volume. — La sainte Bible. 2 vol.
Wey (Francis). Dick Moon. 1 vol. — La haute Savoie. 1 vol.

Imprimerie générale de Ch. Lahure, rue de Fleurus, 9, à Paris.

www.ingramcontent.com/pod-product-compliance
Lightning Source LLC
Chambersburg PA
CBHW051818230426
43671CB00008B/749